제28대 사)한국문인협회 시분과 사화집

『詩의 四季』 2024

제28대 사)한국문인협회 시분과 사화집

『詩의 四季』 2024

韓國文人協會 · 순수

◆ 축사

시의 숲을 이루다

김호운
소설가 · 사)한국문인협회 이사장

(사)한국문인협회 시분과에서 2023년에 이어 2024년 올해에도 사화집 『詩의 四季』를 펴냅니다. 독자들이 줄어들고 출판 환경이 열악한 현실에서 여러 회원의 작품을 모아 사화집을 펴내는 일이 여간 어려운 일이 아닙니다. 이 일을 기획하고 힘든 과정을 극복하며 훌륭한 금자탑을 완성해 낸 박영하 시분과 회장님의 봉사 정신과 이에 동참한 회원 시인 여러분의 협력이 '시의 숲'을 이루었습니다. 박영하 시분과 회장님의 노고에 존경의 박수를 보내며 시를 사랑하고 존중하는 회원 여러분께도 깊이 감사드립니다. 지난해에 사화집 『집』을 펴냈을 때 여기에서 멈추지 말고 계속 뜻을 이어 '시의 마을'을 이뤄주시길 희망한다고 말씀드린 적 있습니다. 이번 사화집 『詩의 四季』에 이어 앞으로 이 작업이 계속 이어지길 희망합니다.

나라나 가정이나 경제에 어려움이 닥치면 제일 먼저 절약하는 게 문화비입니다. 이런 일이 생기면 그러하지 않아도 평소 드물게 하던 책 읽는 일부터 줄입니다. 책 읽는 일은 먹고 사는 일과 무관하다고 여기는 것입니다. 1997년에 IMF 구제금융을 받으며 겪었던 경제위기 때도 그랬고, 2019년에 창궐하여 지금까지 우리를 힘들게 하는 코로나19 신종 바이러스 방역 상황에서도 그렇습니다. 그뿐만 아닙니다. 인간의 욕망과 기만으로 사회가 어수선해지면 행복한 세상을 희망하던 사람들의 정서가 메마르면서 이 역시 손에서 책을 놓게 만듭니다. 2023년 국민 독서실태를 조사한 문화체육관광부 발표에 의하면 국민 독서율이 43%입니다. 연간 1인 독서량이 3.9권으로 4권 대가 무너지며 1994년 독서실태 조사를 시작한 이래 가장 낮은 독서율을 보였습니다. 이 통계에는 학생들의 학습용 도서까지 포함되었으니 일반 성인 독서율은 이보다 더 떨어집니다. 성인 10명 가운데 6명이 지난 1년 동안 책을 한 권도 읽지 않았다는 것입니다. 이 독서율은 우리 사회 환경이 얼마나 메말랐는가를 살펴보는 지수이기도 합니다.

생활에 어려움이 닥치면 사람들은 제일 먼저 문화 예산, 그중에서 책 사는 비용부터 줄입니다. 대부분 이런 위기에서 문학은 아무런 힘도 발휘할 수 없다고 여기는 것입니다. 문학으로는 당장 그 무엇을 할 수 없기에 외면합니다. 문학의 위기는 여기에서부터 시작됩니다. 문학이 생활에 꼭 필요한 게 아니라는 이 생각을 바꾸지 않으면 문학이 제자리를 찾는 일은 매우 힘듭니다. 당장 생활에 필요한 무엇을 주지는 못하나 문학은 눈에 보이지 않는 삶의 영양소를 우리에게 공급해 줍니다. 무엇이 필요하고 필요하지 않은지 잘 선택하여 양질의 삶을 누릴 수 있도록 하는 지혜를 우리는 문학 작품을 통해 얻을 수 있습니다. 문학은 그렇게 비타민과 같은 역할을 합니다. 당장 눈앞에 그 효능이 보이지 않지만 건강을 유지하기 위해 반드시 음식을 통해 필요한 영양소를 섭취해야 하는 것처럼 문학을 통해 우리의 정신을 건강하게 해주는 영양소를 쌓아야 합니다.

현재 (사)한국문인협회 시분과 회원이 곧 9,000여 명에 이릅니다 9,000여 명의 시인들이 창작한 시가 숲을 이루어 사람을 향기롭게, 우리 사회를 아름답게 하여 주시길 소망합니다. 이번에 (사)한국문인협회 시분과에서 펴내는 사화집 『詩의 四季』가 그러한 역할을 할 것입니다.

이 훌륭한 작업을 해낸 (사)한국문인협회 시분과 박영하 회장님과 회원 여러분의 노고에 다시 한번 존경의 박수를 보내며, 이 작품들이 인류의 삶을 향기롭게 해주시길 희망합니다.

◆ 발간사

詩의 四季

朴永河
사)한국문인협회 시분과회장

작년 2023년 (사)한국문인협회 시분과 사화집 발간에 이어 올 2024년은 제목을 자유로 하고 『詩의 四季』로 정했습니다.
주제를 정하니까 조금 난감해 하는 분들이 있어서 올 사화집은 자유로 했습니다. 작년 사화집보다 두 배에 가까운 600여 명의 시인들이 참여해 주셨습니다. 이는 문단사의 경이로운 기적입니다. 새내기 시인을 비롯, 중견, 원로 시인님들이 귀한 옥고를 내주신 덕분입니다. 한국 문학사의 기록이 될 것입니다.

안타까운 일은 동시에 시단을 함께하신 故성춘복 한국문협 전 이사장님과 故신경림 선생님이 영면하시었습니다. 고인의 명복을 빕니다.

시분과에서는 5월 가정의 달을 맞아 문단 어르신들을 모시고 조촐한 오찬을 대접하고 작은 선물을 안겨드렸습니다. 육십여 분 연락을 드렸으나 몸이 불편하고 거동이 힘들다고 참석은 못해도 말만으로도 고맙다고들 하시며 기특하다 격려를 아끼지 않으셨습니다.
작년 사화집과 같이 올해 사화집도 세련되고 점잖은 편집으로 문단의 주목을 받을 것입니다. 문단의 많은 원로 시인분들이 기꺼이 귀한 원고를 보내주시며 격려 또한 아끼지 않으셨습니다. 수백 명 시인의 적극적인 협조에 감사드립니다.

(사)한국문인협회는 국내 유일의 최대 문인단체입니다. 일만육천여 명이라는 문인들이 함께하는 국내 굴지의 단체입니다. 차분하고 경력이 충만하신 김호운 이사장님을 모시고 부이사장님들과 분과회장단들은 최선을 다해 일하고 계십니다.
격려와 축하의 글을 주신 이사장님께 감사드립니다.
구천여 명의 시분과 수장으로 회원이 부르시면 기꺼이 다가가도록 최선의 노력을 다하겠습니다.

사화집에 참여해 주신 시분과 여러분 감사드립니다.
또한 『詩의 四季』가 탄생하기까지 수고해 주신 총괄편집장님께 감사드리며 수고해 주신 장윤우 편집위원장님과 박수진, 박종권, 조대연, 김영곤 위원님들께 깊이 감사드립니다.
2023년, 2024년, 5, 6년까지 최선을 다해 일할 것입니다. 찌는 듯한 삼복더위이니 건강 유의하시고 건필하시기 바랍니다.

사)한국문인협회 시분과회장 朴永河

차례 | 2024 한국문인협회 사화집

축사 | 시의 숲을 이루다_ 김호운 · 4
발간사 | 詩의 四季_ 朴永河 · 6

가경진 | 아침일기 Ⅲ · 14
가영심 | 타는 장작더미 속에서 · 15
감태준 | 나에게 묻는다 · 16
강계순 | 어제 밤 비 내리고 · 17
강 광 | 봄 비 · 18
강동기 | 다시 찾은 오솔길 · 19
강마을 | 행복 · 20
강미자 | 떠나온 고향집 · 21
강별모 | 항아리 · 22
강병철 | 공(空)의 향연 · 23
강성희 | 꽃비녀 · 24
강에리 | 어부 · 25
蓮峯강영덕 | 도심 속 은둔 · 26
강정애 | 파도의 노래 · 27
강정화 | 암실 하나 · 28
강제실 | 600년을 살은 느티나무가 나에게 · 29
강태구 | 껍데기의 껍데기 · 30
강희동 | 유월 · 31
고순례 | 바늘침 꽃 · 32
고영균 | 나는 시인이다 · 33
고유진 | 민둥산 · 34
고장호 | 친구 · 35
고종호 | 는개 비 · 36
고창수 | 고독의 시간은 · 37
공영원 | 우주와 나 (세상의 모든 것) · 38
곽만영 | 아름다움 · 39
곽종철 | 느린 삶의 향기 · 40
곽진구 | 나비의 행장 · 41
구숙희 | 그리움 · 2 · 42
구신자 | 잃어버린 봄 · 43
구연민 | 우리 민족인데 · 44
구재기 | 빛의 자죽인 양 · 45
蕙堂구춘지 | 겨울 숲의 오후 네 시 · 46
권영민 | 파도의 노래 · 47
서향권영주 | 온천장 벚꽃길 · 48
권영춘 | 어느 곡예사의 하루 · 49
권우용 | 이제 여든일곱 · 50
권은영 | 동백꽃 · 51
권자현 | 청화 · 52
권준희 | 나는 우산이다 · 53
권현택 | 별 따기가 · 54
권희자 | 웅덩이 · 55
무외금종성 | 연꽃의 기도 · 56
김건배 | 수선화 · 57

당산김경수 | 에미 마음 · 58
金京秀 | 여름밤 · 59
김경순 | 회색 단상 · 60
김경점 | 에스프레소 · 61
김경희 | 어부바나무 · 62
김계덕 | 바위섬의 신음 · 63
김계문 | 어떻게 살았냐 묻는다면 · 64
雪津김광자 | 鄕愁란 · 65
김교희 | 이승바다 · 1 · 66
김귀례 | 아버지의 손 · 67
김귀자 | 소나기 · 2 · 68
김근태 | 어머니의 커피 · 69
김길애 | 기도하는 향나무 · 70
瑞雪김끝또 | 끝또 없는 길 · 71
김남성 | 목련 · 72
김남혜 | 아스팔트 위에 누운 여자 · 73
김년균 | 익명의 선물 · 74
김대응 | 우리 계절의 꽃 · 75
김도연 | 아름다운 시간 · 76
김동도 | 하루 · 77
혜안김두룡 | 물처럼 바람처럼 · 78
김두현 | 그리운 사람 되는 법 · 79
김리한 | 봄꽃 증후군 · 80
김명돌 | 나는 나그네 · 81
진선김명동 | 유월의 조명탄 · 82
김명동 | 새벽안개 · 83
심향김미덕 | 성장통 · 84
김미란초히 | 글로컬라이제이션 · 85
김민정 | 뻥, 뚫려라 · 86
보배金百瓊 | 내일은 그의 손을 잡아주고 싶다 · 87
김백란 | 무서리가 내리더니 · 88
영백김백준 | 5월의 사랑 · 89
김병수 | 금산에 살리라 · 90
김병환서울 | 노후 · 91
김병회 | 겨울꽃이 낳은 그리움 · 92
김보림 | 가을 서정 · 93
단암김봉렬 | 시월, 잊혀진 오후 · 94
김상영 | 손주 · 95
홍추김상희 | 너이고 싶다 · 96
김서연 | 계절의 신화 · 97
김석환 | 봄날 · 98
김선아 | 유리창 · 99
김선암 | 역사가 걸어 가네 · 100
클로버김선진 | 마지막 홍시 · 101
김성기 | 상선암 느티나무 · 102
여초김성심 | 웬트워스포인트 강가에서 · 103
김성영 | 봄비 · 104
김세웅 | 그 사람의 肖像 · 105
김솔씨 | 未忘日記 · 106
김송배 | 나와 너의 장법(章法) · 13 · 107

백송김숙이 ǀ 족보를 뒤적이며 · 108	김한중 ǀ 꽃살문 사이로 · 158
김숙이 ǀ 봄은 오고 있는 것이다 · 109	혜강김한진 ǀ 고개 숙인 자화상 · 159
김순규 ǀ 솔바람 피리 소리 · 110	김해심 ǀ 처음엔 · 160
눈꽃김순희 ǀ 만약 내가 붓이었다면 · 111	김현동 ǀ 개암사 이팝 · 161
김승국 ǀ 낙타 · 112	김현숙 ǀ 순명(順命) · 162
김승남 ǀ 사랑방 · 113	김현신 ǀ 사막을 노래하면 안되나요 · 163
김신덕 ǀ 온유한 금강초롱 · 114	김형금 ǀ 연등 · 164
김아랑 ǀ 비에 대하여 · 115	김혜련 ǀ 도플갱어 · 165
김연수 ǀ 자작나무·3 · 116	김혜송慧松 ǀ 이런 시를 쓰고 싶었네 · 166
김영곤 ǀ 웅덩이 · 117	김혜숙은물 ǀ 세상에 없는 나무 · 167
김영돈 ǀ 돌아가는 길 Ⅱ · 118	김혜원 ǀ 감꽃 · 168
김영두 ǀ 별박이자나방의 꿈 · 119	김효순 ǀ 연 줄 (방패연) · 169
김영희 ǀ 많아지는 것 · 120	김효정 ǀ 남당항 새조개 · 170
김예태 ǀ 한 알갱이 물이 되어 · 121	김훈동 ǀ 누에 · 171
김옥녀 ǀ 봄볕을 찾아 · 122	김휘열 ǀ 시계 바늘 · 172
김완성 ǀ 채석강에서 · 123	김희추 ǀ 달빛 손님 · 173
김원호서초 ǀ 하늘을 갖고 싶다 · 124	나영순 ǀ 전단지 · 174
김월강 ǀ 풀 한포기 · 125	나윤희 ǀ 능소화 · 175
김유조 ǀ 괴물 · 126	남종구 ǀ 비의 신神 · 176
김윤준 ǀ 고향 등붕골(登鵬洞) · 127	남현애 ǀ 어떤 아이 · 177
김윤진 ǀ 장미, 네가 · 128	남현우 ǀ 한탄강 주상 절리길 · 178
김율희 ǀ 우물 속으로 · 129	노만옥 ǀ 평안 · 179
김　은 ǀ 도깨비 · 130	노명서 ǀ 어머니의 회상 · 180
김은희안성 ǀ 어머니의 걸음마 · 131	노명희 ǀ 내가 너라면 · 181
김은희 ǀ 그날 어머니의 독백을 따라 한 · 132	노미림 ǀ 종보회에서 알립니다 · 182
김이대 ǀ 바람이 가는 길 · 133	노민환 ǀ 바닷가에서 · 183
김익남 ǀ 째보선창의 1899년 · 134	노신배능인 ǀ 어머니의 눈물 · 184
김일두 ǀ 사랑 초 · 135	노창수 ǀ 또 배반의 선물 · 185
김자일 ǀ 수종사 풍경소리 · 136	라기주 ǀ 그녀의 이름 · 186
김정기 ǀ 손수건 · 137	라윤영 ǀ 저쪽에 J · 187
김정옥위송 ǀ 헛꿈 · 138	류근조 ǀ 신문을 기다리며 · 188
김정원 ǀ 남은 친구 · 139	류봉희 ǀ 너머로 · 189
김정윤 ǀ 주막 앞의 초상화 · 140	류성춘 ǀ 영원한 이별 · 190
김정조 ǀ 그대에게 · 141	류용하 ǀ 도라지꽃 · 191
김　종 ǀ 초승달·1 · 142	류인순 ǀ 연지에서 · 192
무상김종렬 ǀ 늘백원의 꽃 · 143	류인애 ǀ 장구를 치고 · 193
영천김종열 ǀ 유월 · 144	류일화 ǀ 바다를 끌고 간다 · 194
김종영 ǀ 눈물 엽서 · 145	류재성 ǀ 해어름의 사색 · 195
김좌영 ǀ 새벽달 · 146	류재엽 ǀ 감싸안은 유럽 이 순간에 · 196
김주옥 ǀ 숲속의 오솔길 · 147	맹숙영 ǀ 축제 중입니다 · 197
김지소 ǀ 달의 보쌈 숲의 보쌈 · 148	명금자 ǀ 망향의 동산 · 198
心泉김진복 ǀ 표류(漂流) · 149	문기홍 ǀ 꽃비 · 199
秦亨김진중 ǀ 행복 삼중주 · 150	문동호 ǀ 여름이 가네 · 200
김진환부천 ǀ 불명 · 151	백화문상희 ǀ 늙은 호박 · 201
김철규 ǀ 그늘꽃 · 152	문순심 ǀ 가끔은 · 202
김태근 ǀ 시 먹는 여자 · 153	문연자 ǀ 용문행 전철 · 203
김태범 ǀ 서러운 봄날 · 154	문영수 ǀ 봄 2020 · 204
김태연 ǀ 모란꽃 · 155	월하문영현 ǀ 하릴없는 태공 · 205
김태홍 ǀ 엄마야 누나야 · 156	문　웅 ǀ 시간의 굴레 · 206
김하영 ǀ 노인 천국 · 157	추곡문정수 ǀ 몽골 나담축제와 말타기 · 207

| 문효치 | 광대 · 208
| 민만규 | 그대 머문 곳에 · 209
| 민문자 | 세월(歲月) · 210
| 민병록 | 등대 · 211
| 민숙영 | 차를 마시며 · 212
| 민용태 | 수초 낚시 · 213
| 민인자 | 달과 나무의 미사 · 214
| 박가박 | 함박눈 · 215
| 박경임 | 줄을 서다 · 216
| 박경현 | 대나무 근성 · 217
| 박길동 | 목련꽃 당신 · 218
| 박년순 | 이별 뒤에 · 219
| 박달재 | 쓰리고 나그네 · 220
| 박동진 | 봄 길잡이 · 221
| 박두익 | 시(詩)와 인생 · 222
| 박두현 | 어머니 · 223
| 박명준 | 토큰 몇 닢 · 224
| 박미리 | 바람의 세레나데 · 225
| 춘천박민정 | 비의 일기 · 226
| 서산박병규 | 빈 손 · 227
| 박병요 | 불멍 · 228
| 사석박복의 | 내 안에 나는 없다 · 229
| 박복조 | 민달팽이·1 · 230
| 박상태 | 5월의 눈물 · 231
| 박성금 | 감자 꽃이 필 때 · 232
| 명제박성기 | 고인돌·5 · 233
| 초우박소연 | 상사화 · 234
| 박수민 | 두물머리 물 · 235
| 박수종 | 말을 타고 온 사나이 · 236
| 朴水鎭 | 벚꽃 시법(詩法) · 237
| 박순자익산 | 별들의 영웅 · 238
| 白草박승창 | 꿈과 기다림 · 239
| 박아월 | 밥 한 그릇 · 240
| 박언휘 | 독도 · 241
| 박연희혜정 | 행복 · 242
| 박영관 | 예도(藝都) 진도(珍島)의 꽃 바람 · 243
| 박영숙瑞園 | 백록담 水 차 한잔 · 244
| 박영춘 | 옛날의 달밤 · 245
| 朴永河 | 석류꽃 · 246
| 박예상 | 하얀 나비의 춤 · 247
| 석곡박완순 | 선인장 · 248
| 박재형 | 춘자싸롱 국수 · 249
| 박정민 | 아버지와 숨,바꼭질 · 250
| 박종권 | 귀향 · 251
| 雯初박종길 | 한강에 가면 · 252
| 박종일 | 정림사지 5층석탑 · 253
| 박종철 | 궁금한 것 · 254
| 박종해 | 이슬의 생애 · 255
| 박종화 | 힘들고 외롭다면 · 256
| 舒川박종흡 | 나는 파도 당신은 갯바위 · 257

| 朴珍鎬 | 죽순을 보니 · 258
| 박진호 | 기연 · 259
| 박채호 | 도시의 오후 · 260
| 靑民박철언 | 바람을 안는다 · 261
| 淑雨박철우 | 인생의 휴식기 · 262
| 박현조 | 귀농 · 263
| 박혜선 | 수박 · 264
| 박호제 | 오늘 · 265
| 박효석 | 사막 같은 세상일 때 · 266
| 방극률 | 촌놈 · 267
| 방한길 | 묵호항(墨湖港) · 268
| 배막희 | 씨, 날다 · 269
| 배명식 | 아카시아꽃 필 때 · 270
| 배성록 | 몰랐어요 · 271
| 주향배재용 | 너에게 · 272
| 백명자 | 생각건대, 그녀는 · 273
| 백미숙 | 편지 한 장 · 274
| 백점숙 | 오월이 오면 · 275
| 변문자 | 향기 뿜는 야생화 · 276
| 변연옥 | 아름다운 용기 · 277
| 서귀순 | 밀봉된 바다 · 278
| 항목서근희 | 행복 · 279
| 서금자 | 첫 경험 · 280
| 서부련 | 存在의 書 · 281
| 서상만 | 다정한 겨울 · 282
| 서승원 | 이팝나무꽃의 뒤안길 · 283
| 雪泉서용덕 | 알래스카의 봄 · 284
| 서주열 | 첫사랑이란 · 285
| 석정삼 | 치자꽃 · 286
| 석지현 | 지귀도(地歸島) · 287
| 석현수 | 내 눈에 내 아이 · 288
| 石松석희구 | 백년홍 인꽃 · 289
| 선유미 | 오월의 장미 · 290
| 草芽설경분 | 장맛비 · 291
| 성기웅 | 프라이팬을 보내다 · 292
| 心海성성모 | 너도 혼자라고~? · 293
| 성은주 | 가을은 세상을 익게 만든다 · 294
| 성진명 | 아이 · 295
| 소명환 | 죽도록 사랑합니다 · 296
| 소융일 | 머나먼 길 · 297
| 손남태 | 코스모스 · 298
| 손동락 | 그대는 한 송이 장미 · 299
| 손수여 | 신 영시의 이별 · 300
| 손재수 | 속초 밤바다 · 301
| 손준식 | 대청호는 알고 있다 · 302
| 송낙현 | 한강, 청룡으로 용틀임하다 · 303
| 송명복요셉 | 찻잔에 비친 수채화 · 304
| 송미순 | 흰 구름 · 305
| 友峰송준호 | 우정(友情) 택배 · 306
| 신동현 | 세월 지나가는데 · 307

신민주	골담초	·308	원유존	지평선을 오르다	·358
신민철	영지호(影也湖)	·309	유경자	빈집	·359
신세균부산	향교(鄕校)에서	·310	유순필	소리 없이 걷는 것은	·360
신영옥	청자매병 곁에서	·311	난초유영란	첫사랑	·361
봉산신영운	임진강 달빛	·312	유영애	은행나무 아래서	·362
신위식	도토리	·313	유유유재진	바위 대야	·363
신을교	우리 엄마	·314	유장희	격랑(激浪)	·364
신인호설원	침묵 또는 그리움	·315	은결유정미	달빛을 먹은 숲길	·365
신정자	위로	·316	유한귀	잡초의 미소	·366
신주원	시인의 봄날그림자	·317	유희옥	끝내 못다 한 말	·367
신지영	폐역에서	·318	윤경이	봄날의 꿈	·368
신창홍	들풀	·319	윤덕진	낮질	·369
신향순	물의 지문	·320	윤만영	자연으로 되돌리고 가자	·370
신현순	디마푸르의 여정에서	·321	松林윤명학	바람꽃	·371
신혜경	바닷가 카페	·322	혜림윤수자	주인 없는 마을	·372
신홍섭	가던 길 멈추고	·323	윤외기	모정(母情)의 세월(歲月)	·373
심상옥	깃발	·324	遂庵윤주헌	순 둠벙	·374
심억수	무심천 강아지풀	·325	윤주홍	梅香매향을 훔치려다	·375
심웅석	암병원 주사실	·326	윤태환	그믐달	·376
안기찬	어머니	·327	송암윤한걸	영혼(靈魂)	·377
園松안기풍	나잇값	·328	윤혜숙	수돗가 옆 장독대	·378
안봉자	보름달이 징검다리를 건너올 때	·329	윤호용	하늘, 산, 바다	·379
안세건	삭풍	·330	윤홍렬	침묵하는 바다	·380
안종관	숫눈이 내리는 날	·331	이가을	5295번 버스	·381
湖安春萬	緣(연) 줄	·332	이광연	칠정주七情酒	·382
안혜초	우리 사랑 지금은	·333	이금희	지하철에서	·383
안호수	이슬	·334	이길원	헝겊 가방	·384
안화수	나란히 나란히	·335	이난오	현충원	·385
양상민	백령도·1	·336	조강이돈성	조강(祖江)	·386
양숙영	마음 그림자	·337	이돈주	자강불식	·387
향촌양영순	백로	·338	허조이말용	파크골프	·388
양준호	꽃피는 어느 봄날에	·339	이명순	시간의 밀도	·389
양태옥	인생 노을	·340	이명희동작	이 아침	·390
엄기창	슬픔을 태우며	·341	이문이	낙과	·391
엄윤성	인생의 길	·342	이미옥	거미집	·392
엄창섭	하슬라(何瑟羅)의 산하	·343	이민기	클로버	·393
오대환	6월 메시지	·344	오선이민숙	사람아 사람아	·394
오무임	사랑은 어디에서	·345	이병석	금모래 쓰다듬어	·395
오병욱	산행을 하겠다네요	·346	李普英	추억의 경포대	·396
오성환	바다의 울음	·347	이상남	아파트의 힘	·397
後山오승준	무등산 일출	·348	이상면	달맞이 고개	·398
오정선	참된 벗	·349	이상민	4월 28일	·399
오종민	님	·350	청화당이상운	영원한만남이있는곳을향하여	·400
송림오주삼	사랑할 수 있었으면	·351	이상은	내 안의 사랑	·401
오 청	남강의 혼魂	·352	이상진	시처럼	·402
오현정	휘파람새의 숲	·353	이상현	길모퉁이	·403
옥순석	꽃	·354	이상호	인디언 기우제	·404
우정옥	엄마도 가슴에 묻혔네	·355	休安이석구	소박한 기도	·405
우태훈	가을의 소망	·356	이선열	아내의 귓밥 이야기	·406
安心원대동	시인의 마음	·357	이 섬	심지가 들어있다	·407

汐葉이성남 | 술 도락(道樂)	·408	五岩이희영 | 외연도	·458
月影이순옥 | 미시령을 넘다	·409	임경원 | 새싹이 나고 있어요	·459
이순자순천 | 보리밭	·410	임규택 | 문門	·460
일주이순재 | 엄마의 옛노래	·411	임문혁 | 내 안의 산	·461
이숭규 | 꽃잠 언덕	·412	임병호 | 박인환문학관	·462
이승룡 | 그리워한다는 건	·413	임상덕 | 비탈 위의 시간	·463
이승필 | 그 여름, 남해에서	·414	임승천 | 시골집	·464
이애정 | 떠돌이 바다와 아버지	·415	임웅수 | 울 엄니 감나무	·465
이영란 | 어느 여름날	·416	장경옥 | 벚꽃이 질 때면	·466
이영순 | 사랑한다는 건	·417	장계숙 | Dark Day(전쟁)	·467
加林이영철 | 당신도 소싯적에	·418	장동권 | 첫사랑에게	·468
이옥금 | 작년과 명년 사이	·419	장동석 | 그림자	·469
이옥희해금 | 김소월 시인님께	·420	野村장동수 | 노년의 미학	·470
李玉熙용산 | 강물을 파다	·421	장문영 | 언어의 집	·471
이용섭 | 무늬	·422	장성구 | 민들레 보는 마음	·472
叡松이용수 | 바보가 될래요	·423	장수현 | 아내의 머리를 염색하며	·473
智堂이용자 | 우리의 선조들께서는	·424	장윤숙 | 아버지의 발자국	·474
시절인연이우정 | 조롱 5가	·425	장윤우 | 막스 프리쉬와의 대화	·475
이운선 | 소중한 선물	·426	장인숙 | 살아있음에 축복이네	·476
이 용 | 시집의 향기	·427	장정순 | 수요일은 물 묻은 바람이 불었다	·477
이 정숙 | 아버지	·428	장태윤 | 디딤돌	·478
이재귀 | 철쭉	·429	연화당장하영 | 달꽃	·479
이재성신 | 해탈	·430	장형주 | 말 많은 세상	·480
延堂이재옥 | 작은 연못의 아기물고기	·431	전관표 | 해바라기	·481
이점선 | 여름 강변	·432	전덕희 | 청보리	·482
이정혜 | 비상을 꿈꾸는 연	·433	전석홍 | 어머니 텃밭에서	·483
李貞和 | 목련 지다	·434	전우용 | 희망 찬가	·484
남경이종열 | 형이라는 이름	·435	전지명 | 어머니 옹알이	·485
이종자 | 매미와의 동거	·436	전한구 | 인생은 자연과 같은 것	·486
이종호 | 돌멩이들	·437	정관웅 | 신호등에 그리고 신호등에	·487
이주랑 | 아버지와 핸드폰	·438	정다겸 | 웃는 얼굴	·488
이주현 | 쥐구멍에도 볕 들 날 있다	·439	정대구 | 유월의 장미	·489
이준실 | 비탈길에 서면	·440	정도경 | 사랑	·490
이준재 | 詩에 대하여	·441	정도병 | 물왕호	·491
이준정 | 참회	·442	동산정미애 | 작약	·492
소전이창범 | 세월	·443	정민욱 | 컵라면	·493
이창봉 | 침묵 속으로	·444	鶴里정병운 | 배우며 감사하며	·494
홍소이창한 | 산수유 산수유	·445	靑鶴鄭三一 | 몸보다 먼저 가 있는 마음	·495
炫昌이태범 | 연	·446	月村鄭相文 | 좋은 나무 좋은 사람	·496
이태수 | 초승달	·447	정 선 | 동백꽃	·497
이학덕 | 감정(感情)	·448	정수영 | 행복한 사람	·498
이한우 | 새벽시장	·449	정순영 | 징검돌다리	·499
이한희 | 사색으로 만든 향연	·450	정연국 | 도담도담	·500
이행자 | 거침없이 부드러운	·451	정연수 | 달의 뒷면에서 보내는 편지	·501
이현숙 | 압해도 애기동백	·452	問道정용규 | 느낌(感)은 상대적이다	·502
허운이현용 | 뒷바퀴	·453	정원철 | 연 날리기	·503
이현채 | 들꽃 연정	·454	호성정위영 | 얄팍한 겉옷에 적시는 비지땀	·504
이혜선 | 흘린 술이 반이다	·455	정의현 | 신전리 이팝나무에서	·505
이호연 | 자주색 달개비꽃	·456	정이담 | 빙정(氷程)	·506
이훈강 | 흰 눈을 못 그리니 시라도 써 보는데	·457	물레정인관 | 세상사는 맛	·507

정재황 | 낙엽 한 장	· 508	
예초정정순 | 풀과 모래	· 509	
정종배 | 도봉산 오봉 능선	· 510	
정진덕 | 고려 청자	· 511	
정진선 | 청계천 왜가리, 한 번의 결심	· 512	
정찬우 | 등짐 진 인생	· 513	
정춘미 | 등대	· 514	
松岩정형균 | 사랑의 멜로디	· 515	
정흥성 | 보름 나물	· 516	
조갑문 | 친구가 보낸 편지	· 517	
조경훈 | 웃음과 포옹의 신비	· 518	
조경희 | 접시가 깨졌다	· 519	
조구자 | 고맙소 · 아름다운 때	· 520	
조기호 | 여인	· 521	
조대연 | 천방산	· 522	
조덕혜 | 별에게 물었다	· 523	
노을조동선 | 천상의 정원	· 524	
조민숙 | 가을 엽서	· 525	
조병무 | 전등사 전설	· 526	
백운조복주 | 인생	· 527	
常夏조선형 | 지금, 봄	· 528	
조영래 | 천수답 무는 벼	· 529	
조영철 | 한 줄 해석	· 530	
조외남인나 | 우울의 봄날에	· 531	
조정숙 | 시래기	· 532	
曄演조정자 | 그리움	· 533	
조종명 | 그림자	· 534	
조풍연 | 임진강	· 535	
조현명 | 사랑	· 536	
조혜자 | 까치가 운다	· 537	
주광일 | 동백꽃	· 538	
주봉구 | 늙은 느티나무	· 539	
주영욱 | 산을 내려오며	· 540	
주해봉 | 벚꽃의 유언	· 541	
지명국 | 초생달 속의 탈	· 542	
지상규 | 상장喪章을 가슴에 달고	· 543	
지 순 | 삶이 고달픈 나무	· 544	
진동규 | 그 부르시던	· 545	
진숙자 | 추풍령역	· 546	
진춘석 | 카프카의 슬픔	· 547	
차옥혜 | 시인	· 548	
포우차주성 | 그대는 이 땅의 별이니	· 549	
채자경 | 풍경의 양지	· 550	
채종환 | 수호 가문	· 551	
최계식 | 나비, 바라춤	· 552	
최규학 | 해바라기 사랑	· 553	
최금녀 | 연희동	· 554	
최대락 | 적막은 거칠게 지우고 싶은가보다	· 555	
최돈애 | 여의도의 고함소리	· 556	
최동화湖濟 | 여의도 축제	· 557	
최동희 | 맴	· 558	
최득화 | 아! 동백	· 559	
최명숙 | 아부지마음이었다	· 560	
최승애 | 몽유도원도 21C	· 561	
최시영 | 돌담도 꽃을 피웁니다	· 562	
최애자 | 상고대	· 563	
백파최영윤 | 찔레꽃	· 564	
최예찬 | 그리움	· 565	
최외득 | 부러진 의자	· 566	
頭松최우상문 | 고엽제	· 567	
최의용 | 아내의 정원	· 568	
최장호 | 아버지의 일기장	· 569	
최정남 | 판토 마임 · 4	· 570	
차샘최정수 | 새봄에	· 571	
최정숙 | 아리랑의 꿈	· 572	
최해동 | 매미의 혼	· 573	
최형윤 | 어머니	· 574	
최홍준 | 사랑의 강	· 575	
崔暉林 | 활주로 곁에서	· 576	
추경희 | 안경	· 577	
추정희 | 바다 안개	· 578	
표회은 | 골 깊어진 유월	· 579	
하순명 | 말의 업	· 580	
하재룡 | 웅얼웅얼 찔레꽃 노래	· 581	
하태균 | 낮잠	· 582	
한기용 | 상생을 위한 세미나	· 583	
한민서 | 달 조각	· 584	
한 빈 | 행상(行商)	· 585	
한성근 | 나 홀로 한 약속	· 586	
한재성 | 옥수수꽃 이야기	· 587	
한정섭 | 물꽃	· 588	
한종덕 | 홀로 된다는 것	· 589	
한현삼 | 동토(凍土)	· 590	
한희정 | 섬	· 591	
함용정 | 어머니의 무릎	· 592	
허남기 | 낚시	· 593	
현명조 | 꿀벌	· 594	
佳園홍경자 | 기쁨과 에너지를	· 595	
홍금자 | 푸른 계절의 손끝에서	· 596	
진사홍도석 | 양보역에서	· 597	
홍미경 | 백무동 무지개	· 598	
홍승룡 | 작은 기도	· 599	
홍영숙 | 잠시 쉬어가세요	· 600	
홍정희윤원 | 꽃은 힘이 세다	· 601	
홍중완 | 전환점	· 602	
청명홍춘표 | 하루살이 인생	· 603	
황경순 | 진짜 주인은 누구인가	· 604	
우도황선호 | 강설降雪	· 605	
황숙자 | 화석	· 606	
황주석 | 녹슨 철마	· 607	

아침일기 Ⅲ

오, 주님 아침 태양은 밝게 빛나고
모든 이들이 평화로운 날이 되게 하소서
숲에서는 어미 새와 새끼들이 지저귀게 하시고
처마 밑에는 제비가 집을 짓고 알을 품게 하시며
어미 잃고 떠도는 어린 고양이가 없게 하소서

주님 은혜로 하루를 열어가게 하시며
동기간 가족마다 서로 화목하게 하시고
오늘 이대로 내가 늘 있게 하소서

찬송 시로 아침을 깨우게 하시며
근심 없이 노년에 이르게 하시고
늙어 병상에 누워있는 날이 이를지라도
창밖을 바라보며 감사하게 하소서

마지막 이 땅을 떠나는 날에는
사는 날 동안 사랑받은 모든 이들에게
고마운 마음을 잊지 말게 하시고
주님께서 축복의 날들을 기억하게 하소서

가경진

2010년 월간 문예사조 등단. 충남 서산군 남면 출생. 한국 문인협회 회원, 문예사조 문인협회 회원. 공저 [사화집] (10집), 월간 문예사조 [만수동 시선] 133회 연재 중. 베다니선교회 회장, 유이섭 메시지 [오늘의 만나] 발행인. 녹조근정훈장, 대통령 표창, 행안부장관 표창 등 다수 수상

타는 장작더미 속에서

거슬러 올라간다
불꽃들의 작은 숨결처럼 흔들리며
마른 나뭇가지들 타들어가다
어둡게 숨어버린 혀

어딘가 살아서 떨고있을 시뻘건 목소리
내 살 속 깊이
타들어 가는 혼의 아픔들은
하나씩 눈뜨고 있다.

누군가의 알 수 없는 외침소리에
마른 풀잎더미처럼
하나도 남김없이 불의 집
나의 뼈는 허물어지고

아, 하늘로 헛되이
헛되이 죽어서 올라간 모든 것
내 모든 것은 주문처럼 사라져 갔다.

가영심

서울출생, 1975년 월간「시문학」등단. 상명대학교 대학원 졸업(문학석사). 화란 라이든대학 영문과 수학. 충북대학교, 상명대학교, 유한대학 강사역임. 시집:「들꽃들의 소리」,「저녁향기」,「마음의 날개」, 시선집「거울 속 불꽃놀이」외 7권. 수상: 국제PEN문학상, 한국현대시인상, 한국문협작가상, 한국문학예술상외 다수. (현)국제펜한국본부 이사, 한국문협 자문위원, 한국현대시협 지도위원, 한국여성문학인회 자문위원, 시문학회 지도위원.

나에게 묻는다

개꿈이라 해도 그렇지,
산이 품에 들다니.
내가 그렇게 큰 인물이던가.

산은 문을 달지 않는데
산은 높이 앉아 멀리 내다보는데
산은 잃고 얻는 것을 염려하지 않는데
내가 그렇게 의연했던가.

풀잎 이슬 한 방울
바닥을 기는 개미 한 마리가
산의 무게에 실리는 나일 것인데
산이 덥석 안기다니.

진실로 내가
오만과 편견 털고 풀이랑 살았던가.
산이 기르는 나무같이 살자 하고
사심 없이 어깨 주고 살았던가.

진짜 개꿈 꿨다고
뒤에서 빈정대는 희미한 웃음소리
차마 바람소리라 말하지 못하겠네.

감태준

중앙대 문예창작학과 · 한양대 대학원 졸업. 1972년 〈월간문학〉 등단. 시집 『역에서 역으로』 『몸 바뀐 사람들』 『마음이 불어가는 쪽』 외. 시선집 『마음의 집 한 채』. 논저 『이용악시연구』 외. 편저 『한국현대시감상』 외. 한국시협상, 한국잡지언론상 등 수상. 현재 〈시와함께〉 편집인.

어제 밤 비 내리고

날카롭게 공격하는 도끼의 이빨에 닿아
쩌렁쩌렁 울면서 쓰러졌던
나무의 절망이 온 산을 헤매다 기진한 자리
그루터기만 남아서
오가는 사람들의 발길에 채이고 바람에 긁히면서
둔탁한 바위처럼 무디어져 더께로 앉은 상처
깊이 적시면서 어제 밤 비 내리고
마침내 땅속 깊이 숨어서 살아있던
내밀(內密)한 생명 작고 여린 순(筍) 하나
끌어올리고 있다.

꺾이고 일어서고 다시 꺾이고 일어서는
존재의 비상(飛翔)
가파른 산자락에 외로이 서서
작은 새들의 깃털에 몸 비비면서
죽음을 건너 새로이 일어서는
애잔하고 아름다운 생(生)의 비밀
조금씩 길어 올리면서
어제 밤 비 내리고.

강계순

1959년 사상계로 등단. 〈사막의 사랑〉 외 시집 10권. 기타 산문집. 평전. 편역 등. 동서문학상. 월탄문학상. 성균문학상. 한국문학상 수상

봄 비

봄비 내린다
풍경소리에 내 마음 촉촉하다

겨우내 웅크렸던
일주문 앞 단풍나무들
어서 와, 살포시 잎을 내민다

벽련암을 돌아 원적암을 지나
한나절 흘러내린다
내장산을 감싸 안은
산안개가 포근하다

만세루를 지나며
고개 들어 용굴암을 우러른다
조선왕조실록을 지켜낸
안의, 손홍록 선생을 생각한다

잘 가, 단풍 들면 또 와
일천 네 그루의 단풍나무가 내민 촉이
그새 손톱만큼 길어졌다.

몸은 축축 마음은 고슬고슬
봄비 젖는다

강 광

시인, 수필가. 전)정읍, 전주 경찰서장. 민선4기 정읍시장. 정읍시 초대체육회장. 한올문학 부회장
한국,전북,정읍,경찰 각 회원

다시 찾은 오솔길

뒷동산
고즈넉한 오솔길
소슬한 갈바람

가뭇없는
어릴 적 동무
그리움 더하고

떠날 때를 아는 듯
파르르 떠는 나뭇잎
시리도록 아리는데

제 길을 지킬 뿐
오솔길은
말이 없다.

강동기

2016년 월간 ≪문학공간≫(시)으로 등단. 호: 단암(檀岩). 문학박사. 전) 밀양고등학교장. (사)한국문화예술연대 이사. 한국문인협회 회원. 문학공간상(본상) 수상. 시집으로 『그리운 것은 떠난다』. 시문집으로 『꽃 본 듯이』. 수필집으로 『물 흐르듯 흘러』

행복

고이 접어놓았던
인생 그릇

거울에 담아내던
사랑의 이삭줍기는
그 아픔이 너무나 크기에
함께 할 수 없어
놓아 버린 손

조각난 그리움
노을에 실려 보내고

지친 마음
아름다운 길 찾아
산책하리라
아 로벨리아 피어날 때
나는 행복을 찾아 떠나가리

강마을

본명: 강경범. 2017년 제3의문학 등단. 호서대학교 평생교육원 사회복지학과 교수, 문학박사. ㈜한국문인협회 회원, ㈜한국문인협회 남북문학교류 기획위원. '제3의문학' 부주간 및 '제3의 문학회' 회장 역임. '월간문학' '토지문학제기념사화집' '박경리추모사화집', '천태산부처' 및 주요 문예지에 다수의 작품을 발표.

떠나온 고향집

돌담 사이사이
바람 드나든 자리
옛주인 떠난 비 집

꽃밭엔 키다리꽃
봉선화 피어 있는데
함석지붕 위엔 어릴적 달빛
아직도 그득하고

감꽃 떨어져 꽃길된 골목
장독대 항아리
혼자말로 중얼거리시던
어머니 목소리

돌담 한쪽은 기울어져 가고
사립문은 바람에 삐걱거리며
옛주인을 기다린다.

강미자

2017년 세종문학 등단
세종문학 시인상 등단. 한국문인협회 회원. 한글문학상 수상. 광복77주년 예술대전 특선
시집: 모과향기

항아리

고향 집 뒤란 장독대
질그릇 오지그릇 옹기그릇 등 크고 작은
항아리들이 퍼포먼스 하듯 서 있다

어머니는 칠남매 자식들에게 나눠주려고
너럭바위 틈에서 흘러나오는 샘물로
김치 장 등을 담아 놓았다

어머니의 김치 장맛은 천하일미였다
돌아가신 지 십여 년이 지났건만
씨 간장은 남아 그 맛을 이어오고 있다

썩 매끄럽지는 않지만 그렇다고
투박하지 않은 저 항아리들
어머니가 애지중지하던 화수분들이다

굶주린 호랑이 아가리보다 더 무섭다던
보릿고개 시절에도
건강을 지켜주었던 항아리들이다

한바탕 소나기가 훑고 지나가더니
이내 맑고 밝은 햇살이 대지를 핥는다
목욕을 마친 항아리들의 때깔이 눈부시다

한쪽에 빌렌도르프 비너스 상처럼
두루뭉술한 항아리 하나
내 마음을 질책하듯 바라보고 있다

강별모

2010년 월간문학 등단

공(空)의 향연

마음 한 점
번뇌 망상일지라도
공적함으로 돌아가니
염려할 바 아니요.

공적한 이 마음
만물에 두루하니
이 또한
그대로 볼만한지라
그리 염려할 바 아니라네.

색즉시공
공즉시색
일체가 공의 향연이니
삶에도 죽음에도 걸림이 없어라.

강병철

2015년 '창조문학' 시(詩) 부문 등단
2015년 시집 『즐거운 공(空)놀이』 출간
2016년 『창조문학』 신인문학상 수상
2022년 시집 『공화(空花)』 출간
2023년 창조문학 대상 수상

꽃비녀

안뜰 화단에
비녀꽃(玉簪花) 피어난다

고운 결 가지런한 잎맥
저고리 동정을 인두질하는 어머니 손

담쟁이덩굴 무성한 돌담에서 고개 내밀 듯
삐죽이 솟아오른 곧은 대궁

옅은 그늘에서 살며시 벌어지는
어머니의 맑은 웃음 같은 꽃

속 감춘 하얀 꽃봉오리
치맛자락 당겨 올린 매무새

참빗으로 곱게 빗어 쪽진 머리에
꽂아드리고 싶다

강성희

전 안성시청 근무. 2015년《코스모스문학》등단
2022년《문학나무》신인상
시집『빛을 물고 오다』『깻잎장아찌가 있는 부부의 밥상』

어부

육지에서는 좀처럼 잡히지 않는
행운을 낚기 위해
바다로 나가 그물을 던졌다

긴 기다림이 끝에
별처럼 빛나던 멸치들이 올라온다
갑판 위에 쏟아지는 은빛 몸부림
그물에 걸려 헐떡이는 목숨들

뜨거운 솥 속에서 삶아진
멸치의 생애가 채반에 널린다
바다를 누비던 자유는 미라가 되었다

 기워도 기워도 줄지 않는 그물처럼
어부의 하루는 길고
그물코에 걸려 발버둥 치는 시간 속에
일 년은 속절없이 짧다

강에리

2014년 월간 한국국보문학 등단. 시인, 소설가, 작사가. 국제펜한국본부, 한국문인협회, 한국소설가협회, 한국국보문인협회 회원. 시집 "단 하나의 꿈" SF 소설 "루시 이야기" 단편소설 '돌아오지 않는 강' 외 다수. 가곡 작시 "빗물의 연서" 외 다수.

도심 속 은둔

별보기 운동하듯 세대 차이없이
도심 속 유리 상자에 갇힌
해님도 달님도 별님도
아득한 형상으로 일군 마음밭
자기 혼돈에 취한 미궁 속에서
우주를 담고 있는 불시착

곧이곧은 수혈의 미생인들
상사의 피뢰침 한방에 눈물을 들이마시며
계절 감각 잊은
지폐돈 몇 장들이
주머니 속에서 꼬깃꼬깃 날 세우고 있다

언제쯤 경직된 고개
신선한 자연의 공기 속에서
갑옷의 단장 내려 놓은 유년의 유희를 하려는가

도심 속 숨고르기에
무뎌져가는 감각의 화두는
신호등 앞에서 목표 잃은 치매 현상이
풀 한 포기 없는 황망한 벌판으로 떠밀려
언제 시원한 바람과 손잡았는지
낯선 자신과 눈인사 해본다

＊미생(未生): 바둑에서 집이나 대마가 아직 완전하게 살아 있지 않음. 또는 그런 상태

蓮峯 강영덕

1998년 월간〈문학 21〉신인상 등단. 2002년 한국의 인물 21세기 인명사전, 한국시 대사전에 수록
세계시문학상 본상, 강서문인협회 문학상 본상, 에스프리 최우수상 수상 시집:『시간의 채널』외 다수

파도의 노래

바람을 치대던 파도가
수놓 듯 걸어갑니다

흐르는 물 위에 수 놓 듯
쉼 없이 걸어갑니다

포근한 바다위에 이불을 덮고
기억과 사라지는 노래를 들려주면서

깍이고 깍이는 바다로
흐르며 흘러갑니다

강정애

2014년 열린문학 등단.
제주도 애월읍 수산리 출생. 연세대학교 경제대학원 석사, 한국항공대학교 경영학박사Ph.D졸업.
한국문인협회, 제주문인협회 시인 회원.
세계환경문학상. 국제문화예술상 수상.
저서 『나는 수호천사다』, 시화집 『응원합니다』 외

암실 하나

이제까지 살았던 삐걱거리는 방 말고
거꾸로 누워도 안락한 풍경이 되는
세상에 단 하나뿐인 방
땅 위 원앙 부럽지 않다며 미소 짓던
오른쪽으로 눈 큰 연인이랑 찍은 사진 걸고
그 둘레 줄줄이 서 있는 유복한 가족 얼굴
세월가도 변하지 않는 웃음 가득 고이는
나만의 작업실 하나 갖고 싶다네.

지금까지 살아 왔던 왁작한 분위기 말고
파란색으로 날아다니는 파랑새 그리며
노랑 휘두르며 노란 풍금 소리로
어디라도 구름기차 타고 찾아 가는
도깨비 방망이 문 앞에 걸어 두고
보고픈 이 접선되는 통로
찾아오는 이 반기는 암실 하나 갖으리.

강정화

시인. 문학박사. 1984 월간 『시문학』 문덕수 추천
시집 『우물에 관한 명상』 외 13권. 산문집 『새벽을 열면서』 외 2권
제 17회 시문학 본상. 제 34회 대한민국예술문화대상 수상
시분과 회장을 거쳐 현 한국문인협회 부이사장

600년을 살은 느티나무가 나에게

느티나무 600년을 살이서 너는 좋겠다
아직도 싱싱하니 더 살을 텐데…
나는 100년도 못 사는 인간 이란다
허무하고 허무하고나

그 순간 느티나무가 나에게 말을 건넨다
그래 나는 한 자리에서 한 가지만 먹고
600년을 살았다
너는 먹고 싶은 것 다 먹고 가고 싶은 곳 다 가지 않니?
그래 나하고 바꿀래?

강제실

호수돈 여고 졸업
싸이버 외대에서 공부

껍데기의 껍데기

속을 득득 긁어내야 시원한 게 있지
무엇을 무엇이 감쌀 때
이를 껍데기라 하고 알맹이를 속살이라 이르지

'껍데기는 가라' 고 하는 말인 즉
껍데기는 별 볼 일 없는 쭉정이로 알지만
껍데기가 있어야 알맹이가 있고
껍데기엔 속 껍데기가 있거든

무엇이 무엇으로 세상에 나오면
손톱에 낀 미량의 때꼽재기보다
못해보일지 몰라도
쭉정이 아닌 지고지순한 알맹이고 싶은 게 있지

껍데기가 실 해야 알맹이도 실하고, 아니
속이 알차야 껍데기가 단단한 법
머리끝에서 발끝까지 따뜻한 가슴에서
차가운 손끝까지, 아니면 속눈썹에 걸친
미지의 수천억 은하계를 향해 내민

미립자가 우주보다 더 큰 허상을
주고받다 놓친 순간의 그 허전함에
가슴을 옥쥐고 껍데기의 다른 껍데기로 다음
어디까지라도 다가서고 싶은 욕망을 지닌
하여, 우리는 껍데기지

강태구

전북 군산, 전북대학교 교육대학원졸/ . 초등교장 정년퇴임
해동문학 2004년 / 열린시 문학상(2011년)
전북 문인협회 , 한국문인협회 회원
시집 −허공을 긁어오다(2010), 마음의 꼬리(2019), 껍데기의 껍데기(2023)

유월

담쟁이가 손을 잡고
담벼락을 넓혀가고
장미넝쿨 길섶마다
붉은 꽃등 밝히는
유월 그리고 아침햇살
담벼락은 담쟁이의 운동장
장미넝쿨 웃음은 장미의 화색
저마다 제 시(時)를 안다
저마다 제 시(詩)를 노래한다

강희동

1999년 『기억 속에 숨쉬는 풍광 그리고 그리움』 시집으로 작품활동을 시작하여 첫 시집 『기억 속에 숨쉬는 풍광 그리고 그리움』(1999) 외 다수. 율목 문학상, 경기문학인대상, 경기펜문학대상, 제23회 영랑문학대상 한국시학 본상 등 수상.

바늘침 꽃

어머니의 손끝에서
예쁘게 피어나는
바늘침 꽃
젊어서 예쁜이로 소문이 난
어머니
동네 대소사 일에
손끝 여물어 불려 다녔다고
조각천에서 마름질한
옷들은 예쁜 꼬까옷
어린 시절 고모들의 입가에서
예쁘고 솜씨 좋은 어머니
칭찬이 자자 했었다
바닷가 언덕에 외롭게 핀
바늘침 꽃
넓은 어머니의 가슴에서
샘 솟듯이 피어나는
가늘은 줄기 끝에 실타래
풀어진 눈망울들
아트의 성은
정성 어린 손길로
꿰매듯 예쁘게 엮어간다

고순례

전북 군산 출생. 1954년 태어났으며, 호 성산. '한국문학예술' 시 등단. '문예사조' 수필 등단. 1979년 서해문단 시 금상. 2009년 경기수필문학 작품상 수상. 2017년 자랑스런 수원문학인상 수상. 한국문인협회원. 수원문인협회원. 경기문인협회원. 경기수필문학협회원. 국제펜클럽회원. 바탕시동인. 시집 〈완성의 시간, 시가 흐르는 풍경〉이 있다.

나는 시인이다

잘못된 것은
목에 칼이 들어와도 말할 수 있어야 하며
사사로운 인연에
얽매이지 않는다
비탈길에 홀로 서 있는 소나무처럼
강인하고 담대하리라
그 어떤 일에도
비굴하지 않으며
나의 갈 길을 가겠다
나는 똑바로 말하고
또렷한 정신세계를 가지고
도덕을 수양하는 시인이다
그것이 나의 직업이다

고영균

2018년 다온문예 등단
다온문예 시분과국장

민둥산

가까이 있어도
부르튼 가난으로는
벽은 허물어져

등을 기대어 울어도
슬픈 벽이 되고 마는
오, 민둥산

바람으로라도 서서
네 등을 어루만지고 싶다

한 세상 슬픔
네 가슴 쓸어주고 싶다

고유진

2014년 이팝나무 아래에서 등단
서울출생
인천&인천인 에디터역임
시집《이팝나무 아래에서》세종 도서 문학나눔 도서 선정(2015)
시집《저작나무 숲으로 가자》(2019)

친구

무시로 내세우고 버티어도 늘 받아주는 미소
좁은 소견머리 내밀어도 끄덕여 주는 눈길
굳센 힘 사라져 흔들릴 때 어깨에 얹는 손

술수와 비겁을 감춘 음험한 위선에
온몸으로 감당해 내는 열정과 용기
기로에서 선택된 형극의 길에
겪고 부딪치며 나아가는 넓은 뒷모습
그리하여 삶의 헤아리기 힘든 궤적에
늘 그리움의 이름으로 줄을 놓는 인연

그대는
자랑 무성한 영혼들의 숲 길라잡이 디딤돌
쓸쓸하고 어두운 두렁길 빛이 되는 이정표
상처 서로 보듬으며 또 같이 가는 발걸음

고장호

2019년 순수문학 등단. 부산 출신. 육군사관학교 사회과학과 졸업
고려대학교 체육사회학 석사. Texas A&M Univ. 스포츠심리학 박사
육군사관학교 체육학처 교수 역임 중 전역

는개 비

이른 아침
는개 비가 내리면
풀 향기 빗방울에 스며들어 찾아오고

작은 정원
곤충들은 는개 비에 여기저기서 울어대면
도시선 마음으로 듣는 소리

는개 비에
날개 처진 박새가 비바람에 흔들리는
능수버들 가지에 매달려 울어대는 아침

한탄강 주상절리
품고 돌아 흘러내리는 강물은
는개 비에 떼창과 오케스트라 소리로 답하고

이른 아침
는개 비에 물안개 피어나는 강가에선
강에 기대어 살아가는 모든 생명이 경이롭다.

고종호

동두천 출생. 건국대학교 국어국문학과, 대진대학교 국어 교육학과 대학원 졸업.
월간 순수문학으로 등단. 2020년 순수문학 신인상 수상, 2022년 순수문학 우수상 수상, 필 동인, 월간 순수문학 이사, 교사로 정년 퇴임, 홍조 근정훈장 수상. 연천 청산에서 농부로 생활함.

고독의 시간은

아직도 많은 시간이 남아있으리라
영겁이 슬슬 풀어내는
고독의 시간은 무한히 남아있으리라
넋은 살을 그리워하고
살은 뼈를 그리워하리라
눈은 머나먼 별들을 그리워하고
귀는 머나먼 강물을 그리워하리라
우리의 손은 무명을 거머쥐리라
우리는 손을 저으며 머나먼 강을 건너가리라
우리의 눈은 불길을 뿜어내며
머나먼 강을 건너가리라
사바의 사람은 열반을 그리워하고
열반의 사람은 사바를 그리워하리라
우리의 넋은 열반에 있고
우리의 몸은 사바에 있으리라
아직도 고독의 시간은 많이 남아있으리라
우리의 밤은 화염에 싸이고
우리는 손톱을 보면서 오지 않는 사람을 그리워하리라
우리의 넋은 열반에 있고
우리의 몸은 사바에 있는
고독의 시간은 무한히 남아있으리라.

고창수

1966년 시문학 등단
시집: 파편 줍는 노래, 몇 가지 풍경, 말이 끄는 꿈 외
수상, 시문학상, 정문문학상, 국제펜 한국본부 번역문학상 외

우주와 나 (세상의 모든 것)

〈인터넷 YouTube, 수많은 정보에에 빠져 내가 누구인지 모르는 인간들에게 경고함!!〉 산골짜기 산골짜기 깊은 숲속, 보리 까끄러기 햇빛에 꼬슬려 익은 몸을 하늘 맑은 시냇물 속에 풍덩 빠트려 헤엄치는 아이야!!물여울에 속살거리는 송사 리떼가 네 실버들 종아리를 물면 조약돌 간지러운 하얀 웃음이 소복이 피어 견딜수없는 들녘이겠구나//나는 어디에서 왔으며 어디로 가고있는가? 개미 한 마리가 땅 위에 기어가듯 시간과 공간과 우연과 필연의 입자가속기에 밀 려가고 있는지금, 지금이라고 말하는 순간 지금은 이미사라졌는데 그래도 영 원히 지금인 이 기괴한 현실 앞에, 우주 끝 그 어디를 가더라도 모두 〈여기〉인 이 어마어마한 사실 앞에, 나를 만나고 싶다구요? 안됩니다. 내 고독은 너무 독해서 그대가 오면 타 죽습니다 50년후에 문자주세요//내가 죽으면 세상은 없는데, vacum조차없이 無가 온 우주를 꽉차, 없다는 말조차 할 수 없이 없는데. 그대와 나는 아무 일 없이 아주 잘 살아가고 있습니다.// 우리 는 어디에서왔습니까? 최초의 생명 코아세르베이트-〉인간-〉태양빛-〉별 -〉은하-〉우주가스 가스는 안개아안개라. 그래서 헤르만 헷세가 "안개 앞에 서면 누구나 혼자다. 모두 고독한 존재.."라 했던가요?.. 우리의 의식은 안개 우주는 우주 자신이 있는지도 모르고 있다!. 마치 돌처럼! 돌은 자기가 돌인지도 모르고 있는 것이다. 리앙 에리앙 나킨 차디피 아흐//그러 나 갑자기 코페르니쿠스가 허공에 불꽃 놀이를 쏘아올립니다 보라!!저것 보 라!!, 그대와 나는 이렇게 찬연히 살아 보고있지 않는가!!, 저 영원속에 사라지 면 다시 없을, 영원만큼 간절하고 이 귀중한 시간!이 찬란한 시간에 우리는 무 엇을 하랴!! 'elan vital !! 가자!살자!! 불타오르자!!! 생명으로 사랑으로 불타올 라 이 세상을 밝히자!!//그래서 예수님이 십자가에 못박혀 유혈이 낭자한 채 로 "사랑하라!!서로 사랑하라!!"하며 고갤 떨구고 돌아가신거다!!!!그모습 보 면 나는 항상 눈물이 뜨겁게 부서져 목이메입니다!!/오! 선생님은 위대한 철 학자이시군요! 대단하십니다!!!선생님은 세계평화를 이룰 세계의 대통령이 되셔야합니다!!/그렇게보아주셔 감사합니다/생일 축하합니다!/생일이 지났 는데요?/아닙니다 아침에 저 찬란히 떠오르는 태양이 당신의 창문을 두드려 깨어나시면 당신은 살아있기에 언제나 생일인 것입니다!! Happy birthday to you!!/Qu'est-ce que c'est larmoyant d'etre en vie!!!

공영원

著 푸른하늘가을 숲 나와존재와무와시간 동요비개인아침 who'swho korea 한국의인물 KBS 정다운 가곡방송

아름다움

생명이 뛰노는
4월의 세상에
짙은 속삭임들이 도란거리고

온통
샛노란 잎새들이
숨결을 주고 받으며

생기로 차려입은 가지들이
하늘로 땅으로
내달리고

계절을 동행한
성장을 향한 함성들이
아름다움을 토해낸다

곽만영

2015년 한국장로문학 등단
경북 영양 출생. 학교법인 영문교육재단 이사장
한국문인협회 문학사료 발굴위원. 국제펜 한국본부회원
시집 「해달뫼 자락에서」외 수필집

느린 삶의 향기

완행열차,
느리다고 불평하지 말라
산 따라 강 따라가면서 구경 잘 하잖아
소란스럽다고 짜증 내지 말라
곳곳마다 정겨운 사투리에 귀가 즐겁잖아
공연히 싸구려 탔다고 기죽지 말라
그늘 없는 웃음소리가 끊이지 않잖아
이고 지고 들고라도 함께 갈 수 있다면
팔자타령을 하지 않는다
덜커덩거리고 기우뚱거려도 즐겁다

세월도 가끔은 너를 부러워하겠지
앞만 보고 달려가도
뭐 하나도 잡지 못하는 허무함 때문에
세월이 느림의 맛을 제대로 알까
하늘을 나는 새들도 때로는 날개를 접고
나뭇가지에 앉아 삶의 재미를 찾는다
돌아가는 세상에 현기증을 느낀 인간도
저잣거리를 걸으면서 향기를 만끽한다
느린 삶은 향기롭다

곽종철

경북 칠곡 출생, 『대한문학세계』 시 부문 등단(2011년), 개인 시집 『마음을 흔드는 잔잔한 울림』, 『물음표에 피는 꽃』, 『빨간 날이 365일인데』, 『바람은 길이 없다』, 『모퉁이 집』. 공동시집 『시인은 시를 쓴다』, 『들꽃처럼(제4집)』 등 다수, 한국전쟁문학상, 대한문인협회의 문학예술인상 등 다수 수상. 한국전쟁문학회 회원(부회장 역임), 대한문인협회 회원(위원, 이사, 서울지회장 역임), 한국문인협회 독서진흥위원, 서울시인협회 이사, 한국현대시인협회 회원, 과우회 회원(부회장, 봉사단장 역임), 『실버넷 뉴스』 편집위원 등

나비의 행장

생각이 뿔났다
종일 뜨락에 떨어져 죽은 나비의 행장을 채울 문장 한 구절을 머리에 이고 궁리를 하였지만,
그 근원을 알 수 없는 괴로움이 독야청청 흘러 슬픔을 들이받을 뿔만 키웠다

그 뿔이 지금 무언가를 모색하고 있다
나무를 보면 나무를 들이받고 달을 보면 달을 들이받고 사람을 보면 사람을 들이받는다

보는 것마다 들이받지 아니하고선 견디지 못한다
들이받아야 소리를 지른다

생전에 나비가 다닌 길과 나비가 사랑한 꽃과 나비가 밤마다 바라본 하늘을 꺼내오지 않는다면 이 뿔을 잠재우지 못하리라

천둥 번개가 치고 벼락소리가 요란했다

벚나무도 뿔이 났나 보다
활짝 핀 꽃 아래로 사람을 토해내는 걸 보니

그런데 오늘은 얼마 전 죽은 누이 같은 나비가 걸어 나왔는데
아무 소리도 들리지 않았다
다만 눈물만 났다

곽진구

1988년 《예술계》 시, 1994년 《월간문학》 동화 등단. 한국문인협회 남원지부장, 전북문인협회 부회장 역임. 한국문협 문인탄생백주년기념위원. 전북시인상, 전북문학상, 표현문학상 수상. 시집 「사는 연습」 「그대에게 가는 먼길」 「짝」 「그 말이 아름답다」 「사람의 집」 「꽃에게 보내는 엽신葉信」 「시의 소굴」 「혼자 웃다」, 동화집 「빨간부리뻐꾸기」 「아빠의 비밀」 「엄마의 손」 등이 있음.

그리움 · 2

추억의 그림자 밟으며 꿈꾸듯 달려온 세월
눈감으면 지난날들이 꿈결만 같네
그리움이 파도처럼 춤추며 상념의 그네를 타고
옛사랑의 멜로디 아련하게 귓전에 맴돌고
옷깃을 여미며 연꽃 같은 입술로 단장하고
떠나보낸 이를 그리워하며 달빛에 두 손을 모아본다
그리움을 삭이며 노스텔지어 향수에 젖기도 한다

비라도 흠뻑 젖는 날에는 그대 따스한 품에 안기고 싶고
눈가에 이슬진 구슬로 촉촉한 비가 되어 흐르는데
가랑잎 흩어져 거리에 누운 황량함은 쓸쓸함이어라
울긋불긋 황혼빛 그림자로 물들어 강물에 어리어 아롱진다
마음은 먼저 그곳 어딘가에 달려가고 싶지만
기린 목으로 계절이 지나는 길목을 서성이네
아~아~ 아련한 그곳 바라보며

구숙희

具淑姬(필명: 財源(재원), 才源(재원), 70세). 시분과 회원(시, 시조 시인). 2015년 문장21 시 등단, (이어) 2017년 한국문인협회 등단. 2015.10. 「잠자리가 본 세상 구경」 시집출간. 2020.4. 오륙도신문 신춘문예 시조부문 당선(지리산 보법). 2022.12. 고운 최치원 문학상 수상. 2023. 6. 「여름 포도밭에서 겨울을 그린다」 제9 시집 출간.

잃어버린 봄

2020. 봄,
삼월 그리고 사월
봄은 왔으나
꽃은 피었으나
부디, 봄꽃의 유혹을 외면하라고
유채꽃밭은 유린당하고
벚꽃길은 죄목도 없이 쇠줄로 묶이고
진달래꽃은 외로움에 몸살을 앓고
전염력이 강한 신종 코로나바이러스 19.
많은 사람이 어이없이 죽어가고
공포의 팬데믹 선언
사람과 사람간의 간격 2m
사회적 거리 유지
침방울을 통한 감염통제거리
마스크에 표정을 감추고 너와 나
애써 대화가 없고
죽은 듯 조용한 거리
웃음은 사라지고
봄꽃은 외로워서 떨고
벚꽃은 몸부림치다 사그라지고
내일이 오면
또 내일이 오면
희망처럼 오월 남풍이 불어온다.

구신자

2017 종합문예지 '착각의 시학' 신인문학상 시등단
2020 첫시집 '꽃뱀, 굴을 나오다' 출간
착각의 시학 주관 제15회 한국창작문학상 본상 수상
2024 제2시집 '옹이가 봄꽃처럼 찬란하다' 출간
한국문인협회 회원. 착각의시학작가회 회원

우리 민족인데
- (24.6.9-13)

장춘(長春) 공항 도착하여 관광버스로
단동에 도착하였다
푸른 강물이 소리없이 넓은 바다로 흐르고 또 흐른다
압록강은 백두산에서 발원하여 북한 신의주와 중국 단동 사이에 흐르는 길이
790km의 강으로 당나라 시대의 시인인 이백의 "양양가"중
요간한수압두룩(遙看漢水鴨頭綠), 멀리 보이는 한수는 오리의 머리처럼 푸르다
라고해서 압록강이라고 부른다는 이야기다
예정대로 유람선을 타고 압록강을 상하로 왕래하는 이국적인
감정으로 주변 자연환경을 독차지했다.
강 건너 높지 않은 산을 중부 능선까지 푸른 숲 옷을 벗기고
살갗을 보이듯 황톳빛으로 태양 아래 더욱 강한 몸살이다
북한 땅이 분명하다
북한 여성들이 여기저기 밭을 화전민처럼 일구고 있다
우리는 같은 민족으로 유람선을 탄 사람과 화전민처럼 일하는 사람이 서로 다른 위
치에서 마보고 있는 현실에서 같은 사람의 인권을 가지고 숨 쉬고 말하며 사는
데--
따뜻한 대화는 한 마디도 못 했지만 무언의 민족혼은 이심전심이로다
강물은 유람선을 어쩌지 못하고 되돌아 가자한다.
그것도 잠시
이별 인사도 못 하고
멀어져가는 남과 북의 현실이다.
같은 말을 하고 같은 동족으로 찾아보기 드문 사연은
힘든 비극으로 상반된 이념을 추종하는 비극의 참상을
현장에서 보고 있으니 어느 누가 해결의 능력자인가 민족의 비극이다
어느 땐가는 유람선을 같이 타고 고향이야기 나누며
형님 아우라 하며 친교를 가지면서
위대한 민족의 정기를 젊은 세대에게 유산처럼 남기고
그들이 자유민주주의 국가를 이룩하여 오천 년의 위대한 역사의
깃발을 세계만방에 드높이 세우리라 고 기원하노라.

구연민

월산(月山)구연민(具然旻)
한국문인협회정회원. 한국수필문학가협회정회원. 국제pen한국본부정회원
강남문인협회이사. 제26회창조문학대상수상

빛의 자죽인 양
- 어느 서천 서각전시장에서

숨은 숨결을 찾아
날카로이 새겨가는 칼끝에
잊은 듯 고여 있는 삶처럼
자꾸만 향긋이 배어나오는 걸
어찌 잊고 살아갈 수 있으랴
하루가 가고, 또 하루가 오는 사이
넌지시 되살아나는 몸을
소중하니 길러 살아가는 사람들
마침내 찾아 이루어 놓은 것이란
아무리 쓰고 또 써도
항상 깊고 넓게 비워놓은 자리
빛이 고인 눈(眼)처럼 가라앉아
맑고 고요하고, 끝내 무위(無爲)하면
여기, 천하는 당당하게
우우우 되살아오고 있지 아니한가
선뜻 문을 나서지 않고
먼 하늘에 가득한 고동소리
고스란히 모으고 모아
스스로 그림자를 다스려온 사람들
뜨거운 가슴 안에 감추오고
칼끝으로 이룬 빛의 자죽인 양
그윽한 향으로 싹틔우고 있지 아니한가
은은히 떠돌아 번져오고 있지 아니한가

*자죽: '자국'의 방언

구재기

1978년 『현대시학』으로 등단. 시집 『모시올 사이로 바람이』(2018. 한국문화예술위원회의 아르코문학창작기금 수혜 작품집)』 『겨울나무, 서다』등 20여권과 시선집 『구름은 무게를 버리며 간다』등. 수필집 『들꽃과 잡초 사이, 사람이 산다』및 평론집 『절정絶頂, 그 광야曠野의 외침』. 충남도문화상, 시예술상본상, 한남문인상, 신석초문학상, 한국문학상 등 수상. 현. 사)한국문인협회 부이사장

겨울 숲의 오후 네 시

오후 네 시 겨울 숲은 고요하다
산 자락에 누워있는 햇살 그림자
스쳐 지나가는 바람의 순한 발소리
마른 풀잎들, 사그락 거리는 속삭임
채우려고 만 하는 마음, 비우지 못한 미련
한걸음 한걸음 그저 그렇게 그냥 걷고 있는
엄마 품속 같은 청솔 향기 가득한 길
산 새들 지져귐도 멈추어 버린 블랙 타임

구춘지 蕙堂

2013 문예비전 등단. 경희대학교 경영대학원 경영자과정 졸업. 한국 문인 협회 회원
한국 시인 연대 중앙위원. 문학세계 문학상 수상. 경기도전 문인화 입선 5 회

파도의 노래

흔들리지 않는 것은 바람이 아니다
부서지지 않는 것은 파도가 아니다
파도를 흔드는 바람은
멍든 상처를 움켜 쥐고 노래를 부른다
한시도 잔잔하지 않는 물결을 흔들며
진줏빛 대양의 잠자는 혈맥을 일으켜
집체만한 파도군단을 몰고 온다
파도는 노래부른다
거센 물살 이어지는 파멸의 늪에
희망의 근원은 자취 없이 사라져 흩어지는데
사랑을 품고 별을 안고 어둠 속을 출항한다
흔들리는 성에서 꿈을 산란한다
파도가 울면 물길을 박차고 달려가는
힘찬 생명체의 빛살 바다를 가른다
아아 저 요동치는 파도 위에 부화하는 사랑이어
흔들리지 않는 것은 바람이 아니다
부서지지 않는 것은 파도가 아니다

권영민

1994년 한겨레문학 신인상 등단
한국문협 및 전북.익산.순창지부 회원.
태사문학.현대작가 회원. 현 청문학동인회장.
시집 그리운별 가슴에 데리고외 2권 출간.

온천장 벚꽃길

봄 햇살, 바람 따가워
벚꽃 나무 잎새들

연분홍 양산을 쓰고
핑크빛 립스틱 웃음 지으며
양 길가에 모두들 나와
나를 환호한다

온천천 맑은 물살
작은 물고기떼들
백조 물새 되어 날며

들풀 새싹 올라와
새 생명 얻고
아름다운 세상

봄 햇살 길 열렸다

시향 권영주

1977년한국문인협회 부산지부 시부문 신인문학상 수상. 1997년「문예사조」시, 수필부문 수상 등단. 서정시집「송년의 노래」「사랑배」외 저서 다수. 한국현대문학100주년기념문학대상, 윤동주기념문학상, 대한민국문화예술(명인)특별최고대상 외 다수 수상.
(36대 국제PEN 전통문화위원) 시향 권 영 주 (28대 전통문학연구위원)
현재 한국문인 연수원교수임 2016년언론문학특별최고대상 (시,수필,평론부문명인대상)

어느 곡예사의 하루

새털구름이 떠있는 하늘 아래
거미가 집을 짓는다
기다림의 미학을 방적돌기(紡績突起)에 간직하고
한여름 따가운 정오가 지나면
걷는 대로 덫이 되는
오리온성좌(星座)를 본뜬 집을 짓고 있다

온몸속의 기름을 짜내어 탱탱한 은(銀)실로 바꾸고
먼 하늘의 구름을 살아온 기억으로 더듬어 가며
씨줄과 날줄로 엮어내는 촘촘한 곡예사의 그물

그늘진 삶의 공간 그 끝에서 창문을 활짝 열어놓고
달빛마저 고이 숨어 흐느끼는 한밤이 되면
포로의 무게만큼 줄 위에서 함께 출렁거리다가
한 삶은 끝내 생을 마감한다

자전(自轉)을 잠깐 멈춘 지구가 다시 움직이기 시작한다

안식처를 공중에 매달고 사는 그는
낮에는 스쳐가는 무지개와 바람 몇 점을 벗 삼고 밤에는
별빛에 안겨 무더운 한여름을 즐기며 산다

몸서리치도록 시린 언덕 위 거미는
아침이면 근처 암자에 있는 불타(佛陀)의 손에
반짝이는 염주 몇 알을 선물 한다

권영춘

1997년 시집 '흐르는 세월 그 속에서' 로 등단. 2013년 스토리문학 신인상으로 재 등단.
시집:"달빛이 만든 길을 걸으며" "커피를 마시며" 시조집:"세상 사는 이야기" 한국시조시협 야외백일장
장원. 시조시협 이사(전). 관악문학상. 스토리문학상 대상 수상(시) 현재 관악문학 자문위원. 가톨릭 문
협. 문학공원. 회원. 한국문협. 국제펜한국본부 회원. 서울대 대학원 졸업. 대학 한문강사.

이제 여든일곱

이제 여든일곱
이제는 좀 늙었으니
이제는 별 일도 없으니
이제는 갈 곳, 오라는 곳 없으니
이제는 만날 사람, 만나자는 사람 없으니
이제는 지팡이에 다리 하나 절어도 흉보지 않으니

이제부터는 할멈만을 바라보며 살면 되겠는데
더러는 시를 읽다 꾸벅꾸벅 졸기도 하면서
남강습지원 그 길을 걷거나 쉬면서
꽃도 보고 눈썹달도 보다가
그날이 오면 가면 그만인
나는 이제 여든일곱

권우용

2010 문학예술 시 등단

동백꽃

날마다 지새운 기다림은
허탈한 몸부림으로 지치고
옹이로 여물어
눈밭에 발을 딛고 서서
불꽃이 되었는가

낮달처럼 바랜 그리움이
붉은 꽃망울로 맺혔음인가
귀촉도의 눈물이
붉은 꽃망울로 맺혔음인가

어혈로 맺힌 그리움은
이대로 서서
불꽃으로 타오른다

오늘은 붉은 꽃으로 돌아앉아
오가는 이의 발걸음을
서럽게 잡는다

권은영

2015년 월간 [창조문예]시로 등단
시집 [길 위에서] 외 다수. [창조문예]문예상 수상
한국문협회원 한국기독교문인협회이사 한국기독교시인협회이사 이대동창문인회회원
창조문예문인회 회장역임

청화

천년의 숨결
원대한 창공으로
비상하는 독수리처럼
나래 펼쳐 노래하네

가느다란
잎새마다 초록꿈 태동하여
산새들 흥겨운 가락 맞추어
싱그러운 솔 향기 휘날리며

모진 세월 풍파에
찢기고 어긋난 가지마다
붉게 얼룩진 상흔 토닥이며
숱한 끈苦의 나이테 휘감고

임 向한 일편단심의 그리움
사시사철, 청청한 녹색 옷 입고
어두운 잿빛 세상을 향하여
곧게 솟은 꿋꿋한 기상 펼치어

곧추세운 푸르른 소망
정겹게 오가는 눈빛 마중하며
언제나, 해맑은 향기 무궁토록
산하에 빛나는 고결한 얼이여!

권자현

조선대학교 졸업. 전남대학 교육대학원, 경영대학원 수료. 2008년 문학공간 (시부문) 신인 문학상. 2008년 대한민국 우수 작가상. 2017년 광주시인협회 올해의 작품상. 2019년 예술 교육 문화상. 2023년 영호남 문학상. 한국문인협회 회원. 해돋이 시문학회 회원. 영호남 문학 회원. 광주시인협회 회원. 광주문인협회 회원. 전남 문인협회 회원. 광주 광역시 시인협회 부회장 역임. 광주 광역시 문인협회 이사 역임. 작품집 제 1집 [사색은 강물 따라] 외

나는 우산이다

펼치면 내 안에 세상 있고
접으면 세상 속에 내가 있다

20성상 낡고 빛바랜 장우산
검정색 천
회색으로 바뀐지 오래다

염천 폭우 때면
16개 살들 사지 뻗어 몸을 지탱한다

북풍 한냉전선 내려오면
폭설 어깨로 버티며 세월 맞는다

앙상한 속살 몇 개는
흐트러진 영혼 밀어올려
중심 잡아준다

비 멈추고 폭설 주저 앉으면
장우산은 창공을 날아오른다

나는 우산이다
펼치면 내 안에 세상 있고
접으면 세상 속에 내가 있다

권준희

권준희(溟山) 2022년 문예비전 등단, 24년 문인협회 회원(시)
대한일보 주월통신원, 부산일보 부국장, 치학신문 발행인,
노원신문 편집위원, 월남전참전자회 노원구지회장.

별 따기가

손을 길게 뻗어봐도 영영
닿을수 없는 저별
나에게 꿈과 희망은 저 광대한
우주의별이였는데

가로등 불빛조차 잡을수없는
나는 저별을 손에 넣을수는
없겠죠

흘러가는 바람마저 잡을수 없으니
어찌 나의 바램이
이루워지겠어요

나에게 여명의빛 한조각을
건네준 그들은 벌써 하늘의
제일 빛나는 은하수 별이되어
저멀리훨훨 날아가는데

깜박깜박 빛을 잃어가는 도시의
조각들 별이라 지금도
여긴 나는

마음과 가슴을 스쳐가는
바람앞에 웃음만 짓네요

권현택

전북 출생
한국문인협회 회원
시집 『시는 나의 인생 그리고 삶』
현)모하임하우스 인테리어 디자인

웅덩이

물 고인 웅덩이에
풍덩풍덩 개구리
고라니 뛰어다니면
빛살무늬 물결 출렁인다

들판 숲 세상을
웅덩이에 씻으면
그리움, 가난, 아픔마저 씻기려나

바람이 불면
피아노 건반 모양의 물결이 일어나고
숲속 삶이 어리는 물방울

물방울 따라 더 깊어진 내 얼굴의 주름살이
일렁이며 아롱거린다

권희자

경기대학 국문과 졸업. 서울대학교 공과대학 기초수학과 도학실. 기초 인문 근무 역임.(사무직) 자유문학 시부(1999년) 신인상 당선 및 동시부 추천 완료, 제12회 '자유문학' 시문학상 수상. 제8회 ' 문학 世界 시문학상 본상 수상. 제 18회 '김시습 시문학상' 본상 수상. 저서 시집 3권. 동시집 1권. 수필집 1권

연꽃의 기도

당신은 사랑의 탄생이며
삶의 기도이고
세상 삶 속에 흔들림 없는 혼돈 속의
침묵이며 자비 입니다

꽃대궁 우뚝 솟아 말없이 조용히
세상을 내려다보지 않고 올려 보지도 안으며
오직 인생을 마음의 미소로 품고
허욕과 고뇌를 보듬어 씻는
우주인 목탁 소리 속에서 자비로 다가와
가슴 열어 세상을 밝히는
당신은 인생의 기도입니다.

무외 금종성

2002년 참여문학으로 등단
농림부, 농협중앙회 근무, 사료자원연구소 대표(현)

수선화

차거운 겨울
캄캄한 흙 속에서
사려 깊은 생각들

가슴에 가득 찬
그리움의 애달픔으로
차디찬 고독을 품고

아직도
멀리서 들리는 봄소식
바람은 쌀쌀한데

해와 달을 품고
별빛으로
곱게 단장한 노란 자태

님을 향한 손짓
봄의 길목을 열며
환한 등불을 밝힌다

이른 아침
모두가 잠든 사이로
가련한 사연의 봄소식을 알린다

김건배

충남 아산 출생. (사) 한국문인협회 인성교육개발위원회 위원. (사) 한국문인협회 아산지부 감사
시집 : 찻잔에 피는 꽃. 샤론의 향기. 갈꽃에 스치는 바람. 하나님 앞에서.
2011년 한맥문학 등단

에미 마음

"하루"
퇴근 후 집 향 할 때,
종일 홀로 있는 아낙 생각에
귀해서 비싸디 비싼 딸기 한 곽 산다.
"이틀"
아낙 입맛이라도 돌려 볼 냥으로,
한우 등심 할인 한데서 한 덩어리 산다
"사흘"
철 바뀌기 전에 즐겨 하는 굴 전 해먹으라고,
한 봉 산다.
"매일"
"온종일 먹은 것도 없을 텐데, 어서먹어봐.
응, 내일 낮에 먹을게……"

"주말"
딸년,
제 새끼들 자랑 하러 왔는데,
손주들 실컷 난장 피우고 가는데,
딸년 짐 보따리에,
내 마음 다 들었더라!

당산 김경수

저서:장년의연서
경기대 행정대학원(석사),1급 사회복지사, 학교환경사업단 단장(전)

여름밤

축축한 감촉
잠 못 이루는 길을 거닐었다

내리다 그치다 하는 장맛비 사이로
도심 골목 가로등 불빛이
하얗게 덩달아 쏟아진다

가끔은 굉음으로 질주하는 오토바이가
떠나온 고향의 시간을 일깨우지만
어둠은 말없이 고개만 끄덕인다

나는 사라진 어머니의 근육들을 찾아
생각에 잠긴 별들을 깨우고 있다

덩달아
여름밤도 일어선다

김경수(金京秀)

1980년 『해변 문학』으로 詩作 활동.
시집 『서툰 곡선』 『황금 달팽이의 모월 모일』 등 10권
계간 『착각의 시학』 발행인 겸 주간. 한국시인협회 심의위원
한국문협 작가상, 한국 농민문학상, 전북환경대청상 서울종로문학상대상 외

회색 단상(灰色 -)

화려함이 수줍어서 시간 속에 가라앉아
삼원색의 설레임을 흰색으로 문지르고
생기 찬 봄날 모퉁이 아지랑이 아련하다

까만 밤을 비춰 주는 은빛 날개 개똥벌레
반짝이는 둥근 머리 속세 노래 잘라내고
웃음도 눈물도 삼킨 흐릿한 연꽃 떨림

불가승의 가사장삼(袈裟長衫) 묻어나는 잿빛 은유(隱喩)
선문답 침묵 뒤에 녹아있는 간색(間色) 그림
잊혀진 원초적 사유 화엄소리 낭랑하다.

김경순

2008년 월간 문예사조 등단
사)국제PEN한국본부 이사. 사)한국문인협회 대외협력위원회위원. 사)한국현대시인협회 이사
사)한국창작문인협회 부회장. 사)한국육필문예보존회 연구위원

에스프레소

고독과 침묵을 사랑하는
까맣게 속을 숨긴
따뜻한 눈빛
쓰러진 마음을 쓰다듬어 주는
진한 커피 향

오늘도
커피 잔 속 헤엄치는
생각들을 건져 올려
시를 쓴다

김경점

2023년 「수원문학」 등단. 한국문인협회 회원. 한국경기시인협회. 한국문인협회 수원지부(수원문인협회) 회원. 「한국시학」 회원. 수원문학아카데미 회원

어부바나무

할부지 심어준 어부바나무
흙탕물 흠뻑 발뭉탱이
엄마한테 혼났던 설움도
나무가 어부바!

따스한 햇살 어부바나무
할부지가 입에 넣어주는
사과 한 조각이면
행복 한가득

할부지 보이지 않아
새끼발톱 초승달까지
오르고 오르던
너의 그리움

너의 사소한 설움과
사과 한알의 행복과
달 같은 그리움 지키는
어부바나무가 될게!

김경희

김경희, 아호 금송(金松)
충청남도 천안 출생, 단국대학교 국어국문학과 졸업
2021년 純粹文學 시 부문 등단
한국문인협회원(시분과)

바위섬의 신음

노을이 꺼지면
바다는 성욕을 일으킨다
심줄 속속들이 일어선 바다는
출렁이며 욕정을 느낀다

창녀처럼 발가벗은 알몸은
물품처럼 흐느적거린
선정(煽情)의 몸짓으로
가슴과 가슴 포옹을 조여 온다

한밤중 힘줄 벌떡 뻗치며
으깨진 미세한 파편
절망들을 헤치며 누비며 덮쳐든다

절벽 같은 허공
피 토하는 파도 타고 앉아
물채찍에 애무 느끼는
바위섬 바위들의 신음 소리

김계덕

시문학 천료등단, 한국문협 자문위원, 국제PEN한국본부 자문위원, 한국현대시인협회 고문,

어떻게 살았냐 묻는다면

햇볕 넉넉한 시장 입구
도로 옆 난전에 앉은
할머니 앞자락에 펼쳐진
무질서한 봄

쑥, 미나리, 두릅, 묵은 마늘까지
할머니 뼛속을 꾹꾹 쑤시며
붙들려 나온 먹거리들
겨우살이 앞다투어 뚫고 나온
지난한 삶이 궁금하다

그대, 날더러
어떻게 살았냐 묻는다면
말로는 답할 수 없어
시인이 되었노라고 말하리라

말할 수 없어도 할 말은 많아
몇 줄 시구와 함께
하늘빛 가득한 미소 보내어
행간을 비춰주리라

김계문

한국방송통신대 국문과 졸업. 순복음대학원대학교 목회학 석사(M.Div) 졸업, 목사
2014년 조선문학 시부문 등단, 동인지 형상21시문학회 회원, 조선문학문인회 이사, 조선문학상 수상.
한국문인협회 회원. 시집 동인지 외 [꽃잎 한 장이 되어], [백지수표의 꿈] 출간

鄕愁란

가차이는* 잊으려 했다가
이만은 잊어서는 안 된다는 먼-
훗날이라도 겨울이다

금의환향 청운의 꿈을 품어 떠났다가
꿈을 이뤄 돌아오면 겨울이고
희망을 채워 떠났다가 훨-훨 객지를 털고
빈손으로 돌아와도 그 겨울인게다

창밖엔 바람길 소리 없어
저녁 쌀 씻은 뜨물처럼 그런
한나절이면 겨울이다

뒷모습 가물가물한 은백색 얼굴빛을 날리는
雪日의 江!
싣고 실려서 마냥 바람에 흐르다가 어느
강나루에 앉기만 하면 겨울이다

'향수'란 마디 속에서 붉게 나뒹구는 내가
먼- 훗날 눈사람이 되면 겨울인게다.

*가차이는 : 가까이는.

雪津 김광자

『月刊文學』등단 '92 〈詩와批評〉'90 日本 나가사키출생. 사)부산시協理事長(역임)부산시문화상수상자회, 이사, 감사, (역임)해운대문인회(창립, 고문)국제펜한국본부이사, 기획위원장(역임)사)한국해양문학가협회부회장(역임) 해운대〈달맞이 언덕축제〉운영, 재정위원장, 〈계수나무백일장축제〉위원장(역임)한국문학관설립준비위원장, 청마기념사업회이사, 〈윤동주 문학상 수상자, 사화집 편집위원〉. 시집『해운대 아리랑』외. 시선집『박하향 雪徑』외. 제23회 윤동주문학상, 제61회 부산광역시문화상, 제17회 부산시협상, 제14회 부산문학상, 대한민국 향토문학상, 제4회 雪松 문학상, 제7회 육당, 최남선문학상 수상.

이승바다 · 1

깊이를 알 수 없는 바닷속으로
나는 던져졌지만
바다는 언제나
별빛을 안고 잠들어갔다
맨몸으로도 가 닿고 싶은 뭍
산호섬 같은 그대
은빛 비늘 반짝이며 파닥거리면
하늘 그물 펼쳐지려나

길이를 알 수 없는 바람 속으로
파도는 하얀 거품을 물고
오늘도 저만치
앞서 달려가고 있었다

김교희

2004년 계간 「포스트모던」 시 부문 등단. 경북작품상 수상. 경북문인협회 공로상 수상. 한국문인협회 이사장 표창장. 한국문인협회 한국문화선양 올해의 작품상 수상. 의성문인협회 부회장 역임. 한국문인협회 문화선양위원. 국제펜 한국본부, 한국현대시인협회, 경북여성문학회 회원. 경북문인협회 편집위원. 대구펜 정보국장. 시집 『소리에 젖다』외

아버지의 손

햇살 한 줌 집어 상추 모종을 심어요
이미 산이 되어 당신 서 계시는 곳
먼발치 연둣빛 새순 돋아납니다

어릴 적 달고 살았던 고뿔
화롯불에 더운물 얹어 코밑 짓무를까 씻어주시고
겨울밤 지새우며 쓰다듬던 서늘한 손
철 따라 딸기 수박 원두막 찾아
등에 기댄 채 먼지 자북한 신작로 길
울퉁불퉁 내달리던 달디단 기억
퇴근 기다리며 대문 앞 서성이다
엄마의 서러운 훈계 보따리 풀며 마냥 옹알대던
철없는 딸 손에 쥐어주시던 색색의 알사탕

비에 씻은 무지개처럼 기억도 새롭습니다

시집온 후 미로 같은 세월을 부끄럼으로 서성일 때
세상 밖으로 떠나시기 한 달 전
궁금해 하시던 딸년 살림집 둘러보시며 앞마당에 뿌려 놓으신 씨앗들
향을 사른 후에야 파릇한 상추 새싹 보며 마음 덜컹 내려앉았지요

그 손으로 전해주신 따뜻한 말씀으로
더운 가슴 지니고 살아가고 있습니다.

아버지

김귀례

2005년 월간 문예사조 등단. 한국문인협회 시낭송분과 위원. 미당문학회 이사. 전)전남대 평생교육원 시낭송지도자과정 교수. 전)MBC 아나운서

소나기 · 2

처음부터 그런 건 아니었다.
다정한 미소도 있었고
따듯한 손길도 있었다.

내밀한 창가에 들어와 앉은
끈적한 이야기 후끈 달아
뜨거운 입김 내뿜으며
예민해진 살갗의 비위를 건드렸다

얼마나 참았을까
울컥 터져 나오는 설움
한바탕 쏟아내고는
제풀에 꺾여
한 움큼 고인 눈물
소리 없이 돌아선다.

막힌 어혈 숨 가삐 뽑아낸
후련함이여!

김귀자

김귀자(호 佳園) 시인, 아동문학가. 2002년 월간문예사조 신인문학상 등단
시집〈백지위의 변주〉〈백지가 되려하오〉〈유년의 뜰 고향집은 온통 꽃밭이었다〉외
동시집,〈옆에만 있어줘〉,동화집〈종이피아노〉,수필집〈달팽이는 뒤로 가지 않는다〉등 다수
천강문학상, 한정동아동문학상, 진도명량문학상본상 등 수상

어머니의 커피

학창시절 공부하다가 졸면
"커피 타주랴?"

병간호하다가 피곤해서 졸면
"커피 타주랴?"

몸도 못 가누시면서
무슨 커피를 타주신다고

병세로 비몽사몽 하시는 와중에도
당신 병간호하느라 지친 아들이 안쓰러우신가 보다

공부하는 아들의 잠 쫓는다고
커피 타주시더니

당신의 잠은
쫓지 못하셨다

걸핏하면 졸던 아들보다
먼저 잠드신 어머니

가족들 눈물 속에
영원히 잠드신 우리 어머니

김근태

2006년 월간 「스토리 문학」 등단. 2001년 동인시집 「STORYe.com」 출판. 2004년 월간 「스토리 문학」 6월호 신인상 시나리오 부문 당선. 2006년 월간 「스토리 문학」 6월호 신인상 시 부문 당선. 2023년 시집 「일상 그리고 바둑 검도 커피」 출판.

기도하는 향나무

향나무는 몰려오는 바람을 탓하지않는다
바람이 아니면
팔다리 길게 기지개 켤 수 있나
울음과 웃음소리 펑펑 내 볼 수 있나
층층 수없이 매단 초록이파리와
살뜰히 맺은 꽃과 열매에게
어깨춤추는 기쁨을 줄 수 있나
새들의 그네가 되어줄 수 있나
북녘바람이 괴팍한 짐승되어
천지 분간없이 덮쳐오는 날엔
3신 만신 창이가 되곤 하지만
남은것들 붙들고
남은 날 살아낼 수 있기를
남은 힘 뿌리속으로
속으로, 저장하면서
향나무는 몰려오는 북녘바람을 탓하지않는다.

김길애

2001년 '자유문학'시부 당선
첫시집'바지락이 해를 물고 있다'(2009). 2시집 '바람도 목탁을 친다'(2015) 3시집'馬頭琴'(2023)
노원문인협회 명예회장
자유문학상, 박종화문학상

끝또 없는 길

걸으면 길이되는 에움길이면 어때

길은 조건을 달지 않는다
선물 같은 길이고 싶다

길은 시샘을 하지 않는다
한결같은 길이고 싶다

길은 사계를 탐하지 않는다
포용하는 길이고 싶다

길은 순리를 원망치 않는다
소리 없는 길이고 싶다

길은 유불리를 따지않는다
끝또 없는 길이고 싶다

끝또 없는 이길 따라
인생을 걷고 싶다

瑞雪 김끝또(창원)

2022년 등단 문학고을. 시집 " 끝또 없는 길 "
현) 대구광역시 군위군 삼국유사 도서관 도서 심사위원
현) 경희대학 사이버 문화창조대학원 문예창작학과 석사과정 재학
인하대학교 경영대학원 CEO SMART 과정수료
신지식인 선정(제104호)

목련

봉곳한 촛대 불 켜
소박하게 하얀 옷깃 여민
청순한 너의 자태

꽃잎 하나하나에
소원 담아 두 손 모아
합장한 꽃봉오리

산책 나온 바람과
살랑 인사하고
달빛 조명 받아
그믐밤 환하게 밝히니

누군가 4월의
하얀 목련꽃에
곱게 물들어 취한다

김남성

월간순수문학 등단(2024년)
성북문창 월천문학동인회
동인지 『간이역 제13,14집』
성경 66권 제목 3행시 출판

아스팔트 위에 누운 여자

언약은 이미 말이 아니다
허공을 날아 먼지가 다닌다

때로는 원시가 되고
혹은 안개도 된다

언약은 비처럼
눈물을 불러온다

아스팔트 위에
연화 데모는
비정을 성토하지만

신발짝 몇 개
나뒹구는 허무의 마당

이미 미움이 되었을 뿐
껌껌한 무덤 속의
미라가 되었을 뿐

김남혜

아호: 善雅. 서울 동대문구 출생. 시인, 수필가, 시조시인 등단, 시 낭송가. 월간) 한맥문학 시부문 신인상 등단. 서울 한국성서대학교 대학원 사회복지학 전공(학사,석사). 서울 기독교대학교 일반대학원 사회복지학 전공(문학박사). 사) 서정문학 문인협회 문학대상 수상. 제14회 세종문학상 대상 수상. 제9회 대한민국문화예술명인대전 명인상 수상 (시). 2024년 올해의 작가 100인 초대전 서울시장상 문학대상 수상. 현) 한국 문인협회 시인(Poet) 정회원. 현) 사회복지시설 시설장. 시집 :「상처는 가슴속에 남아」「내 사랑은 어디에」「돈키호테 같은 애인」

익명의 선물

추석 즈음하여 택배가 왔다
언뜻 과일상자인 듯싶은데,
보낸 이가 없어 포장을 풀지 못한다

요즘 세간을 보면
남에게 동전 한 닢이라도 건넬 양이면
얼굴 들고 자랑하기 일쑤인데,
이름조차 감추었으니 신기하다

하기야 '오른손이 하는 것을 왼손이 모르게 하라' 는
하늘의 당부도 있지만,
과연 얼마나 따르던가?

무릇 그리운 진실은 간데없고
실없는 허세만이 들끓는 세상,
사람들은 어제의 습관을 놓지 못하고
오늘도 엎드려 절받는다

세월의 가지 끝에 매달린 이 무지한 허물을
세상 밖으로 내쫓고자,
허허벌판에 장막을 치고
또는 심장에 박힌 돌을 캐낸다

이 속깊은 은유隱喻를 두고,
행여 잘못된 일은 아닌지 몰라
해종일 마음 졸이며 문밖을 서성인다

김년균

1972년 이동주 시인 추천으로 등단.
시집으로 〈숙명〉〈사람을 생각하며〉〈자연을 생각하며〉
〈오래된 습관〉〈우리들이 사는 법〉〈사랑을 말하다〉 등.
한국현대시인상, 윤병로문학상, 윤동주문학상 등 수상.
제24대 한국문인협회 이사장 역임.

우리 계절의 꽃

우리의 계절은
지금입니다

꿈꾸지 마세요
꿈꾸는 것은 공허입니다

거기에 기대지 말고
오늘이 우리의 시간

여기서 우리 사랑이
우리 계절의 꽃입니다

우리의 장미꽃
마주 보는 눈빛입니다

김대웅

2004년 6월 월간 『스토리문학』 등단. 시집: 「너에게로 가는 마음의 기차」(문학공원, 2006) 「폭풍 속의 기도」(채운재, 2011) 「나, 여기 있어요」(월간문학출판부, 2020) 「뭉클」(청어출판사, 2023). 단행본: 「인문학적 시각 예수냐 우상이냐」(CLC, 2024) 미국 사우스웨스턴침례신학대학원 목회학 박사, 한국문인협회 회원, 한국문인협회 구로지부 부회장, 한국문학예술저작권협회 회원, 한국침례교회역사연구회 회장, 기독교한국침례회 예수향기교회 목사

아름다운 시간

쏜살같이 지나가는 너를
붙잡지 못해 탄식하나
좋은 일도 힘든 일도
너에게서 실마리를 찾는다

지나보면 알 거라고
너는 고요히 속삭이지만
말 없는 너를 떠나보낸 후에야
가치 있는 답을 주는 건
너뿐이라는 걸 깨닫는다

이 세상에 영원한 것은
아무것도 없으니
이제 묵묵히 걸어가리라
세상 것에 연연하지 말며
작은 풀잎 하나도 사랑하면서
쉬어가며 천천히 걷다 보면
너마저도 초월할 수 있겠지

김도연

2017년 한국문인 등단. 김도연/남호(南昊). 서양화가, 시인, 수필가. 한사랑문화예술협회고문. 한국미협종로지부자문위원. 한국예총종로지부자문위원. 한국문협종로지부부회장. 국제펜한국본부회원. 한국가톨릭문인협회회원. 한국여성문학인회회원. 시집:그리고 여백/지지 않는 꽃/영혼의 숨결이 머무는 곳

하루

사랑일까?
유혹일까?

바다를 향한 줄다리기

오늘도 세월을 낚아
올린다.
끝없이 넓은 공간
끝없는 시간

그 속에
정해진 내 지분으로
삶을 채운다.

김동도

경북 경주 출생. 울산학성고(문과) 졸업. 포항대학교 졸업. 한국방송통신대학교 졸업, 2019년 서울문학 등단, 한국문인협회 회원. 2023한국전쟁문학상 수상, 시집「내 삶의 그림자」

물처럼 바람처럼

계곡 따라 널 부러진 술래 같은 인생살이
굽이굽이 돌고 돌다 돌부리에 부딪쳐서
갈기갈기 흩어져도 물안개 꽃 피워놓고
너울너울 춤을 추는 강물처럼 살라 하네

숲길 따라 허물어진 질곡 같은 세상살이
엉금엉금 오르다가 새는 비에 부딪혀서
속절없이 무너져도 오색 꽃잎 흩날리며
앙증맞게 미소 짓는 바람처럼 살라 하네

티격태격 흘러온 길 물보라로 감싸주고
울퉁불퉁 걸어갈 길 바람결로 보듬어서
설레어서 핀 꽃 속에 그리움의 향기처럼
행복하게 살아 보세 강물처럼 바람처럼

혜안 김두룡

2020년 열린동해문학 등단. 2011년 성균관대 경영학 박사학위 취득
2012년 성균관대학교 경영대학 겸임교수 역임.
2017년 "생생마케팅" 도서 출판. 2022년 "너의 사랑이 되어 줄게" 시집 출판
(現) 고려대학교 교수

그리운 사람 되는 법

그냥 그냥 살았는데
그리운 사람 되었다
알콩달콩 살아야
그리운 사람인 줄 알았는데

봄바람에 흩날리는
행여, 벚꽃 잎 밟힐까
다가서지 못했던 기억에
그리운 사람이 되었다

잘 해주어도
조금은 덜 해주어도
제 몫은 더도 말고
그리운 사람이 되었다

돌아보지 않고
그 자리 머문
기약 없는 지루함에
그리운 사람이 되었다

세월의 흔적이
너인 듯 나인 듯
가슴에 묻히면
그리움은 슬픔이 된다.

김두현

2013년 4월 『문학시대』 봄호에 등단
『시간의 수레바퀴』 『얕은 강이 흐르듯』 『수수꽃다리 향내』

봄꽃 증후군
- 고 강태웅 선배님을 추모하며

무안군 청계면 어디쯤
비가 내리는 오솔길에
봄꽃들이 떨어집니다

이제 간다는
아무런 말도 없이
봄은 떠나고 있습니다

바다가 보이는
언덕에 서서
그립고도 가슴 뜨거운
이름 불러 봅니다

당신을 보낼 수도
담아둘 수도 없는데
당신이 내 가슴에 떨어졌습니다

또 다른 봄이 돌아올 때는
그대 환하게 피었으면
눈물처럼 온 산에
번졌으면…

김리한

1962년 경북 고령 출생, 2001년 〈제3의 문학〉 시 부문 등단
2018년 토지문학제 하동소재 작품상 수상
제27대 한국문인협회 문협70년사 편찬위원회 위원
시집 〈그리워 할 사랑 하나〉
중국 지린대학교 법학박사(중국정치 전공)

나는 나그네

120세 나이가
내 인생에 24시간이라면

지금 내 시간은
정오가 조금 지난
오후 1시

아아,
중천에 떠있는 정열의 시간
이 뜨거운 가슴을 어이하리.

인생 후반전
어디로 가야하나

속도보다는 방향
성공과 출세보다는
보람과 의미

11시간 남은
내 인생의 시간

선행학습으로
길에서 길을 찾아가는
나는 나그네.

김명돌

경북 안동 출생. 경영학박사 목회학석사. 광교세무법인 대표세무사
월간순수문학 시·수필 등단. 도보여행 작가. 저서 〈산티아고 가는 길〉외 다수

유월의 조명탄

신록이 가져온 기한은 가는데
포연이 휩쓸던 내달이 온다면
젊음을 바치던 조그만 대지에
아들딸 향하던 편지와 인식표

고지를 지키던 젊음의 용사들
전우와 찍었던 빛바랜 사진은
머리를 연상한 고지를 향하던
아버지 말씀한 치열한 유월로

아내는 남편에 연인은 전선에
아련한 고향은 편지로 받았던
병사의 만년필 깊게도 잠들어
유월의 조명탄 그날을 봤을까

참호를 떠나지 않았던 고지는
병사의 수첩도 전선을 지켰던
마지막 훈장이 고향에 전하던
전선의 소식은 반세기 넘어서

유전자 감식에 맡겨진 애잔함
상흔이 곳곳에 양쪽이 있으매
화해를 이루는 진실은 어디에
유월의 녹음과 평화를 말할지

진선(珍鮮) 김명동

2012년 문학 저널 등단(시), 한국문인협회 회원
경북 문인협회 회원, 영양 문인협회 회원
시집 '물음표를 지날 수 없을까?'

새벽안개

새벽 짙은 안개에 취해
비틀거리며 거리에 나섰다
부서지고 부서져
더 부서질 수 없는 것들이
안개 속에 숨어서
적막을 이루고 있다

저기 희미하게 보이는 길 위로
걸음을 재촉하는 무리들이
앞 다투어 걸어간다.

산허리를 휘 돌면 산이 숨고 나무가 숨고
내 시야에는 남아 있는 게 없다
한 낮이 되면 안개 속에서 발빠진 나무들이 나오고
모두 마셔버린 강물위에
오리들이 헤엄친다.

시간들이 노을빛으로 살아나
어둠을 불러와 저녁을 맞이하면
안개의 이야기가 끝머리에 와있다

김명동

1992년 농민문학 박화목 추천 시 등단
한국문인협회영동지부장 역임(2015-2021)
시집: 1990년. 첫 시집 - 2023년 11번째(건널목) 출간
동시집.별빛이내려와서(2015) 소풍나온별달(2023)
현. 영동예총회장

성장통

봄비가 연이틀 내리는 동안
인간에 의해 비 오기 하루 전
땅속 낯선 곳으로 심어진 상추는
원래의 흙과 바뀐 새로운 흙에 감싸져
성장통을 겪고 있다

몸이 이리저리 뒤틀리는 부정과 분노 속에
인정하고 받아들이는 과정이 반복되다가
결국 여기가 내 살 곳이구나 한번 살아보자
타협하고 다짐하면서 우울증을 이웃들과 대화하며
속앓이 응어리를 다 풀어내고 있다

비 온 뒤에 땅이 굳어지고
비가 그치면 해님이 따스하게 비추듯
그래 밝게 태양을 부지런히 빨아들이자
이 성장통이 끝나면 나도 어른이 되어있을 것을
염원하는 수용의 주문을 외워대는 상추는
이 또한 지나가리라는 희망 고문하고 있다.

심향 김미덕

용인문인협회 회원, 문예사조 편집위원회 이사, 저서「태양이 먹힌 날」. 2019 문예사조 신인상(시부문) 등단, 제 31회 문예사조문학상 최우수상 수상(시부문). 2017, 2019 용인시 시가 머무는 정류장 시화 작품선정. 공저「용인문단집(2019~2023), 수원문학2020, 한미문단2021, 경기도문학2021, 경기신인문학상2021, 시원2021봄 · 019, 문예사조 사화집(2019~2023), 이어도문학 2023년 제4호, 문예사조 편집위원회 17人동인지(2023~2024)」

글로컬라이제이션*

시간 쟁여놓고 사는 우리 동네
색바랜 기와에 주저앉은 햇빛
둘둘 말아쥐고 동네 한 바퀴
어깨 겯고 줄지은 가게들
여기저기 피어나는 불빛
독일 도르트문트 호프집
베트남 쌀국수 식당
중국 마라탕, 마라샹궈 식당
이탈리아 피자, 파스타 가게
일본 라멘 가게도 생긴 지 오래
마트 매대엔 망고, 자몽, 오렌지
자고 일어나면 하나둘씩
익숙지 않은 것들 얼굴 들이민다
지구, 이 손톱만 한 귀퉁이까지
세계화는 바지런히 밀려오는데
고집 센 전봇대 떡 버틴 골목
어둠 걸친 낡은 담장 너머에선
달그락달그락 늦은 저녁 준비
두런두런 내일 살이 걱정

*글로컬라이제이션(glocalization): 세계화를 의미하는 글로벌라이제이션(globalization)과 지역화를 의미하는 로컬라이제이션(localization)의 합성어.

김미란(초하)

한국문인협회 회원. 2013년 『生活文學』에 등단. 『문학생활』 및 『生活文學』 작품상.
이화여자대학교 사범대학 졸업. 중국 연변대학교 석사(비교문학과 세계문학 전공).
30여 년 교직에 근무. (前)중국 연변한국국제학교 교사/ (前)중국 연변과학기술대학 한국어과 교수/ (現) 백석대학교 출강//

뻥, 뚫려라

개나리 진달래와 눈맞추기 딱, 좋은 곳
신나게 달려간다 쭉쭉 뻗은 팔팔대로
어쩌다 출근길이면 꾸역꾸역 막힌 도로

저 꽃도 봄한철을 노래하고 뽐내지만
여기까지 오느라 힘든 계절 넘었으리
거북이 기어오르듯 핸들이 답답하다

우리들 가는 길을 이곳에 와 배운다
막히면 기다리고 아니면 돌아가야
좋은 날 찾아오겠지 시원하게 달리겠지

김민정

1985년 《시조문학》창간25주년기념 지상백일장 장원 등단. 성균관대학교 문학박사. (사)한국문인협회 부이사장(상임이사, 편집주간 겸임), (사)국제PEN한국본부 이사. 시조집 : 『펄펄펄, 꽃잎』 외 12권, 엮음시조집 『해돋이』 외 4권, 수필집 : 『사람이 그리운 날엔 기차를 타라』 논문집 : 『현대시조의 고향성』 외 1권 수상 : 한국문협작가상, 월하문학상, 성균문학상, 한국여성문학상, 대한민국예술문화대상 외

내일은 그의 손을 잡아주고 싶다

비둘기처럼 오가는 작은 글자들은
내일의 꿈을 날라 주리라
언제나 희망을 잃지 않겠다는 눈빛을 가지고 있다

폭우에 부서지는
농작물을 바라보는 농군처럼 힘이 없지만
태양이 번쩍 나올 날을 그리워하는 눈빛이 살아있다

정상에 올라서 환호하는 등반객처럼
그 눈에 내일의 꿈을 담아주리라
힘든 오늘이 가면 내일은 기뻐하리라

희망의 푯대를 잡고
놓지 않는 그의 손이 아름답다
내일은 그의 손을 잡아주고 싶다

오늘의 힘겨움을 두려워하지 않으리라
비록 기약이 없다 해도
꿈의 문을 열고 나가는 그날까지…

보배 金百瓊

전남 고흥출생, 2009년 계간문예춘추 시등단, /시집:『바다로 가자, 내일은』노래 작사 '꽃피우자 고흥문학', '천년학' '파도' 음원 발표/ 수상:한국청소년신문사문학부문 대상,불교문학 본상, 백두산문학 본상 외 다수/ 현재:(사)국제 PEN 한국본부 이사,(사)한국문인협회 제도개선위원회 위원, 고흥지부 고문, 전남지회이사,(사)한국현대시인협회 이사, 한국동요음악협회 자문위원, (사)매헌윤봉길의사기념사업회 지도위원, 한국예술인복지재단 예술인활동증명 완료.

무서리가 내리더니

며칠을 두고
무서리가 내리더니
갈잎이 저벅저벅
산 아래로 내려온다
서두르지도 않고
바람 탓도 하지 않고
옷을 벗고 있는 나무들

어제도 그제도 갈퀴 들고
낙엽이랑 밤송아리 긁어 태웠더니
한 줌의 잿속에
밤나무의 한해가 가고
우리네 한해가 저물어 간다

낮은 짧아져서
아침은 더디 오고
파란 하늘이 싸늘하게 옷깃을 파고드는 날은
겨울 문턱을 넘어서는 날

꽃진자리 거두어 내고나니
맨드라미 아직도 미련이 남아
얼굴 붉히며
마지막 열정을 태우고 있다

김백란

한국문인 (2012) 등단
저서: 스물일곱 배미의 사랑 (2014), 할말 있어요 (2020)
활동: 한국문인협회 철원지부 회장 역임

5월의 사랑

새벽부터 맑은 이슬 피고
초록 짙는 때에
붉은 무지개의 빛에 젖어
얽히고설킨 삶의 미로, 그리고
얇은 계절 베일에 가려
수없이 굳어버린 절망 속에도
황홀한 꽃으로 돌아오신다던
그때처럼 5월 시작되면
한참을 엎드려 울어
눈이 부셔 들 수 없다하여도
여명 무지개 빛에 젖어
당신의 추억보다 더 붉은 꽃잎에
바람이 불어오면
언제라도 붉게 물든 당신의 꽃잎 사이로
드넓은 허공을 우러러보며
보이지 않는 그림자, 그리고
미련한 영혼에도
장미의 이름으로 초대하는 5월에는
당신의 사랑을 보고 있습니다.

영백 김백준

1997년도 등단(한국시산책 문인협회 문학 산책). 한국시산책 문인협회 사무국장. 국제 PEN 한국본부 경기지역위원회 기획국장. 문학과 비평 회원. 한국문인협회 회원. 시집 천만번 불러도 다시 보고 싶은/당신이 좋다 참 좋다/사랑은 영원하여/사랑은 영원하여Ⅱ 외 다수. 제2회 문학산책 전국문학현상공모 우수상(2019). 제4회 문학산책 전국문학현상공모 단편소설부문 최우수상(2021). 제10회 대한민국 예술문화인 대상(시문학부문)2022. PWC 문예작가상 수상(2023)

금산에 살리라

여명이 트는 서북산하에
산새 울음이 정을 돋우는데
살다 보면 아니 그리운 고향 있으랴

두렛일 벗 삼아
문전옥답 일궈낸 세월 덧없을까마는
무지갯빛 인생을 찬란히 피운 여기

한 마음 깊은 인연의 꿈을 엮어서
동구 밖 돌 거북이 날마다 지켜 갈
영원히 변치 않을 금산에 살리라.

＊창원시 마산합포구 진북면 금산리 대밭골 소재 詩碑전문(2008.8.14건립)

김병수

1992년〈문학세계〉등단. 시집〈그리운 나날〉〈당시의 사랑은 지금 어느 계절을 지나고 있습니까〉〈베틀산소묘〉. 경남문학상. 경상남도문화상. 마산시문화상. 문학세계문학상(시)본상 수상. 한국문인협회원. 국제펜 한국본부경남지회장 역임. 마산문협회장 역임. 세계문인협회 경남지회장.

노후

꽃잎은
향기와 함께
봄을 노래하고

젊음은
청춘과 함께
여름을 즐긴다

가을은
바람과 함께
나뭇잎 물들고

노인은
후회와 함께
겨울을 보내니

책보다
세월에서
인생 배웠으면

과거를
되씹지 말고
훌훌 털며 살자

김병환(서울)

경기 양평 출생. 국보문학 등단 (2016)
호음 문인협회 부회장. 사)한국문인협회 회원
주)중일테크 부회장
시집:(행인의 마음까지 청소를 한다), (계절따라 흐르는 시)

겨울꽃이 낳은 그리움

이번 겨울엔 큰 눈이 오지 않았다
그래도 몇 날 정도는 남았으니
기다리는 설래임도 맛 난다.
며칠 전 서해안에 내린 눈이 유혹한다.
이 엄동설한에 산엘 가다니
말리는 가족을 애써 외면하고,
눈밭을 헤치며 한 걸음 두 걸음 향로봉을 넘는다
활짝 펼쳐진 중봉 능선길에서 만난 겨울꽃!
아, 이쁘다!
참 대견하다!
파란 하늘,,,,
맘껏 터져버린 목화밭 송이 무덤들
살아 천년 죽어 천년 주목은 옷 한 벌 지어 입었다
꼬깔모자 승무의 손가락이 하늘을 넘나든다.
순간 탄성을 토해낸다.
잠시 잠깐 한눈파는 사이
가슴 깊숙이 파고드는 그리움이 발목을 잡는다
아득한 듯 가까운 듯 어린 시절 겨울방학 외갓집
할머니와 할아버지
삼촌들마저 이별한 모정의 세월이 되었건만
그 향기는 떠나지 않았다
뜨끈뜨끈한 된장찌개가 먹고 싶다.
아궁이 앞에서 끓인
어머니 손맛을

김병회

2012년 문학미디어 등단
한양대학교 행정대학원(행정학 석사)
문학미디어 작가회 회원, 한국문인협회 회원
저서-시집(저녁노을 바람에 실어) 외 공저 다수
K&B행정사사무소 대표 행정사

가을 서정

가을
길
낙엽을 밟으려니
부끄러운 마음
어린 잎으로 태어나
꽃을 피우고
또 하나의 마디를 키워
씨앗을 매달고
노을처럼 곱게
떨어져 내린 잎새
결실도 없는 나의 삶
때 묻은 걸음이
부끄럽구나

김보림

한국문인협회, 한국시인협회 회원이며 국제PEN클럽 한국본부 · 기독교문학인회 · 여성문학인회 이사로 활동하고 있다.
영랑문학상과 순수문학상 대상을 수상하였으며 시집으로 『사금파리의 꿈』, 『돌아갈란다 꼬옥 돌아갈란다』, 『행복 한 점 더하기』, 『함께 가는 길』, 『위로의 손길』 등 5권과 다수의 공저가 있다.

시월, 잊혀진 오후

모나지 않고 두툼한 산안개
쭈글쭈글한 신갈나무 잎처럼
편협한 의식의 내면이
자작자작 양탄자로 불타는 시월에
치솟는 분노마저 산 아래에 내려놓고

지리산 하늘가 촛대봉 가까이
단숨에 다다르고 싶은 가을에
세월의 단풍 들어 축축한 눈
내 가슴 속의 구겨진 번뇌를
낡은 베낭에 넣어 산에 오른다.

비구름이 드문드문 쉬어가는
세석평전과 제석봉 사이
무시로 내려 앉은 공존의 고사목
까맣게 멍든 이쑤시개로
밤새 양치를 한다.

여명처럼 개운하게 다가오는
화엄華嚴의 반달곰 포효 소리
그저 말 없이 따를 수만 있다면
산만하지 않은 저 기상
넉넉한 풍채를 흠모하다가
알록달록 함께 물들어 가리

단암 김봉렬

월간(月刊)순수문학 신인상(2022년)등단, 필(筆)동인 순수문학회 회원, 한국문인협회회원
전국정지용백일장 입상, 공모전 문학상 외, 향수옥천 회원
창작과 비평 시요일 회원 / barista

손주

한동안 소식이 없으면
그리움에 지쳐 안절부절
달려갈까 전화를 할까
영상통화라도 해볼까

주저하고 망설이다
영상통화 한번에
할아버지 할아버지라
불러주는 달콤한 목소리

청명한 눈망울과
달빛같이 온화한 미소가
나의 마음에 명약 되어
그리움은 어느새 사라지고

내 마음은 훨~~~훨
손주만의 세계로
사랑스런 꿈속으로
무릉도원의 상상에 빠져든다

김상영

1959년 강원도 철원 출생. 2020~2021 포천문인협회 이사. 2020년 한국작가 봄호로 등단
2020년 3월 한국작가 회원으로 활동. 2022년 3월 한국문인협회 회원으로 가입
2024년 5월 포천예술인협회 회원으로 가입

너이고 싶다

눈망울에 숨어버린
작은 이슬방울들이
자유를 찾는 너이고 싶다

꽃을 찾아 훨훨
자유를 찾아 사뿐사뿐 다가오는
너이고 싶다

아장아장 깔깔깔 웃는
세상에 거짓 하나 없는
너이고 싶다.

홍추 김상희

2011년 (사)한국한울문학 등단
(사)한예총 취재기자 역임
(사)한국문인협회 제28대 홍보위원
꽃가람 시 순수문학 총괄대표
가슴시린 발아드 2집 외로움 작사 등등.

계절의 신화

언살 뒤척이는 봄의 길목에서
민낯살포시 숯 눈 헤치고
세상 밖으로 여린 살 내미는
봄의 생명들

여름의 초입에 몸을 키우려
꼼작이는 여린 손. 손
한 발 더 한마디 채 충전
아우성의 생명들

무덥고 긴 장마 목을 축이며
삼복더위 땀 흘리며 목선 세운다

신선한 가을의 초입
내려앉은 따스한 햇살 받아
만물을 익혀가는 계절의 신화

김서연

본명: 김순자. 경기도 고양시 서구 출생. 월간 순수문학 등단(순수문학상 수상). 한국방송통신대 국어국문학과 졸업. 한국문인협회 회원, 국제펜한국본부 회원. 경기펜 회원, 고양문협 이사. 한국시인연대 회원, 한국현대문학작가연대 회원. 국회문학 전국대회 시 입선. 마포문학 시 금상. 서울문학의집 시 입선. ·문학세계 좋은 시 수상. 저서「노을지는 언덕에서」,「이런 행복도」,「가을 어느 날의 오후」. 공저: 둥지, 일출, 들숨 날숨 외 11권

봄날

기어이 터지고 말았다
꽃망울들이…

맑고 시린 봄날
앙상하던 가지에
바램도 없이

내가 울컥 마주칠 것을 모르고
곱게 곱게 피었다

긴긴 세월 이어온 생명줄이
그렇게 모진 겨울을
억세게 견뎌내어서

삭막한 겨울 지나온 마음에
환희로운 세상 보게 하려고

막아도 막을 수 없는
꽃들을 봇물처럼 피워댄다

김석환

2022년 포에트리슬램 등단. 1959년 전주생. 2023년 서울시립대학교 대학원 박사 졸업
2023년 현재 터·울건축사사무소 대표/삼육대학교 건축학과 겸임교수
2020년 시집 '삶 그리고 산책' 출판. 2023년 5월 23일 한국문인협회 회원 가입(시분과)

유리창

유리창을 닦다가
초록이 무성한 나무를 닦는다

나무들 너머로
몇 번이나 흘려보낸 허공도 닦는다

아무리 닦아도 지워지지 않는 말은 한복판
한복판 위는 하늘

하늘에서 보면 나는 한 점이지
나를 비추는 빛도 한 점
빛처럼 큰 소리로 일하던 그도 한 점

닦다가 한 점이 된 나를 본다
한 점이 된 그를 본다

그가 있는 세상
보고 싶다.

김선아

2005년 『대한문학세계』 시 등단. 부산여성문인협회 이사장. 한국문인협회, 한국여성문학인회 이사. 계간 『여기』 발행인 겸 편집인. 부산여성문학상, 한국문협작가상, 부산문학상 대상 외. 시집 『뭉툭』 『봄』 외.

역사가 걸어 가네

저기 한 할머니
쉼표를 짚고 걸어 가시네
한 평생 연인같이 지내온
논밭 길을 옆에 두고 백조처럼
지나가시네
우아하게

저기 한 할아버지
물음표를 들고 지나 가시네
한평생을 친구같이 지내온
한 많은 지게를 벗어 놓고 학처럼
걸어가시네
고고하게

매끈하던 이마에는
지난 세월의 흔적들을
주상절리처럼 곱게 새기시고
거북이 마실 가듯
지나가시네
쉬엄쉬엄

김선암

2017 계간 한국문학작가 시부문 신인상. 2022년 제3회 팔거백일장 시우수상
제11회 독도문예대전 서예부문 특선. 제42회 대한민국영남서예대전 특선
한국문인협회, 곰솔문학회, 토벽문학회 회원. 공저 "꾼과쟁이9" "곰솔"
현 대경사무기 대표.

마지막 홍시

감나무 홍엽, 땡감 무르익고
감나무 갈엽, 땡감 홍시 되다

창공 나는 새들
감나무 가지에 앉아 홍시 보며
갸우뚱 콕콕 쪼아먹은 후 날아가다

대설 지난 후 서리 맞은 감 듬성듬성
흰 눈 위 떨어진 감…
주위로 배고픈 새들 모여든다

마지막 홍시 떨어진 날
겨울새들 보이지 않고

봄을 기다리는 언 땅의 뿌리처럼
내 마음도 잠시 적막이 찾아오다.

클로버 김선진

2022년 월간 순수문학 등단. 서울 출신. 서울기독대학교 음악학사 (성악) 총장명졸업. 연세대 미교원 창작시 수료. 영등포 문화원 소설반 수료. 순수문학 필동인 회원. 한국문인협회 회원. 윤리위원회 위원. 시꽃 예술회 회원(이사) 노래공로상. 창작 작사작곡가.싱어송라이터.

상선암 느티나무

상선암 아름드리 느티나무
지난 여름 태풍에
해묵은 가지 하나 내주고
가슴 한쪽 휑~한 그 자리에
산괴불주머니 씨앗 한 톨 입양했다

느티나무
두 팔 벌려 햇빛이랑 빗물 받아
금쪽같이 키우더니
가슴 한 켠 내어준 그 자리에
산괴불주머니
노란 꽃 활짝 피었다

내어준 자리가 환하다

김성기

2023년 4. 19 등단. 월간문학 신인작품상
구례 중앙초등학교 55회 졸업. 법무부 교정직 정년퇴직
한국문인협회 회원. 구례문인협회 회원

웬트워스포인트 강가에서

고개 들고 하늘을 보며
나무에서 꽃비가 날린다
내 마음에 꽃비가 내리던 날이 언제였던가

꽃비를 사랑했던 시간들이 있었는데
잊고 살았구나

두 손을 펴서 꽃잎을 받는다
두 손 위에 앉은 꽃잎을 보니
지난간 추억들이 가슴에 아려온다

배낭을 등에 지고 한참을 걸어서 강가로 왔다
구름이 인사하고 강물이 반겨준다
벤치에 앉아서 물 한모금 마시고 바람에 땀을 말린다
이 시원함 그냥 좋다 바람불어서 너무 좋다

선착장의 여객선은 떠나가건만
같이할 벗이 없어 뒤돌아 서서 그냥 혼자 걸었다
걷고 걷는다 그냥 걷는다
걷다보니 편하다

누가 나에게 말을 걸까
호주 사람이 Hello!하고 지나간다
이방인이라도 헬로우! 그래 우리는 길위의 친구다

여초 김성심

2015년 〈한맥문학〉 시로 등단. 2016년 9월 〈문예사조〉 이달의 시인. 한국문인협회 회원.
신구대학교 색채디자인학과 졸업. 일본 아이치산업대학교 디자인학과졸업. 건국대 예술디자인대학원
미술치료심리상담회 고문. 심리상담사 1급 외 다수. 저서 '모래놀이치료 전문가 과정' 외 다수.
힐링앤아트 심리상담센터 센터장

봄비

봄비가 내리던 3월

하늘은
왜 나를 데려가지 않느냐고
투정하시던 어머니

정성껏 풀 먹여
곱게 다림질 해둔
수의 입으시고
별나라 가신 후

봄비가 내리면
가슴을 저미는
그리움

김성영

2009년 심상 등단
연세대학교 공학박사. 문협 시분과회원. 심상문학회 회원. 학여울문학회 회원

그 사람의 肖像

공중전화부스에서
통화를 마치고 그가 나온다
나와선 담배를 필까 망설이다가
골목길로 들어선다
골목길은 굽어있어, 곧 그의 모습이 보이지 않는다
골목은 양손에 집들을 주렁주렁 달고서
힘겹게 이어진다
지나간 통화를 골똘히 생각느라 그는
함께 가는 골목의 지친 옆모습을 보지 못한다
높은 그리고 파아란 하늘에
그의 골똘한 생각이 비친다
얼굴만 들어 쳐다보면 될 것을,
그는 골똘히 잠기느라
자신의 생각을 보지 못한다
함께 가는 골목이 힘겨운 어깨를
슬며시 그의 어깨에 기대어도
알지 못한다
마침내 그는 담배를 피워 문다
그의 생각 대신 숨통이 터진 담배 연기가
코에서 힘차게 뿜어져 나와
흩어지며 그의 생각을 지운다
조금은 가벼워진 그는
지난 일들을 잠시 잊는다
잠시 잊힐 수 있는 것들은 모두,
영원히 잊혀질 수 있는 것이다

김세웅

1981년 『시문학』 추천 완료
시집 『칼과 연못』 외
에세이집 『바람으로 지은 집』
장편소설 『모래성의 궤적』 외

未忘日記

내 어린 날
어린 올빼미 하나 잡아
뒤뜰 철망 안에 가둬놓고
밤새 설렌 적 있다
호오!
안개 자욱한 이른 아침
새끼 찾아온 어미 새 시름을 보네
눈물바람으로 동동대며 달려 왔으리
문 닫힌 어느 틈새를 비집어
질곡의 회색 우리 파고든 걸까

날짐승을 가두면 죄 되느니라
어머니의 해방 선언에 눈물이 났다

사랑을 몰랐던 마음이 커서
올빼미가 떠오르는 날 더러는
별나라 어머니가 다녀 가신다

잠에 취한 적막강산 뒤편
애틋한 어머니의 길
가서 뵈어야 할 길인것을

철망에 갇힌 날개 훨훨 보내시더니
날개 없는 어머니
어둔 밤 우주 먼 길 꿈속에 오시는구나

김솔씨

1967- 최승범 추천 등단
2018- 계간문예 재 등단
민방위연구소 주간
아이템뱅크 주간
에너지저널 고문

나와 너의 장법(章法) · 13

누구나 순명(順命)을 믿는다. 더구나 죽고 사는 문제는 더욱 그러하다. 오죽하면 인명재천(人命在天)이란 말이 생겨났을까. 탄생과 사멸(死滅)에 대한 엄청난 사유(思惟)는 우리 문학에서만의 화두(話頭)나 담론(談論)은 아닐테지. 존재와 소멸의 섭리(攝理)를 존중한다. 그러나 자기 운명은 자기도 모른 채 머물다가 지나가고 또 다가온다. 이를 거역하지 못하는 연약한 인간들이 자신의 작은 이익을 위해서 오늘도 아우성이다. 우리 인간들은 오욕(五慾)에서 헤매는 어리석음으로 일생을 허비하면서도 자신의 성찰을 외면하면서 살고 있다.

이제사 철늦은 철이 드는구먼. 그러니까 인생을 진지하게 영위할 필요가 있는 거 아닌가. 그런데 내 주변에서는 왜 자주 부음(訃音)이 들리는지.

김송배

1983년 『심상』 신인상 등단. 시집 『바람과의 동행』 등 13권 . 평론집 『감응과 반응』 등 5권. 시창작법 『김송배 시창작교실』 등 3권. 산문집 『지성이냐 감천이냐』 등 4권. 윤동주문학상, 조연현문학상, 한국시학대상 수상. 현재, 한국시인협회 심의위원. 목월문학포럼 중앙위원. 한국문인협회 자문위원. 청송시인회 상임고문. 한국현대시론연구회 회장. 계간 『시원』 발행인.

족보를 뒤적이며

참으로
많고도 많은
내 윗대 할아버지들이 계셨네
치열하게 살아서
가문의 별들이 되셨네

그 할아버지들
모두 한 생을 장엄하게 살다 가셨네
살아생전 이룩해놓으신
영광과 명예 번뜩이는 지혜는
다 ㅇ,디 갔는가

시조 할아버지에서
중시조 할아버지에 이르기까지
나는 내 몸과 피의 뿌리를
더듬어 찾네
마치 성전에 들어온 듯
족보 뒤적이는 시간이 엄숙하네

책 덮고 가만히 생각하니
그 할아버지들 모두 내 속에 와 계시네
모두 어딜 가셨나 했더니
내 속에 모여서 떠들고 계시네

백송 김숙이

영남대학교 국문과 졸업 동대학원 문학박사. 외래교수(전). 등단지:한맥문학(2002.2). 시집 『새는 뭍에서도 꿈을 꾼다』, 『괭이밥풀꽃』, 『오동보라』, 평론집 『백석시 연구』. 대구예술상. 이광수 문학상. 영남문학 문학상. 대구문학상. 대구펜작가상. 국제펜한국본부대구지역회부회장. 한국현대시인협회회원, 국제펜한국본부이사.

봄은 오고 있는 것이다

봄은 올까
눈녹은 자리에
뽀-얀 새싹이
살며시 눈 떠 보고

산촌 외딴 집
뜰의 목련이
살며시 눈 떠 보고

세상에는
기다리는 이들이 있어
봄은 오고 있는 것이다

김숙이

1995년 (계간)문학춘추(신인상)수상 월간문학(등단). 2021년 한국방송통신대학교 법학과 졸업(법학사) 한국문인협회원. 1995-1996년 J 신문모니터 기자. 1991-2020년 국제 와이즈멘 활동

솔바람 피리 소리

천년도 더 된
솔바람 피리 소리
어디쯤 서성이다
이 밤 내 안에 저리 우는가
천리도 모자라는 그 소리
시방 곁에 와
몸통에 어리는 저 솔바람
숨소리 닿을 듯 보고픈 내 사랑아
내 몸 구멍 뚫어
한 자락 피리 되어
불어도 불어도 그대 생각
어찌 다하리
사랑아

김순규

1950년 전북 임실 출생. 2020년 창조문예 시로 등단. 시집『솔바람 피리소리』
창조문예상 수상. (사)한국문인협회 회원. (사)한국기독교문인협회 회원

만약 내가 붓이었다면

만약 내가
커다란 붓이었다면
당신 얼굴
잔주름 스윽 지워줄 텐데

고집스런 팔자주름
세월에 멍들고
고뇌로 돋아난 검버섯
깨끗이 지워줬을 텐데

병들게 했던 쓸개
수술 없이
깨끗이 그려주고

파란 하늘에
당신 이름 적어놓고
바다를 화폭 삼아
당신 모습 신나게 그렸을 텐데

긴 세월 쌓인
은빛머리
이마에 새겨놓은 깊은 정도
그리며…

눈꽃 김순희

2012년 '문학마을' 신인상으로 등단. 시집 : 내 꿈은 숫자가 없다, 함께 있고 싶은 사람, 우리 마주보고 웃자, 햇살 좋은 날. 한국문인협회 회원. 국제 펜크럽 한국본부 회원. 한국 크라스천 문인협회 회웍. 한국 기독시인협회 회원. 영랑문학상 본상 수상

낙타

돌아보면
아무렇지 않게
모래바람 일어서는 하늘 아래
설 자리 잃은 풀과
한번 누운 것들은
다시 일어나지 못해 떠날 것 다 떠나고

별거 아닌 듯
하필 제게
무거운 발, 끝없는 사막을 주시는지

모진 것만 남아
부서진 채 일어나거나
낱낱이 가시 박힌 몸으로 누워있는
참혹한 곳

오직
살아남기 위해
제 살 깍으며 남겨진 사구에 몸을 묻으라 하시는지

은하를 건너던
무리 속에서 뚝 떨어진 별 하나
차갑게 식어가는 밤

왜 제게
울음 조차 거두라 하시는지

김승국

등단년도 2021년 등단지 한국스토리문학 하빈기호
국제펜 한국본부 대구지역위원회 회원
제10회청송객주문학대전 시부문 수상

사랑방

어스름
저녁 식탁
철판 위에 구워지는
인심 가득한 소주 한 잔 채워가며
발그스레 미소들은
영혼을 다독이며 가슴속 고인 아픔
잠재워 뉘어놓고
오늘이 마지막인 듯 울어대는
산까치의 열애에도 감사함과 겸손한
복들이 주렁주렁
맺히는 하루
서로의 희락을 나누는 사랑하는
사람들의 정이 모인 곳
동네 어귀
오가는 길목에 사랑방 같은 식당
벤치에 앉아 담배 연기
밤하늘로 돌린다

김승남

경기 양평 출생. 한국작가 등단(신인상). 한국문인협회 회원. 한국작가동인회 이사. 탄리문학상 운영위원. 제7회 한국작가 수헌문학상 우수상. 새마을문고 전국 편지쓰기 최우수상(구리시장상). 신사임당 백일장 시부문 입상. 한국작가 구리문학회 회장(현). 시집 [그리움에 돛을 달고]

온유한 금강초롱

오대산 비로봉의 초록 향 풀섶 길에
검은 듯 하얀 마음 함초롬 피어 난꽃
빛 부신 새벽 별처럼 성실하게 살라네

가슴팍 울려주는 상원사 동종소리
슬픔을 떨쳐내고 뫼 바람 눈물 말려
다수 굿 고개 숙이며 겸손하게 살라네

별 무리 긁어 모은 연보라 소망 등불
늘 푸른 주목 같은 강 호수 생명 나라
승리의 깃발 흔들며 평화롭게 살라네.

금강초롱:화방 초, 초롱과(Hanabusaya aslatlca Nakal) 오대산 이북 해발 1,000m 이상 고산지대의 다년초 야생화로써, 개화기는 8월 말 전, 후 로 3주 만에 시들어 버리지만, 지구촌에서 통일한국에서만 자생하는 희귀하고 아름다 운 꽃의 이름마저도 일제강점기 병탄(倂呑)으로 빼앗겨버렸으며, 꽃 색깔은 흰색, 분홍색, 진, 연보라색이 있고, 유사 종으로는 자주꽃방망이, 초롱꽃, 섬초롱, 검산 초롱이 있으며, 백두대간 종주 중 필자가 촬영한 야생화의 靈感은, 온유(히브리 어/아나우-anawah:겸손) 하나님께 나를 쳐 복종시켜 기쁨을 누리는 삶의 詩다.

김신덕

90년 미션 21외 수필, 자유기고, 2006 크리스천 문학 詩, 2012 현대 문예 詩, 2015 시조 문학 時調,, 2022 ASIA 瑞石 文學 隨筆. (사)한국문협, 광주문협 회원, (사) 한국시조시인협회 이사, (사) 광주광역시 시인협회 부회장. 〈저서〉 새 생명 새 출발 (newlife newstart 40년 문서선교) 외 (6권).

비에 대하여

잠든 대지에 촉촉히 물 뿌리고 가는 사유의 비
흙을 포근히 감싸 씨앗의 눈을 적시는 기쁨의 비
앓는 밤 가는 잎새의 잎맥을 짚어가는 소생의 비

푸른 생각의 옷을 입혀주고
마음을 들어 슬픔의 무게를 덜어주고 가는 초록비
다정한 밀어처럼 창문을 흔들어 주고
빛바랜 추억의 앨범을 뒤적이는 부슬 비

빗장 친 계단 구석 싸락싸락 쓸고가는 싸락비
문앞에 서성이다 발 뒷꿈치 들고 돌아가는 비
흔들리며 머리칼이 흩어져 흐느끼는 비
바람 부는 가슴에 고여 있는
슬퍼서 아름다운 꽃잎이 되어
웅덩이에 가만히 떠가는 비의 이름 그리고
손톱 끝에서 봉숭아꽃잎에 눈물이 피잉 도는
그대는 어제 내린 비입니다

김아랑

90년 마로니에 전국여성 백일장 및 〈문예사조〉 신인상
UPLA 세계계관시인대회.미국.피닉스대회 참석. 32차 WCP 세계시인대회,TAIWAN 대회 참석
WAAC/WCP.세계시인대회 팀장. 고려문학상.백두산 문학상
시집 〈뻘〉〈가시덤불 응시〉〈시간의 수레바퀴〉

자작나무 · 3

아픈 상처들이
함께 어우러져
아름다운 한 폭의
풍경이 되었구나

속으로만 삼킨
신음 소리들이
서로 어루만져
초월의 시가 되었구나

연민의 가슴들이 만나
아픈 숨결조차 사랑하여
영혼을 서로 씻어주는
맑은 물이 되었구나

가을 단풍보다
곱고 환하게 빛나는
황혼빛 찬란한
노래가 되었구나

김연수

1978 〈시문학〉 등단. 국제펜 한국본부 이사
시문학문인회 이사. 한국현대시인협회 이사
크리스천문학가 협회 부회장
한국문인협회 회원

웅덩이

지금 여기는 서쪽으로부터 가장 먼 곳
이다
젖과 꿀이 흐른다는 소문에 이끌려
이곳까지 이동하느라
몹시 주린 거미 같은 빗방울떼들

하얗게 질린 허공을 무참히 뜯어먹으려
단숨에 거미줄로 빼곡 채워가지만
어느새 사뿐히 빠져나가는 공허의 집

아래로 아래로 빗방울이 속도를 높인다
저 아래에 필생의 과녁처럼 보이는
살이 뒤집힌 우산의 얼굴,
피를 다 소진하여 뼈대만 앙상한 웅덩
이에

물벼락처럼 꽂히는 빗방울들은
가장 밑바닥에 쓰러져 있는 가슴부터
차곡차곡 베어먹기 시작한다

하나같이 점점 허공이 사라지고 있다
이윽고 선명해지는 유리 웅덩이
여기로 뛰어드는 빗방울들은 유리가 된다
둥근 집을 짓다 부수다 반복하는

빗방울들이 서쪽으로 다 떠나버리면
빈 웅덩이는 다시 제 흉터를 꺼내
활시위를 당기기 시작한다
허공이 팽팽하도록 차오를 때
새것으로 갈아끼운다 까닭없이

김영곤

『포지션』, 시, 『시와편견』 문학평론, 『월간문학』 수필 등단. 배재문학상. 대표에세이문학상. 국제문학상. 시집 『둥근 바깥』 『존재의 중력』. 산문집 『밤이 별빛에 마음을 쬔다』 『상자의 중력』

돌아가는 길 Ⅱ

십여길 처마끝에 아슬 아슬 매달려
속을 훤히 비워 들숨도 잊은채
미동조차 말간 고드름

가늘게 일렁이는 여린 볕에
차갑던 울렁임 방울 방울 내리고
비우고 비워 가벼워진 육신
처음으로, 다시 돌아 가는 길

설렘과 두려움의 목마름, 가눌 겨를 없이
불면의 미열로 뒤척이던 수척한 알몸
환청인듯 스쳐오는 남녘 바람 소리에

영문모를 두근거림의 통증 온몸을 휘감아
마디 마디 형체도 없이 녹아내려
떨어져 내린 낯선 그 자리, 멍하니 얼룩지는
작은 고요속에 가만 가만 스며들어

생(生)은 결국 그런거라죠
보내는 것, 돌아 가는 것

시리고 아프던 짧은 여정 바치고
훌훌 벗어 가쁜히 내려가는 길
그 뉘의 눈물 이던가
석별의 귀향길에 비가 내린다

김영돈

2009년 계간 "문학예술.. 등단. 문학 예술가협회 충남지회장. 한국문인협회 제27, 28대 재정협력위원

별박이자나방의 꿈

지후야, 몽골에도 우리가 고향 땅 냇가 모래밭에 누워 같이 보던 북극성이 빛날까. 국자모양의 북두칠성이 우리의 맑은 꿈을 퍼 올릴까. 우리가 포충망을 들고 잡으러 다니던 꽃무늬꼬마밤나방 깊은산부전나비 별박이자나방도 날아다닐까.

몽골의 푸른 초원에서 밤마다 뚝뚝 떨어지는 꽃다운 별을 보며, 종이비행기처럼 날아다니던 전단을, 독가스를, 전염병균을, 그리고 나를, 나와 위스키를 마시며 즐겼던 오늘을, 너는 떠올릴까.

김영두

전북 군산 출생, 이화여자대학교 문리대졸업. 1988년 월간문학 단편소설「둥지」입선, 1990년 중앙일보 신춘문예 동화「부소산소년」입선. 장편소설:『다라국 라지아공주』『우리는 사랑했을까』『아담 숲으로 가다』. 소설집:『술꾼, 글꾼, 우러러 그리되리라』『통기레쓰 기레쓰』『푸른달』『첫사랑 첫키스』『미투1,2』『바다는 넘치지 않는다』. 에세이집:『대머리 만만세』『19번째 그린』『신이 내린 스포츠 골프&섹스』『오늘 골프 어때?』. 수상: 한국소설작가상 시선작품상 다라국문학상 직지소설문학상 계몽아동문학상. 現(사)한국문인협회 소설분과회장

많아지는 것

인생의 발자국이 많아진다는 것은
아쉬움과 후회가 점점 쌓인다는 것

나눌 것보다는
버릴 것이 더 많아졌다는 것

칭찬거리보다는 용서를 구할 일이
더 많아졌다는 것.

그분이 열어주신 영안으로
비로소 자신을
볼 수 있게 되는 것.

김영희

충북 제천 출생. 순복음 총회 신학 연구원 졸업. 月刊 순수문학 등단. 국제PEN한국본부, 한국문인협회, 한국 순수문학인협회, 강남문인협회 회원. 시 낭송가. 제1회 황금찬 전국 시낭송대회 은상, 제 25회 영랑 문학상 우수상 수상. 시집: 「돌문 앞에서」

한 알갱이 물이 되어

햇살을 잡고 꿈을 꾸었지
차도르 하얗게 두르고 뭉게뭉게 솟아올랐어 남들이 그러대 멋진 하늘이야

사흘 밤낮을 추락했어 한없이 눈물이 나대 왜 떨어지는 줄 모르고 떨어지고 왜 눈물이 나는 줄 모르고 울었어 남들이 그러대 너무 높이 오른 거야 몸집을 너무 부풀린 거야

바닥을 치며 피를 쏟았어 차마 볼 수 없어 눈을 감았지 핏물은 귀로 쏟아지고 귀를 막으면 손끝으로 기어와 무릎을 꿇었어 남들이 그러대 다 쓸어가려는 거야

손끝으로 일으켜 세운 바리케이드를 버렸어 소리를 내려놓고 가만히, 가만히 핏물을 걸러냈지 축축이 젖은 몸에 하얗게 길이 났어 남들이 그러대 해발 0m. 다 이룬 거야

그러나 나는 알아
다시 햇살을 잡고 꿈꿔야 한다는 것을
다시 추락하여 피투성이로 흐르게 된다는 것을
중심이 지워지고 나면 다시 새로운 길을 가야 한다는 것을

김예태

숙대, 동 대학원, 충북대 문학박사. 시문학 2011 평론 시 등단. 국제PEN한국본부 중앙위원(전). 한국문인협회 이사. 한국현대시인협회 이사. 한국카톨릭문인회, 숙대 문인회, 〈달섬〉 동인. 푸른시학상 보건복지구장관상 수상. 시집 『빈집 구경』, 『예술은 좋겠네』, 『곡선에 관한 명상』

봄볕을 찾아

봄볕이 좋을 때도 있었습니다
사는 일이 허허로울 때
담벼락 등지고 봄볕을 따라나서면
시리던 몸이 녹아내리기에
그리 내 삶을 달래며 산 적이 있습니다

더없이 좋은 것으로 돈 안 내고 쓰는 봄볕
자연산 퍼 쓰며 살게 해 주는 봄볕 은혜로
생각이 멍할 때도 바른 햇살 끝으로 나앉아
봄볕에 안겨 살림을 꾸렸던적은
내일도 모레도 거기 기대어 나는 살아갈 것입니다

은혜롭기야 어디 어머니뿐이겠습니까
스승, 사랑, 헤일 수 없을 만큼
내 주위엔 봄볕 같은 많은 사람이 있었습니다
그래서 나는 봄볕 만나는 것도 친숙해져
자주 그 길을 따라나섰던 것입니다.

김옥녀

1989년 동양문학 등단. 중앙대 예술대학원 수료. 한국문인협회, 국제PEN, 전북문인협회 회원. 시집 『수수밭』 외 다수

채석강에서

파도도 저물고
도둑처럼 어둠이 왔다

암벽에 연신 머리를 박는
바다의 참회

별들은 모두
모른 척했다

나도 눈 딱 감고
모른 척했다

김완성

1977년 월간문학. 강원 원주생. 강릉원주대 대학원 문학박사. 1978. 중앙일보 신춘문예 동시 당선 1984. 한국일보 신춘문예 시조 당선. 문학세계 시 당선.1982.한국아동문학상.1995.강원도 문화상 수상. 2016.전영택 문학상 수상. 1991.설악산 대명레저타운에〈설악산〉시비 건립. 한국방송대, 강릉원주대 강사 역임.

하늘을 갖고 싶다

하늘을 갖고 싶다
나만의 빈 하늘을

구름바다 위에
사뿐히 앉아

바람이 부는 대로
노를 저어 그렇게 정처 없이

어디를 가느냐고
묻지를 말거라

그냥 그렇게 가고 싶다
나만의 빈 하늘로

김원호 서초

경기 평택시 칠원동에서 출생하여 고려대학교 경제과 졸업. 4.18 민주의거연합회 상임고문밑 고대 전유도柔道O.B회장. 문학시대(2000년여름호)시로등단. 시집〈숲길따라〉(제15회 영랑문학상)외5권 산문집,촌놈〉(제11회 서초문학상)외 3권

풀 한포기

푸른 하늘 아래 길가의 풀 한포기,
바람에 스치고 햇살에 반짝이며,
조용히 그 자리에서 꽃을 피워나가네.

누군가를 위해 특별히 노력하지 않아도,
누군가의 인정이나 사랑을 갈구하지 않아도,
그냥 그대로 존재하는 것만으로도 아름답구나.

우리 삶 또한 길가의 풀 한포기와 같지 않을까?
억지로 무언가를 성취하려 애쓰거나,
다른 사람과 비교하며 스스로를 괴롭히지 말자.

지금 이 순간, 우리가 살아 숨 쉬는 것만으로도
충분히 소중하고 의미 있는 일이거든.

그러니 너무 열심히 애쓰지 마.
자연스럽게 흘러가는 세상의 리듬에 몸을 맡기고,
길가의 풀 한포기처럼 편안하고 자유롭게 살아가자.

김월강

2009 문예시대 신인상(시). 2023 부산PEN문학상 작품상. 2024 한국문화와문학타임 작가상. 시집 〈차 한잔 듬세〉 외 2권. 국제PEN한국본부. 부산지역위원회 수석부회장. 부산동래차밭골 금어사 주지국제문화예술 명장(선서예).

괴물

한 밤중 검은 시간 속에서
오싹한 생체가 내 닿는다
그래 봐야 한정된 공간
야만의 미소가 후려칠 물체를 찾아 쥔다

이내 불을 켜고 보니 좁게 남은 몇 군데
망명지 같은 그늘
독재의 시선이 되어 전율로 뒤지는데
어둠에서 밝음 속으로 쏜살같이 달아나는
여색과 보색의 대비

놓치고 나중 생각해 보니
태양광 닮은 LED 불빛 아래
내 깊은 무의식의 바람대로
순식간에 사라진 존재와 무

한 밤 중 형체 없이 이루어진
적멸의 마법 같은 찰나에
여생을 되짚어 본다

김유조

2004년 문학마을 국제PEN한국본부 부이사장, 건국대학교 명예교수(부총장 역임)
시집 여행자의 잠언 외, 장편소설 빈포사람들 외, 수필집 평론집 학술서 번역서 다수, 학술원우수도서
상 김태길수필문학상 문학마을문학대상 서초문학상 등 수상,

고향 등붕골(登鵬洞)

신록 그 짙은 향기
뻐꾸기 울음으로 취하고
고운 꽃 밟을세라
피해 걷던 검정고무신

숫종다리 울어
짝 날아들고
버들잎 피면 피라미 오르던 곳

땅거미 거무스레
실개울 건너서 밀려오면
동구 밖 성황당을 지키던
백년고목 당산나무에는
수리부엉이 숨어 울고

더디게 가던 쟁반 달
검은 금강송으로 지면
가는 밤 너무 아쉬워
밤새 울던 소쩍새

그 쉰 울음 맘에 거슬려
새벽잠 깬 어머니
굳은살 박인 손으로
무쇠솥뚜껑 여는 소리에
부스스 눈 비비며
홰를 치는 등붕골

김윤준

강원도 정선출생
2024년 순수문학 신인상으로 등단

장미, 네가

메말라 버린 입술에
생기를 부어주는 듯
먹먹한 귀에
첼로 음악을 들려주는 듯
살아 숨 쉬는 것처럼
환하고 빛 곱게 웃어주는
장미, 네가 다시 살아났구나
네가 내 안에서 호흡할 때
사랑마저 하더란다

나의 청춘 같은 장미
네가 있었구나
촉촉한 피부 되살아나고
결 고운 모습 생생하구나
눈물로 피어났을까
아픔이 녹아내린 듯한
붉은 망울 터트리고
그리 선연히 서 있나니
내 어여뻐 꽃길을 내어주리

김윤진

97년 월간순수문학 시 등단, 98년 월간문예사조 소설 등단. 하이텔문학상, 문학세계문학상, 월간시사문단 심사위원. 2018, 2019년 한국문학을 빛낸 100인으로 선정. 월간시사문단 시 연재, 인터넷문학신문 소설 연재. ebook21(노블21) 17년간 소설작가, 소설집『녹색장미의 반란』외 다수. 시집『내 소리가 들리세요』『사랑을 앞에 두고』『노래를 부르면 그리움과 만난다』등.

우물 속으로

우물의 언어를 찾는다.
아득한 원시의 우물물을 길어 올리고
AI 시대 기호의 우물까지
끝도 모를 미로 속으로 걷는다.
나의 우물과 너의 우물 사이
심연의 그리움
발바닥 통증을 견디며 천천히 건너간다, 우주의
저 먼 별 사이로….
조용히 펄럭이는 저 암호들의 깃발
숨겨진 상징들 사이로 촉수를 내밀며
조심조심 건너본다.
에오랍토르와 헤레라사우루스*의 얼굴을 기억하며
알 수 없는 세상의 생명과 무생명들에 대해
추억한다.
오직 모든 것의 사이사이, 숨을 쉬고
오직 그 사이사이, 살아가는
우물 속
발자국이 길다.

*최초의 원시 공룡, 지금의 아르헨티나 지역에서 2억 3천만 년 전에 살았다.

김율희

등단: 《현대시학》 1986년 2회 추천 완료. 작품집: 『굴뚝 속으로 들어간 하마』 『책도령은 왜 지옥에 갔을까?』 『거울이 없는 나라』 『나다를 찾아서』 『코코코 나라』 외 다수
수상: 한국아동문학작가상, 한정동문학상, 한국문협작가상, 어린이문학대상, 문체부장관 표창 외 현재: 국제PEN한국본부 편집장, 한국가톨릭문인협회 이사, 한국여성문학인회 이사, 한국아동문학인협회 이사 등

도깨비

푸른 물빛 갈기를 재우고
손끝으로 날리는 비린 바다
가슴에 품은 한 자루 시린 검
살점을 이기는 무거운 심장

구름에 딛은 발걸음 가볍지 않아
기운 눈썹만 파리하게 떠네
수런거리는 귓가의 사람들
달밤을 보내는 차가운 시선

서툰 날갯짓은 안개를 피우고
새벽을 오르는 별빛의 파리함이
돌담을 잡고 축축이 내려와
무거운 그대의 무릎을 잡네

그대와 내가 오래 재어둔
그 이야기들을.

김 은

2006년 월간문학 시 부문 등단,
제27회 근로자문화예술제 시 부문 대상(문화관광부장관상),
제2회 청년토지문학상 시 부문 대상

어머니의 걸음마

오래된 인공관절 너머로
뻣뻣한 수직의 경계가 그어졌다
시간들이 모로 눕기 시작하고
길을 잃은 언어들은 휠체어를 타고
넘을 수 없는 벽처럼 막막한
시공간을 거슬러 올라간다

이랑 같은 산맥을 넘으며 왔다
자꾸만 바닥으로 자맥질하는
비린 생의 기억들 희미한데
가파른 등고선으로 새겨진
이마의 나이테를 따라
천천히 흘러가는 레테의 강이래도
끝내 한 자락 기억은 얻어 갈래

오랜 비문의 탁본처럼
띄엄띄엄 화석으로 굳어
한 뼘은 작아졌을 키 높이로
창밖을 더듬는 메마른 시간
목숨 있는 것들이 저무는 서쪽 하늘이지만
그 허공을 딛으며 어머니가 굳게
물떼새로 종종종 걸어가신다.

김은희(안성)

2008년 아람문학 시 등단, 『한국미소문학』 발행인 겸 주간, 한국시인협회 회원, 한국문인협회 회원, 안성문인협회 지부회장, 안성문화원장상 수상(2015년), 경기도 지사상 수상(2020년), 문화예술공로상 안성시장상(2022년)

그날 어머니의 독백을 따라 한

꽃은 피고 지고 또 피어나 지고
날개를 활짝 펴고 멀리 날아간 딸은
뿌리가 그리우면 찾아왔다 또 떠나가고
시간은 달빛 받은 강물 위를 흘러간다

온갖 음식 재료를 바리바리 싸 와 밥상을 펼치시며
들릴 듯 말 듯 작은 목소리로
"내가 몇 번이나 더 너희 집에 올 수 있겠느냐"
어머니는 마지막인 듯 온 힘을 다해 장만해 오셨고
나는 영원토록 다녀가실 것처럼 그 독백을 귀담아듣지 않았다

이제는 내가, 멀리서 찾아온 딸을 바라보며 혼잣말을 한다
"내가 몇 번이나 더 너를 반갑게 맞이할 수 있겠느냐"
마지막인 듯 갖가지 반찬으로 딸을 위해 밥상을 차리며
그날 어머니가 하신 독백을 이제야 귀담아듣는다
어머니의 강물 위를 흘러간 시간이
어느덧 내게로 흘러 들어오고 있다

김은희

2023년, 월간문학 등단
전남대학교 일반대학원(간호학 박사)학위. 기독간호대학 교수 역임. 시낭송가

바람이 가는 길

바람이 가는 길을 따라 갔다가
옥수수 밭만 보고 왔다
돌아오는 길은 멀고 막막했다

또 한 번 갔다가
치악산 만 보고 왔다
상원사 마당가에 계수나무를 보고 왔다

남대봉 하늘에서
절 종소리를 들었다

돌아오는 길에는
단양 쑥부쟁이 꽃을 보고 왔다
쑥부쟁이 꽃밭에 마음을 두고 왔다

바람을 따라 갔다가 돌아오는 길
눈 감고 우는 꽃밭이 보였다

김이대

자유문예 신인상 2009 등단, 서석문학 작품발표로 등단. 문학세계문학상 시 본상, 계간문예 작가상,
경북문협 작품상 수상. 한국문인협회, 한국시인협회, 경주pen 회원. 동해남부시 동인
시집 구절초 필 때, 달빛 사랑

째보선창의 1899년

군산 째보선창에
정통 수제 맥주 양조장이 개방됐다
군산 개항 1899년
수산물 경매가 이뤄졌던 공판장
항구의 밤바다를 보며
정통 수제 맥주를 즐겨도 된다

저 멀리 금강 하굿둑 밑에 실뱀장어 잡는 어선이 보이고
아래쪽에는 장항과 연결된 동백 대교의 불빛 따라
갈매기는 지금 먹이를 찾고 있다

지난날 얼마나 많은 그리움이었던가
번창했던 째보선창
이제는 청년 일자리 창출로 변한 맥주 판매장
코로나 시대 맥주 한 잔으로 시름을 달래도 된다

김익남

2017년 서울문학인. 중앙대학교 대학원 졸업. 군산문협 전북문협 서울문인협회. 전북시인협회 회원. 군산예총 자문위원. 유네스코위원회 군산이사. 시집 『세월 담은 아내』

사랑 초

보일락 말락
나팔 모양이 작아 가냘픈 연분홍 꽃
밀림 같은 보라색 이파리 헤치고
목 길게 고추 세워
두리번거리는 것이

안쓰러운 마음에 사진 찍어
이사 간 독일 자식에 보낸 아내
"꽃이 피었어요?"
"지금껏 못 보았는 데"란 아들

지워졌을까
전에 자기 집 거실 창가에 피어 있던게
보았을 텐데
자기 그늘에 가려 안 보인 꽃

마음속 텃밭에 자란지라
멀리서도 보이려고
고개 쳐들고 뒷꿈치 들었나 보다

김일두

김일두 2013년 「한국작가」 시로 등단 한국문인협회 회원 국제Pen한국본부이사 한국현대시인협회이사 저서 「새벽을 열다」 「자목련」 「씨앗하나가」 「내마음 읽어주는 달」 「모래시계」 「백헌 애장석」 제28회 경기도예술공로상 탄리문학상 성남문학상 경기도문학상 계간문예작가상

수종사 풍경소리

산은 산대로
강은 강대로
서로 적막하다가

운길산 능선을 휘돌아온 바람과
양수리를 거슬러 오른 바람,
두 바람이 맑은 음표가 되어
대웅보전 처마 끝
묵묵한 고요를 연주하고 있다

솔 냄새 품은 듯
물 냄새 스민 듯
내 안의 상념 씻어내는
풍경소리, 때로
빈 바람소리

응진전 돌계단에 앉아 해종일
마음 부리고 나면

산문 밖 걸음이 가벼워질까

김자일

2017년 한국창작문학 시 등단
한국문인협회 회원 및 금천지부 회원
국제문단 문인협회 회원
사화집 '숲속의 좋은 문인들' (문예사조)외 동인지 다수

손수건

하얀 손수건 고이 접어
수많은 땀 눈물 훔치시며
지내온 여정의 세월

빛바랜 빨간 봉숭아 물로
꽃 피웠네

한참 바라보다
무너진 내 안의 눈물
참지 못하고 다시 꺼내든

하얀 손수건
하얀 손수건

김정기

충북 진천, 이월에서 태어나 1995년 열린 문학으로 등단
한국 문인 협회 회원. 한국 가요 작가 협회 회원
1집 - 고향에의 꿈 (2010년). 2집 - 어머니 당신과 함께라면 (2017년).
3집 - 인생은 기다림의 여정 (2021년).

헛꿈

가슴이 뛴다

짧은 다리 길쭉하게 늘여준
하이힐 신고 마음 한뼘 늘려
오라는 곳 가고픈 곳 리듬 맞춰
신발장 앞에서 예행연습 한다

혹여 휘뚝거리다 금 갈라
구두병원 문 두드려
수술이 최선이라며
뾰족 다리 잘라내고
통굽에 못질하는 손끝이 분주하다

몽땅해진 하이힐
둔탁한 소리 내지만
굽은 허리 우아하게 펴보려던 꿈
접질린 발목이 가로막아
날갯짓 신발장에 도루 가두었다

봄은 가고 다시 겨울
헛꿈이었다, 헛꿈

그러한들 어떠랴
다시 반길 봄을 그리며
오늘도 날개에 꿈을 심는다

김정옥(위송)

월간 문예사조 시부문 등단 (2019)
한국문인협회, 월간문예사조, 강남문인협회, 강남글숲 회원
문학회원 작품집 다수

남은 친구

느티나무 그늘 벤치에 그 할아버지
뉘가 그를 눈 뜬 바위라 했다

길 건너 쏟아져 나오는 아이들
봄병아리 같이 지나간다

바람이 풀잎 건드리 듯
문득 유년에 흔들려 한 점 미소 찔금 흘렸네

해질녘 벤치가 물었지
할아버지 여기가 좋아요? 여기 밖에 없어요~?
응 여기가 제일 편하다, 암런 눈치 볼 것 없이
잎새들과 맘껏 연두빛 공기 마시고,
기쁨도 슬픔도 앙금으로 가라앉은
바위가슴, 오롯이 다독여주는 이 느티나무여라

- 그럼 내일 또 만나요
내일은 안개, 알바 몰라라

미련인가 주름손이 어루만진다 벤치등결
정인(情人)의 따스운 온긴 양~
돌아서는 시린 발길 하루가 진다.

김정원

1985년 〈월간문학〉 신인상 당선. 시집 「허(虛)의 자리」, 「삶의 지느러미」,
한영선집 「분신」외 다수. 율목문학상, 민족문학상, 소월문학상 수상, 세계시문학대상
성균관 대학교 및 명지대학 출강했음
여성문학인회 이사, 미래시 동인

주막 앞의 초상화

깊어져 갈수록 출렁이는 도시의 밤
골목길 외진 곳에도
어둠을 적시는 네온 빛 구슬비가 내립니다

가난의 은신처인 초라한 주막 처마 밑에
회색 도리구찌를 눌러쓰고 지그시 눈을 감은 노파
얇은 외투 위로 무겁게 내려앉은 뿌리 깊은 고독
거친 숨을 쉴 때마다 흐느끼듯 흔들리는
작은 어깨 위로 빗방울이 떨어집니다

어머니!
얼마나 외로우셨기에
이토록 많이 취하셨나요?

고단했던 삶 전부를 자식을 위해 던지시느라
문신처럼 새겨진 골 깊은 주름
손가락 마디마디 옹이처럼 박인 굳은살이
이제는 술잔을 들기에도 무디어 가는 감각

한 자락 흘러내린 흰 머리카락에서
마지막 소리 없는 고통으로 떨어지는 빗물
이 세상 어머니의
살아있는 초상화를 바라봅니다.

김정윤

2018년 7월 대한문학세계 신인문학상 등단
시집 〈감자꽃 피는 오월〉

그대에게

그대, 상처의 깊이를 살펴야 해요

저 하늘을 보세요
오래된 상처가
어느새 보석처럼 변해가고 있어요

푸른 새벽 샛별처럼
빛이 나고 있어요

김정조

2003 안성문학으로 작품활동
2011 문학나무 신인상
2018 문학나무숲 시인상
시집 〈따스한 혹한〉 〈바람의 눈〉 발간, 안성문협 부지부장 역임
한국문인협회, 한국시인협회, 한국여성인문학회 회원

초승달 · 1

입 벌린 허공에
저리 감기는
눈빛이면

흐르던 실개천
길을 잃을라.

김 종

1976년 중앙일보신춘문예 시 당선. 광주광역시문인협회장, 1996년「문학의 해」광주광역시 조직위원장. 시집『장미원』,『밑불』,『배중손 생각』,『그대에게 가는 연습』,『간절한 대륙』,『독도 우체통』등 13권. 민족시가대상, 광주시민대상, 한국펜문학상, 한국가사문학대상, 백호임제문학상본상, 광주문화예술상박용철문학상 등등. 신동아 미술제 대상, 광주 · 서울 · 부산 · 대구 등 작품전 14회. 현) 시인 · 화가 · 서예가

늘백원의 꽃

힘들 땐 저를 보세요 겨울을 이겨낸 매화가 속삭일 때
우울 할 땐 함께 떠들며 하루내 놀아보자고 환한 웃음으로 다가오는
광대나물 개나리 산수유 진달래 벚꽃
외로울 땐 안아 주겠다고 버선발에 사뿐히 대청마루 건너오는 목련
가는 봄이 서럽다고 종일 놀자하는 요염한 모란과 작약
향기가 꽃의 생명이며 벌떼들 모여들게 하여 튼실한 열매를 맺는다고
자랑하는 아까시아꽃 밤꽃 헛개나무꽃
밤이슬을 머금으며 달님과 사랑을 속삭여 둥그런 박을 만들어내는 야화夜花 박꽃
태양을 보며 뜨거운 여름 사랑을 해야한다는 나팔꽃 해바라기 자귀나무꽃 연꽃……
사색과 결실의 가을에는 향기와 아름다움을 갖춘 노오란 국화
추운 겨울에는 눈속에서도 피어있는 자태는 젊은 시절 어머니같은 동백
너희들이 있어 행복한 인생 향기롭고 아름다운 삶

무상 김종렬

아호 무상(無相), 한국문인협회, 진해문학, 고샅문학, 33문학 동인. 2018 영남문학신인상. 영축문학회원. 늘백원농원 경영.

유월

하지해를 명주실에 매달아
서쪽 하늘에 걸었다

에움 길 돌아 밤꽃지고
잠류의 동이몰 타고올라
황톳 길 이르는데
지순한 소녀가 짓다만 미소가
논두렁에 누웠다

희망의 불면으로
구겨진 그리움이
조각조각 난장판 된 깡마른 나날

착각이었을까, 다만
통증의 근육이
삶에 버거울 거라 생각하던
유월의 하루가
참 길다.

영천 김종열

2022. 경북 문협 신인상.
㈜현대자동차 정년퇴임
문학영천. 경북문협 다수 공저.

눈물 엽서

가을 여인이 노을로 불탄다

휘모리장단이 연주되는 눈보라 길 지나
시새움이 꽈리 튼 봄 잔기침으로 걸으며
잎 별꽃 꿈도 목청껏 부르더니
기다림의 강을 얼마나 노 저어 왔을까
가지마다 사무친 그리움이 이슬처럼 매달려
이 가을 옹색한 가슴에 생명의 깃발을 흔드는가

삶은 외줄 타기 가야금 연주
야속한 인연은 독방에 촛불로 별로 타올랐고
임의 얼굴도 모른 채 바람 현에 묻어온 숨소리
우주 빛 향기 마음에 아로새긴 나날
사랑은 굴곡진 삶 어디쯤에서 씨앗이 맺혀 타오르는 불꽃입니까
나는 처음처럼 끝없는 연주를 세상에 선물하고 싶은데
된서리가 어머니 가슴을 찢고 인연의 끈을 끊고 갑니다
이제 살 부 빌 임 곁으로 가야 할 시간

하늘 그릇인 듯 해맑은 거울에
아내가 가을 노래 한 곡 담고 갔다
엽서에 눈물로 쓴 빛 소리글자
'G선상의 아리아'를 들으며
노을 여인 그리움의 시 한 편을 읊조린다

김종영

1973년 《조선일보》 신춘문예 동시 「아침」 당선. 2023년 《월간문학》 시 부문 신인문학상 당선(제166회). 동시집 10권, 동화집 2권 펴냄. 한정동아동문학 외 다수 수상. 현) 한국아동문학회 부이사장, 국제펜클럽한국본부 이사

새벽달

잃어버린 세월을 그리는
고독한 여인 같은
비수悲愁의 푸른빛 그믐달

모두가 잠든 찬 새벽녘
짙은 향 흑장미처럼
요염하고 깜찍한 눈썹달

그대 나의 창을 비추고
나 또한 달빛을 품으니
어찌 처연한 달 이겠소

김좌영

2010년(문파문학) 등단
한국문인협회, 국제PEN한국본부, 한국문인협회(용인지부), 문파문학회 회원
시집 〈그땐 몰랐네〉, 〈묻어둔 그리움〉

숲속의 오솔길

유월의 오후가 눈이 부시다
빈 가슴 하나 꽉 채울 푸르름
앞서거니 뒤서거니 태양은 키를 낮추고
나무들 사이로 비쳐드는 빛의 향연
머지않아 저물어갈 거기
차분한 조바심으로 종종걸음친다
흙은 발바닥에 친근하고
숨은 자유를 얻으니
숲과 자연이여 우리의 사랑이여
그곳에서 만난 누구라도
다정한 친구되리니
오늘도 내일도 우리는 그대를
만나야 하리
영혼으로 퍼져가는 노래
그 평화의 땅에
무릎 꿇고 뜨거운 입맞춤 하리.

김주옥

문학 학사. 영어스토리텔링지도사. 언어발달지도사. 심리상담사. 1997년 월간 〈한국시〉 신인상 수상 등단. 〈 國家賞勳人物大典 〉에 등재. 세계문화예술아카데미 세계시인회 제24회 세계시인대회기념 세계시인사전에 등재. 문화공보부 추천도서 〈 韓國 詩 大事典 〉에 수록. 을지출판공사. 現代 韓國人物史 〈韓國民族精神振興會〉에 수록. 마한문학상 수상. 문학고을 〈동시부문〉 신인상 수상. 시집 〈아가야, 너의 서른에는 무엇을 보았니〉. 시집 〈아가야, 너의 예순에는 무엇을 만났니〉. 시집 〈그저 좋은 당신의 시간〉. 장편소설 〈천 개의 바람이 되어〉. 제60회/제61회 강원예술제 시화전 작품공모 〈우수상〉. 청목문학상 수상. 동시집 〈딩동! 축복이 왔어요〉

달의 보쌈 숲의 보쌈

그 해 가을 밤이었다
하늘에 실눈썹같은 작은 조각달이 보인다
참을 수 없는 그 남자는 날아올라 조각달을 훔쳐 온다
여러 개 붙여 둥근달 만들어 밤하늘에 다시 띄운다
달빛으로 사람들의 숲 속을 수색한다

그 해 가을 다른 밤이 왔다
산 나무들 밤의 장막 아래 보이지 않는다
마음의 알이 몸 밖으로 나가 버린 그 사내 나무 위로 올라간다
숲 속의 나무들 그 잎새에 오색 색칠을 해댄다
산 하나 모든 나뭇잎들 알록달록 천색 보자 된다

하늘에 동그랗게 달린 달을 훔친 자가
수 많은 사람들 속에서 오직 한 사람을 찾아낸다
세상에 태어나 처음으로 사람을 도둑질하여
천의 나무 만의 낙엽으로 짠 과박으로
그 여자를 보쌈하고서 월색 보자 밖으로 도망친다

(달은 출외하고 달빛은 거기에 없어
보자기도 사내도 여자도 보이지 않았다
밤이 낮으로 가는 공간은 그 시간이 길고 길어
달빛이 없는 밤이 밝혀 주지 못했다
그때 그 사단은
달빛 보와 잎새 보자기만 알고 있었다)

김지소

본명: 김경수 / 영어명 David G Cell.
문예운동 등단.
갤러리 지셀 대표.
진피부외과 대표원장.
네이버블로그 (신의 세포를 훔치다)

표류(漂流)

강가에 떠 있는 부유물
머나먼 골짜기 떠나
시퍼렇게 속이 상해
하나 둘 비좁은 강가에 모였지만
언제 강둑에서 뛰어내려야 할지
마음 졸이고 있다

비 내리는 날
등 떠밀려 아찔한 순간 지나
바다로 나아가다
차벽처럼 버티는 섬들의
손사래에 머뭇거리다
파도에 밀려 뒷걸음질친다

한참 달구어진 모래밭에
널브러지면
햇볕에 드러낸 배꼽들의 지청구.

心泉 김진복

2011.2 월간 한맥문학 시 부문 신인상 등단.충남 서천 출생. 한국문인협회 회원. 독도문예대전,통일문예 입선, 진도사랑 공모전 입선, 장애인유권자연맹 일반부 대상. 경춘선, KTX 호남선, 서울지하철 스크린도어 시화 다수 게시. 2020 첫 번째 시집 『반달은 울지 않는다』 발간

행복 삼중주

인생의 봄날
뿌린 씨앗

척박한 토양, 사나운 비바람 속에
알차게 영글어 반짝반짝 빛나던
사랑의 열매

새봄 새순 돋듯
어느덧 꽃피는 봄을 맞는다

가지 끝에 매달려
방글방글 웃고 있는 사랑의 꽃
아들도 웃고 나도 웃고 3대가 함께 웃는다

행복 삼중주三重奏

인생이란
그렇게 흘러가는 것
이어달리기하며 가는 것

秦亨 김진중

2020년 현대계간문학으로 등단. 전) 주식회사 부일건설 대표이사
전) 로타리 클럽 회장. 2022년 제주 도민 시 공모전 최우수 상 수상
2024년 사단법인 한국문학협회 문학대상 수상

불멍

태워버릴 무언가가 있어 다행이다
얼기설기 장작개비에 불씨를 들이민다

흔들고 비틀고 찔러만 놓은 업보
생선 내장 발라내듯 널브러진 것들까지
바르집어 넣고 있다

저 불길 너머 딴 세상
묏 바람 들쑤시고 어떤 몸피 바스락대는
그 심지心地를 어찌
시침질하고 있었던가 뚫어져라 본다

누군가 불길 속으로 달려든다
텅 빈 낯빛으로 망설임도 없이

그렇게 활활 타오르다 주저앉으면
거기 그대로인 잿불이나마 휘저어줘야 하는지

장작 하나를 다시 집어 들었다

김진환(부천)

시인, 서울 출생, 《문학과 창작》 등단
원불교 공모전 동화 당선
한국문인협회, 국제PEN 한국본부, 문학아카데미시인회 회원
〈동숭시회〉 동인
시집 『어리연꽃 피어나다』

그늘꽃

거친 파도 몰아치고
북풍한설 내리쳐도
혼불처럼 붙어사는 천년바위 속 그늘꽃

사계절 푸르름 펼치며
칠흑같은 어둠에 어진 매질을 당해도
한줄기 빛을 향해
당차게 행진하는 그늘꽃

태초로 부터
줄기차게 삶을 이어온
경이로운 그늘꽃

내가 가없이 사랑하는
그늘꽃

김철규

2017년 서울문학 등단. 한국문인협회 회원.
한국수필가 협회 전 운영이사. 전북문인협회 이사. 표형문학 자문위원.
한국수필문학상/바다문학상/전북하림예술상.
청암문학상 이사장

시 먹는 여자

아침 저녁 두 끼를 시로 채운다
사라진 도서관을 씹어 먹고
사라진 시집을 씹어 삼킨다
땀내 나는 시집을 씹어 먹는다

시로 허기를 채우는 여자
밥 대신 시를 먹는 여자
반찬 대신 시를 먹는 여자
술 대신 시를 먹는 여자

하루는 배탈이 나고
하루는 설사를 하고
하루는 고열에 시달리고
또 하루는 가쁜 숨을 내쉰다

그래도
눈만 뜨면 시를 먹는 그 여자
그래서
오늘을 숨쉬는 그 여자

김태근

시인, 마음치유시낭송 강사, 한국문화예술교육원 원장,
경남대학교 대학원 박사 수료
한국문인협회 회원, 산청문인협회 사무국장, 전. 필봉문학회 회장
2012년 문예사조 신인상, 2020년 남명문학상 시부문 우수상 수상
2019년 첫 시집 '지리산 연가' 출판 , 2023년 2시집 '시 먹는 여자' 출판

서러운 봄날

일요일 아침나절
세상은 온통 찬란한 봄날인데
무심하게 성당 간 내 단짝
짝없는 집안 적막이 불현듯 서러워
홀로 뒷산 오른다

골짜기마다 꽃들 지천으로 피었고
주체할 수 없이 봄바람 난 꽃들
천지 사방 꽃비되어 흩날리더니
여기 저기 산길마다 애틋하게 누웠는데
연분홍 물든 산길 밟고 오르기가
차마 민망하고 서럽구나

짝없는 봄날은
산길을 걸어도
찬란한 봄날이
서럽기만 하여라

김태범

2019 월간 순수문학 등단. 중등교장 퇴임. 문협회원. 순수문학 이사.
영랑문학상 수상. 필, 갈대 동인. 시집 '도깨비들의 착각' 외 동인지 등 다수

모란꽃

활짝 핀 모란의 요염한 자태
기녀의 춤사위다

잠이 오지 않는 밤의 숨소리

가슴에 쌓인 넋두리
한 땀 한 땀 붓끝에
토해 내는 색채

먼동이 트이는 새벽
세 송이의 빨간 모란

김태연

2023년 등단, 쉴만한 물가. 경북여자대학. 병원,농협근무. 논산문화원 시창작. 애지문학회. 저서 : 엄마를 닮았다.

엄마야 누나야

하얀별 파란별
총총히 쏟아지는
금호강 밤하늘

고요하게 잔잔하게
흘러가는 저 강물

수많은 옛이야기
속맘에 꼭꼭 감추고
모른채 무심한척
어제처럼 가버리네

백사장에 흩어진 발자취
어느 시절 누구일까?

엄마야 누나야

아롱아롱 옛모습
눈물에 매달려
떨어질 듯 아름답구나

김태홍

대구한비문학 등단(시). 서울아동문예 등단(아동문학). 한국문인협회 회원. 대구한비문학 신인문학상, 서울아동문예 신인문학상, 대구한비문학 작품상, 성호문학 특별상, 한비한국서정문학인 대상, 미당서정주시회 명시인 선정, 한국낭송문학 명시인 선정. 저서 『그 길을 지나왔네』 외

노인 천국

거리 지하철 공원 노인들이 많다
푸르런 나무도 세월 지나면 고목으로
남아 삭풍 부는 나뭇가지 부러진 채
앙상한 고목으로 지탱하고 있다

세상 슬픔으로 간직한 노인들
나뭇가지 바람 불면 쓰러질 듯
지나온 노인들의 상실의 삶
의지할 곳 없는 노인들의 천국

죽지 않고 나이와 상관없이
부러지지 않아 슬픔의 나날을 보낸다

김하영

시사문단. 국제펜이사. 중앙대문인회이사. 순수문학운영이사
마포문인협회수석부회장. 시집)보리밭바람에 일렁이며
수상)제24회영랑문학상외12개 문학대상수상

꽃살문 사이로

찻잔에 눈물을 따랐습니다
눈물에 달이 차니
늙은 아버지의 통증이 머리를
쓰다듬습니다

금방 오실 줄 알았습니다
읍내에 잠시 마실 나가
생선 두어 마리 들고 오실 줄
알았습니다
생선의 대가리만 방향을 잃은 채 납작하게
길 위에 서성입니다

쉬 오실 뜰 안에는
맨드라미와 채송화 피고 또 씨를 맺고
계절 잃은 코스모스가
안방 창호지 문에 꽂인 채
기다립니다

풀 먹은 날 선 무명 이불깃
달의 공전에 얇아지고
이가 시린 달만 사무치게
온몸을 휘감습니다

식어버린 찻물을 다시 부을 때쯤
가슴에 익은 인기척이 들립니다
바람도 알고 있는 따뜻한 목소리
민둥산 같은 빈 몸만
집 한 채 지어 놓습니다.

김한중

교육학박사. 2014년 제35회《지필문학》신인문학상 시 등단. 2023년 제75회《한국소설》신인상 소설 등단. 2024년 《공무원문학》신인작품상 수필 등단. 2024년 한국소설가협회 신예작가 선정. 시집:『꽃살문』,『허기를 채우다』. 소설집:『당신이 사랑했던 것들이 너무나도 많다』,『Emotional Reflexes』,『Chill-on』. 수상: 2010년 제15회 신지식인 선정, 제31회 충남문학상 작품상 수상. 2023년 아시아 태평양지역 국제학술지 국제학술상 수상. 한국문인협회 서천지부장, 한양대학교 상담심리대학원 교수

고개 숙인 자화상

가을 호숫가에 떨어져 서릿발 맞아
구멍이 숭숭 난 빨간 낙엽

이슬 먹고 취하기라도 했나
온종일 데굴데굴 구르며 한숨짓는다.

꿈같은 녹음 진 시절을 그리워하며
눈물까지 흘린다.

젊은 날 소망 이루려고 간절히
손과 발이 닳도록 처절하게
뛰어다녔던 삶의 현장
이젠 모두 접어버린 지금의 나

인생 3막 허기진 마음 채워보려고
허둥대는 내 모습
호숫가 이슬 먹은 낙엽 닮았다.

아득한 봄날 작은 욕망 갈구하던
눈 엽을 생각하며
발갛게 타들어가는 자화상

시 한수로 아름답게 마무리해 보려고
발버둥치는 내 모습
스산하기만 하다.

해강 김한진

시인 삼상지 등단(2019년) 수필가 문학평론가. 연세대정외과 서울대 행정대학원 숭실대대학원박사 해군소위. 행정고시15회 상공부(30년근무)이시관. 시집;삶의 뭐길래 수필집; 삶의 길목에서 백양로, 문학수 시작품상. 한국문인협회 회원, 한국시인협회회원, 한국사이버문인협회회원.

처음엔

나만 겪는 아픔 그 아픔이 나를 모두어 부둥켜안고

세상에서 제일 슬픈 삶이라고 원망과 한숨으로
발바닥까지 밀리는 아픔과 함께 살았으며

하늘 아래 첫번째로 복없는 나였기에
서러운 눈물이 강물 되어 흐놀려 흐르기에

먼지만큼의 존재가치 의미도 없이
비에 젖은 낙엽되어 깊은 강물에 몸을 던지려 했고,
세상의 모든 것들이 비웃고 조롱하는 것 같아
숨겨진 마음 화려한 삐에로의 삶 혼자만의 독백,

희미해진 기억에
뒤엉켜 버린 무덤
메아리 없는 웃음만 웃고 있었습니다,

처음엔
처음엔 그랬습니다

김해심

2021년 한양문학 등단
경북 대구출생
대한신학대학원대학교 졸업

개암사 이팝

능가산 옛 절 이팝나무꽃
흐드러지게 피어 하늘빛 희더니
몸뚱이 부러뜨려 공양하였나
하얀 꽃잎 가슴 속에 파고드네

썩어 문드러진 고목나무
남은 아랫도리에도 새 봄이 오고
짙푸른 이파리로 이밥을 소복 담아
발길 닿는 보살님께 보시하는데

그 마음 아는 듯 모르는 듯
반쯤 내리깐 두 눈, 꽉 다문 입술
아무 말이 없는 저 부처님

개암사 돌아서는 길
괜히 심술이 나서
늙은 나무, 발로 툭 차버렸더니
허리 분질러 비워둔 쪽빛이
한참을 따라오며 뒤통수에 박히네

김현동

2019 〈문장〉 등단, 대구교육대학교 졸업, 경상북도교육청문화원장 퇴임,
한국문인협회, 죽순문학회, 여백동인 회원, 시집「새는 소리로 길을 연다」

순명(順命)
－홍매 가까이서

툭툭 불거지는 핏방울
어느 손(手) 하나 일찌감치
그대의
치뜨는 불길을 달래서
사방으로 튀는 불꽃을 거두고
잠잠히 에돌아가는 길을 놓았으니

그대 몸에서
오래 묵은 성품은
대(代)를 내리면서
곧지만 유연한 시냇물이 되었다
허공에 솟구치고, 내리치면서
세상을 동강내는 파도가 아니라
하늘에 수그리며 땅에 끄덕이며
바람과 한 몸으로
설핏 흔들리며 가는
춤추듯 걷는 물결이 되었다

김현숙

상주출생, 이화여대 영문학과 졸업, 교사
1982년 〈월간문학〉으로 등단
시집 〈쓸쓸한 날의 일〉, 〈물이 켜는 시간의 빛〉, 〈소리 날아오르다〉〈아들의 바다〉외
수상 윤동주문학상, 한국문학예술상, 에스쁘아문학상, 이화문학상 외
현 서울시인협회 부회장, 이화동창문인회 회장

사막을 노래하면 안되나요

푸른 눈빛 던지고 갑니다

안녕, 노란 꽃

앰뷸런스 인 양, 냉기가

사막을 꽃 피웁니다 사막에 마음 베이는 저녁입니다 달빛 되는 걸까, 야한 눈동자 병실을 탈출해보는 나를 부르는 머리카락, 눈, 코, 입 서글픈 휴식은, 이젠 부서지는 소리 남겨도 될까

평범한가, 귀를 열고 유머와 위트를 날립니다, 그곳에, 등 굽은 천사들은, 여전히 손을 흔들며 노래하는 풀밭이, 차가운 눈동자가, 모래 되는 걸까,

돌아옵니다 푸른 눈빛 던지며

하얀 섬은 앰뷸런스 인 양

바깥엔 유령들이, 내 안엔 모래바람이

김현신

2005년 계간 『시현실』로 등단, (사) 한국문인협회송파지부 명예회장, (사) 한국문인협회서울지회 이사, (사)어린이문화진흥회자문위원, 송파문화원장 『시와세계』상임위원. 시집 『나비의 심장은 붉다』 『전송』 『타이레놀 성전』 『애수역에서 트렁크를 열다』 『빈페이지에 얼굴을 묻고』 등이 있음

연등

마음 안에 곱게 피운
꽃등 하나 보았나요

연붉은 가슴으로
모든 생명 품고 사는

뜨거운 눈빛으로
온 우주를 밝혀 주는

해인사 뜨락에도
이 꽃등이 피었네요

해맑은 미소로써
기쁨 주고 행복 주는

김형금

호 혜련. 2016년 〈 문학춘추 〉 시 부문 작품상 수상. 화순문인협회. 문학춘추작가회. 전라남도문인협회. 한국문인협회. 한국사이버문예협회. 한국가요협회 회원 시인겸 가수로 활동. 일간신문 및 문학지 등에 시 다수 발표. 유튜브에 금연화. 백비 앞에서. 어머니란 시가 동영상으로 방영되고 있음. 자작시를 직접 작곡하여 자원봉사 활동 시 부르고 있음. 대한적십자사봉사회 광주. 전남지사협의회 부회장 역임.

도플갱어

재고처럼 쌓여 있는
기억의 개수(個數)를 헤아리다가
내가 아닌
그렇다고 타인도 아닌
나 같이 생긴
나와 똑 닮은 생물체를 목격하고
하마터면 한숲아파트 옥상을 무너뜨릴
비명을 쏟을 뻔했다

에구머니나 세상살이 아무리 힘들다고
이제 헛것을 다 보는구나
삶이 팍팍한 건 비단
나만 겪는 남루한 일상이 아닐 텐데
닳아진 연골 사이로 끼어든 슬픔이
시린 이를 드러내고 우는구나

묵정밭에 쌓여 있는
폐비닐 같은 기억을 더듬다가
나도 아닌
그렇다고 남도 아닌
나처럼 생긴
내 뒷모습을 빼닮은 괴물체를 마주하고
하마터면 한숲아파트 지하주차장을 붕괴시킬
비명을 발사할 뻔했다

김혜련

2000년 5월 월간《문학21》, 2007년 11월 월간《시사문단》등단. 순천팔마문학회 회원, 한국시사문단작가협회 회원, 빈여백 동인, 한국문인협회 회원. 고등학교 국어교사로 34년 재직 후 교감 특별승진 명예퇴직. 옥조근정훈장 수훈. 시집 『피멍 같은 그리움(2007)』, 『가장 화려한 날(2010)』, 『야식 일기(2020)』, 『시간 대여점(2023)』 공저 『평행선(2001)』외 28권. 제2회 북한강문학상 수상(2010), 제19회 풀잎문학상 대상 수상(2022)

이런 시를 쓰고 싶었네

시를 쓰는 날이면
마음 속에 이상향을 품었네

오케스트라 멋진 하모니
그 아름다운 울림처럼
시 속에 멋진 울림 담겼으면

시를 쓰는 날이면
마음 푸른 시인 되고 싶었네

봄 여름 가을 겨울
늘 푸른 소나무처럼
시 속에 맑은 영혼이 담겼으면

시를 쓰는 날이면
좋은 글 쓰는 시인 되고 싶었네

눈보라 치는 한겨울에도
곱게 피는 동백꽃처럼
시에서 향기가 피어났으면

김혜송(慧松)

본명 김순희 (金順熙).
2022년 『한국작가』 겨울호(74호) 등단. 경기도 포천 출생(1953). 성균관대 교육대학원 국어교육전공 (석사). 초등교사 35년 재직, 옥조근정훈장 수훈 (2015). 한국작가 詩부문 신인상, 隨筆부문 신인상 (2023). 스토리문학 隨筆 당선 (2024 상반기호).

세상에 없는 나무

노랗게 물들 때가
그때였나
은행나무 물드는 시간
내 눈앞도 노랗게 색칠된
세상에서 노란 눈물 쏟아내고
불러보니 이미 늦어
가지 끝에는 늘 웃어도
웃지 못한 얼굴 있었다

난 그 둘레를 재고
높이를 재 보다
등을 대고 불러 본다

아빠,
아버지,

헤어지고 난 후에도
백 년이 못 되었고
닳아버린 신발에서 뿌리가 나와
뻗을 때까지 난 그 위에서
뒹굴다 보니 나무보다 더 높이
떠 오르더니 흔적이 없다

김혜숙(은월)

2013년도 계간) 서울문학등단
한국문인협회 회원, 한국현대시인협회 전 사무차장
서울시인협회 현) 사무처장
저서 : 1시집[어쩌자고 꽃] 2시집[끝내 붉음에 젖다] 3시집[아득하고 멀도록]

감꽃

이른 아침
잠꾸러기 아이 화들짝 깨어
뒤뜰로 뛰어나갔지
소복이 쌓인 하얀 꽃 더미
다가오는 상큼한
여름 아침 향기

초록 우산같이 하늘 덮은
나뭇잎 사이로 톡톡
떨어지는 꽃 소리
집었던 꽃 던지고
방금 내린 새 꽃을 쫓아가네

뽀얀 우윳빛 진주색
도톰한 감촉
앙증맞은 꼬마 왕관
하나하나 꿰어 만든
눈부신 공주 목걸이

조심조심 목에 두르는데
할머니 다정한 목소리
"꽁치 구웠다.
연한 감잎 몇 장 따 오렴"

김혜원

〈순수문학〉 소설 · 시 부문등단 (2020), 이화여대 영어영문학과 학사, 석사 미술학박사 한국문인협회, 국제PEN한국본부회원 필동인, 저서 『알터피스』 『골든피아노』 『레드피아노』 시집 『사하라』외 단편소설 및 공저 다수

연 줄 (방패연)

서로 만나지 못하고
스치기만 하는 바람일 때
하나의
아름다움으로 익어가기 위해
우주의 맥박 아득히
새처럼 솟구쳐 올라
온기도 닿지 않는 그곳에
오방색 손사래만
그윽이 젓고 있는 당신은
오랜 그리움이었습니다.
전생 같은 인연으로
아득한 마음을 담아 보다가
어느 날
툭!
끊어지고 말 연줄은
눈길 한번 스친 것이 고작여도
내게 남은 사랑 다 건네고
얼레를 비워
자유로운 영혼으로 살게 할
천 년 남을 얼굴
당겼다 놓았다
'질긴 인연'을 고집 합니다.

김효순

2001년 한맥문학 등단
한국문인협회 회원. 한국여성문학인회 회원.
착각의시학 회원. 은평문인협회 회원.
한맥문학동인회 이사.
작품집 1집 사는동안, 2집 겨울. 봄 여름 가을 그리고 봄, 3집 빗소리는 비의 소리가 아니다.

남당항 새조개

새는 날아가지 못해 얼굴을
작은 집 안에 구겨 넣었네

바다를 탈출한 모습 기억하는
뒤척이는 섬에 갇힌 내가 있네

꽃잎이 반만 혀처럼 벌어지고
새털구름이 파도처럼 일렁일 때
먹구름이라도 구름일 거냐고
떨리는 사랑을 묻고 물었네

심연으로부터의 오랜 자맥질
너에게로 가는 길은 멀기만 해

나는 노래하지 못하게 부리를
단단한 집 안에 깊이 가두었네

김효정

2007년 〈문예 운동〉 등단. 2012년 〈한국예술평론가협의회〉 올해의 주목할 예술가상
2016년 『달의 멜랑콜리』시집 출간. 2022년 한국방송통신대학교 국문과 졸업
한국 문인협회 회원, 한국 가톨릭 문인협회 회원
본명 김영미

누에

너는 와삭와삭
시간 갉아먹고
탈바꿈을 계절처럼 거듭하며
시나브로 하얀 땅콩 같은 집을 졌다

나는 사각사각
시상(詩想)은 연기처럼 원점을 맴돌고
오금을 못 펴며
평생 언어의 집은 아직도 공사 중이다

너는 곡식이 누렇게 익은 것처럼 될 무렵
가는 실을 토해내며 하얀 집 짓지만
나는 아직도 비단 같은 시귀(詩句) 하나
토해내지 못하고 우주 언저리만 맴돌고 있다

너는 열넷 마디 마디에서
하냥 자라던 숨겨진 아낙네의 채반 이야기를
한나절 머리로 무한대 모양을 그리며
수런수런 말소리 들리지 않게
비단결 같다는 집을 만든다

나는 이 땅에 삶의 이야기 삼키며
피워낸 한 그루의 꽃도 없는데
너는 비단길로 세상과 손을 잡았다

김훈동

1965년 『시문학』, 2015년 『계간문예』 재등단
한국문인협회수원지부 회장, 수원예총 회장, 국제PEN한국본부 자문위원
시집 『우심』, 『억새꽃』, 『나는 숲이 된다』, 『틈이 날 살렸다』 외
한국농민문학상, 홍재문학상, 한국예총예술문화상, 상상탐구작가상 외

시계 바늘

시계 바늘이 허공을 돌아
제자리로 찾아 드는 밤
화롯가로 둘러앉아
미지의 세계에 대한 동경과
두런두런
눈물 그렁한 이야기들을 하고

그간 말 한마디라도
경솔하게 뱉어낸 건 아닌지
그나저나
남모르는 수 없는 부끄러움에
가슴이 들숨 날숨 하다

벽에 시곗바늘은
이슥한 밤을 향해 질주하다
그새 어둑해진
어둠 깊은 곳 언저리에서 머뭇거리고

지나간 시간 흔적들은
촘촘히 째깍거리는
시곗바늘에 매달려서
허공 속을 떠가고 있다.

김휘열

2008년 에피포도예술상 문학상 본상. 2012년 제9회 문학세계문학상 시 부문 본상. 2017년 제12회 세계문학상 시 부문 대상. 2023 년 제3회 세계문학상 작가상
시집 「아침」,「반추」,「겨울동백」,「시계바늘」
2002년 월간 문학세계 등단

달빛 손님

담벽색(淡碧色) 하늘 젖히고
하얀 양 떼 목장을 지나
감나무 가지에 까치밥 사이를
행여 떨칠까 살금살금 빠져나와

대 그림자 묵화 치는 들창가
완자무늬 창살 비집고
헛기침할 겨를도 없이
마실 들어오는 달빛 손님

길봇짐 하나 없이 선뜻 다녀갈 듯
심야에 탈래탈래 찾아온 손님에게
뜨락 국로수 길어와 목을 다시며
고달픈 범생들의 하루를 살핀다

뻐꾹새 슬픈 사연 끝이 나고
옛 살라비 청보리 밭머리에 앉아
청순하던 소녀의 성숙해진 미소에
동살이 잡혀서야 하현달을 배웅 한다.

김희추

2021 서정문학 시부문 신인상 수상. 한국문인협회 서정문학연구위원. 서정문학운영위원,작가회자문위원. 진도문인협회 회원. 효경 실버홈 대표. 시집 "고샅에 불던 정담". 수상 : 2023 진도명량문학상 외 다수

전단지

붙잡아야 한다는 생각은 잘못이었다
구겨지는 순간만큼 몸싸움의 간격도 짧았다
삼키려는 것과 빠져나가려는 것이
층간 소음처럼 집요하게 귀를 자극했다
아무도 대꾸는 하지 않았지만
전모를 이미 안다는 듯
차별은 흔쾌히 빗나갔다

명백히 숙면 방해라는 알람을
자극적으로 코팅했고
잠자는 오후를 일제히 깨우는 비명이
다발로 쏟아졌지만
발가락에 걷어차인 목소리와
손가락에 짓눌린 시선이
아랑곳하지 않는 푸른 신호등에 통째로 내걸린다

결국 거래중지에 발끈하는 활자들
배달되지 못한 비명을 우수수 토한다
고등어 내장처럼 쌓이는 비명들
코를 쥐며 지나가는 거리가 텅 빈다

한 자도 남김없이 매몰된 지하철 입구에
전혀 낯선 비명들이 천천히 끼어든다
재생된 몸싸움과 익숙한 발가락이
내장된 비명들을
완벽하게 조각내는 틈새로

나영순

2012년 서라벌문예 등단. 2017 제8회 백교문학상, 대전문인협회 올해의 작가상 수상. 2022 한국문인협회 대한민국 커뮤니케이션 대상 수상. 2023 대전문인협회 대전문학상 수상. (현)덕향문학회 회장, (현)대전투데이 칼럼위원. 시집 "숨은 그림 찾기" 외 5권

능소화

가는 길목마다
너의 체취는
바람 위에 서 있다

보고 있음에도
그리운 것들에 대한 슬픔은
가지런히 놓여 있는
찻잔에 간헐적 그리움이 묻어난다

유리창 넘어
무수하게
떨어지는 언어가
바람 아래로
슬픔과 기쁨의 이분법으로 공존한다

품어서 삭아버린 이름이
피었다 지는
꽃이 되었다.

나윤희

2005년 1월 좋은문학 등단
한국문인협회 회원
제7회 두산예술상 시분문 우수작품상 수상.
민들레 동인〈바람이고 싶어〉외1집~10집,공저.〈시인의 눈물〉저서.

비의 신神

비를 머금은 구름이
비를 내리기 시작합니다
가뭄이 시작되면 만물이
목숨을 잃지요.

산과 들은 사막이 되고
복잡한 도시는 폐허가 되고
숲이 제자리로 돌아오지요

모든 생명체들은 비 때문에
살아간다
나무엔 열매가 열매는 동물의
먹이가 되고
곤충은 또 다른 생명체의
먹이가 되고

비는 식물의 생명체를
자라도록 한다.
비는 혼자 오지 않다.
비는 인류탄생의 근원이다

남종구

대구/영남대 경영학석사/월간순수문학등단/순수문학인협회 이사/한맥문학가협회 이사/한국문인협회 윤리위원회 위원장/국제pen한국본부회원/ 강남문협이사/제32회 순수문학상본상수상/한국가요작가협회회원/시집 「너만생각나」, 공저 「봄날은간다」, 「집」 외 다수.

어떤 아이

눈 내리는 날, 한 아이가 내게로 왔지
피카소의 그림처럼, 반쪽 얼굴은 해맑은 눈
반대쪽 얼굴은 선천성 기형으로,
두려워하며 마주 보기를 꺼려하며
그 아이 내게로 왔지
치아조차 모두 망가진 채
나는 그 아이의 반쪽만 진실인양 보기로 했지
해 맑은 눈은 퉁퉁 부은 입술에 가려지고 있다네
자꾸만 가려지고 있다네
눈 오는 날
우리를 덮는 잿빛 하늘처럼.

남현애

경남여고졸업. 연세대학교 치과대학 졸업, 치과의사. 동국대학교 문화예술 대학원 문예창작 전공 문학석사. 수진치과의원 원장. 동신병원 치과 과장. '문학공간' 으로 등단. 올림시 동인 시집 '허수아비의 城 이외 다수 작품 발표

한탄강 주상 절리길

아득한 세월이
이루어 놓은
신비로 가득한 절경
한탄강 주상 절리길

괴이한 암석이 각을 이루며
층으로 된 절벽들은
세계기구인 유네스코의
지질공원이라 하고

협곡을 흐르는
짙푸른 강물 위로
굽이굽이 이어지는 둘레길이
아슬아슬하다

오~
한이 서린 한탄강이여!
먼 날의 슬픈 사연은
강물 따라 흘려 보내고

찾아드는 발길이
넘쳐나는 오늘에는

한탄강 주상 절리길에
새로운 희망이 흐르게 하라.

남현우

2015 국제문단 등단
명예철학박사. 코리아포럼 고문. 국제문단문인협회 회장

평안

산꼭대기에 앉아
별이 빛나는 시냇물을
내려다 볼 줄 몰랐다

구름 가득한 골짜기를 헤치며
혼자 오르지만 혼자가 아니었음을

피지않는 꽃이 없듯
누구에게나 때가 다를 뿐
절정의 시절은 옴을

삶은 그냥, 하늘에 안긴 내게
감사하는 마음이라 한다

노만옥

2000년 [한국문인] 시 등단. 한국문인협회 회원. 안양문인협회 회원. 국제펜클럽 경기지역 회원
시집[가시], 공저 다수, 각종 문예지 작품 발표

어머니의 회상

주인의 손끝에서 벗어나 가물거리는 지친의 기억
안개 속 날개 펴지 못해
뒤죽박죽 뒤엉켜 산반 위 기억 멀미하네
당신의 여줄 가지 헷갈리는 이름 석 자
피사체가 제멋대로 흔들린다
명치끝 굽이굽 휘감는 애환

실타래처럼 감겨오는 지난 세월, 그
한(恨) 발자국마다 땀방울 고여 있고
한 여인의 얼룩진 일기장이 병동 벽을 타고
태엽이 헛돌고 돌아 그림자도 서러워 등이 휘어
몽화에 갇힌 한 소녀
눈꼬리 타고 흐르는 눈물방울
현광 등 불빛아래 윤슬로 반짝이네

청청 하늘에 배 띄워라 우리엄매 임 찾아 가시는 길
순풍아 불어라 덩실덩실 춤추며 가시게
정월의 영혼
한 평생 대여한 육신만 남겨둔 채
험난하고 치열했던 인생길 접어놓고
차안과 피안의 선(線) 사이에 두고
아슬아슬 흔들리는 그림자 하나
이승의 굴레
세상이 잠든 자시(子時) 천화(遷化)의 길

아버지의 팔베개 배고 천사처럼 잠드소서

＊천화: 이승의 교화를 마치고 다른 세상의 겨화로 옮긴다는 뜻

노명서

월간[문학공간] 시 등단. 월간[한올문학] 수필 등단. 월간[문학세계] 작사 등단. 제15회 고운 최치원 문학상 시 본상 수상. 제7회 한올문학상 시 대상 수상. 제3회 한올문학 수필 대상 수상. 시집: 자드락길을 걸으며, 은사시 나뭇잎에 편지를 쓰자, 저 달은 어떻게 태화강을 건넜을까

내가 너라면

봄 인사는 꼭 할거야
아무 연락 없어도
벚꽃 휘날리는 가로수 길
네가 있던 그 끝에 서 있을 거야

해마다 봄옷 갈아입는
벚나무 위 하늘만 보자
시끄런 세상 잊어버리고
감미로운 꽃비를 맞자

우주의 비밀도 풀리고
AI 인간이 일하는 세상
변함없는 계절만이
감성이잖아

가벼운 옷 입고 봄축제 나가
하얀 꽃길 저 끝까지 걸어보자
내가 너라면 꽃비 한 줌 받아
손 바닥에 하트를 그릴거야
봄마다 꽃 같은 친구가 되자고

노명희

2015년 계간 참여문학 등단. 2015년 겨울 신인 시인상 수상
2017~ 2019 창작21 시 발표. 2019~ 현재; 마포문인협회 회원, 사무차장
2022년 : "삶은 꽃이다" 시집 상재. 2022년 ~현재; 한국문인협회 회원

종보회에서 알립니다

조선 백정의 아들로서 신분차별에 불만을 품고 전국을 뒤흔든 괴도 임꺽정林巨正
불안한 시대 변화 속에서도 친명반청親明反淸의 의리로서
끝내 역모의 누명을 쓰고 형장의 이슬로 사라진 비운의 명장 임경업林慶業
중국 청나라 아편환자들에게 고려인삼 팔아 거액을 챙기고 부사직까지 올랐으나 상인이었다는 이유로 실직당한 조선 최대 거상 임상옥林尙沃

종래의 일본 신도를 유교儒敎화한 신도神道로 발전시켜 가문 대대로 무사들을 가르치게 한 에도江戶시대 역사학자 하야시 라잔林羅山
일본 제국주의의 기틀을 이룬 이토 히로부미 본명은 하야시 도시스케林利助
억지 논리로 한일의정서(제 1차 한일협약)를 체결하여 대한의 영원한 적이 된 하야시 곤스케林權助

고려말 권문세도가이었다가 염흥방과 함께 처단된 임견미林堅味의 저주일런가
왜 이리 한반도를 뒤흔드는가
비옵나니 임씨林氏들이여 이제 더이상 노여움과 오해를 푸시고
그 거대한 에너지 오직 세계의 평화와 번영에 기여해 주시기를 부탁드립니다

종보회에서 알립니다

노미림

2008년 『새시대문학』 시 등단, 그 후 수필, 평론 등단. 아호: 가향(佳香), 필명: 노임미, 문학박사.
부산광역시문인협회‧한국문인협회 회원, 부산수필문학협회 부회장, 국제펜한국본부 번역위원.

바닷가에서

부서진 파도보다
더 아프게 떠난 슬픔이
갈매기 소리처럼 하늘에 매달려서 운다

바다에는
애타게 목마른 사랑 하나
멀어진 우리 추억에 서러움을 토해내고

또 저만치
미움으로 쓰러진 파도가
사랑에 허기진 가슴 가운데로 숨어들면

그대 꽃 같은
지난날의 눈물 다 버리고 서서
밀려온 파도 소리에 다시 그리움 만든다.

노민환

2005년 자유문예 시 등단 / 한국문인협회 회원 / 창녕문인협회 회원
문학의 뜰 작가협회 이사 / 문학의 뜰 작가협회 부산 경남 지회장
저서 봄 여름 가을 겨울 그리고 세상살이 / 게걸음으로 걷는 세상

어머니의 눈물

열여덟 꽃다운 나이에는 몰랐습니다
임의 존재도 사랑이 무엇인지도 몰랐습니다
첫 아이를 낳고 처음 가슴을 여는 날
해맑은 아기 눈동자에서
사랑의 참모습을 보았습니다
삶이 무엇인지 행복이 무엇인지
세월 따라 삶의 두 어깨가 무거워지고
가슴속 상흔이 깊어질수록
고뇌도 깊어만 갔습니다
하얀 머리 이마엔 잔주름
거칠어진 손마디에 쇠약해진 모습
희미한 생의 끝자락이
먼발치에서 마중 온 듯 기다립니다
몰랐습니다 정말 아무것도 몰랐습니다
사랑도 행복도 삶의 아픔도
살아온 긴 터널 끝을 바라보는 지금
두 눈에는 눈물이
뜨거운 눈물이 자꾸만 흐릅니다
이제야 알 것 같습니다
먼 산 바라보며 독백하시던
우리 어머니
어머니의 눈물을

노신배(능인)

문예계간 시와수상문학. 2018년 12월8일 (발자국,골무,갈대)로등단 신인문학상. 한국문인협회 시,시조,수필 회원. 시집.1 허튼소리 2.오늘도 그 자리에서.3.설련화의 향기. 4.마음달. 능인글말선방 1집 길 없는 길을 따라. 문예계간 시와수상문학 문학상, 작가상

또 배반의 선물

평소 바라는 바와 다르게
마침 벨트가 선물로 온다
내 딴엔 속셈이 있는데도

돈을 거슬러 받아 넣을 때
잔돈은 잊고 고액지폐를 건낼 때
카드를 꺼내려다 신분증을 제시할 때
운전면허증을 보이려다 결제카드를 보일 때
이 작자와 손은 따로 논다
낡은 가죽 면을 끼운 사이가
오랜 손때로 눌어붙어 잘 나오지도 않는다

쳇, 그놈 타령은 이제 그만
실은 카드와 신분증을 넣는
그 갭을 구분하는 변별력이 떨어진 게야
비만의 허리를 더 졸라매야 정신을 차릴 수 있어
이번 추석 때는
뱃살에 짓이겨져도 원형으로 쉬 복원되는
그 악어가죽 벨트를 선물할 게
아내와 딸이 또 그런다
아냐 아냐
난 악어의 눈물로 지갑을 대신한다

노창수

전남 함평 출생. 1973년 〈현대시학〉 추천, 1979년 광주일보 신춘문예 당선, 1989년 대학신문 문학논문 공모 당선, 1991년 〈시조문학〉 시조 천료, 1991년 〈한글문학〉 평론 당선. 한국시비평문학상(평론), 현대시문학상(시), 박용철문학상(시). 시집 『거울 기억제』 외 9권, 논저 및 평론집 『한국 현대시의 화자 연구』(2007) 외 6권, 현 한국문협 부이사장.

그녀의 이름

재미교포 2세 이복동생
미국 평화봉사단 일원과 함께 방한한다

친부모로부터 버림받고
입양과 파양 거듭하며 이름마저 잊어버렸건만
마중 나온 환영 인사들 향해 손 흔든다

언제부터인가
눈 감으면 떠오르던 진달래 능선
지금도 화공작전을 수행하고 있는지

개밥바라기별
바람 용병 앞세우고 달려간 북한산

눈 덮인 바위틈에
그리움의 뼈를 묻고 깊은 생각에 잠긴다

너도 모르고 나도 모르는
그녀의 이름
미스킴라일락

라기주

1994년 〈월간 조선문학〉 등단, 시집 『누수된 슬픔』 외 다수, 명지대학교 대학원 문예창작학과 졸업, 문학박사, 가천대, 명지대 출강, 한국문인협회 시분과 회원, 현대시인협회 회원,

저쪽에 J

저쪽은 조용하다
궁금하지 않은 노을
곧 터질 것 같은
환한 얼굴이 둥글게 떠다닌다

과거를 기억하지 말 것
다시 볼 수 없을 때까지
오늘 그를 만나야 한다
그의 이름은 J

J는 약간 어둡고 서툴지만
웃음을 발명하는 기술이 있다
슬픔을 잡아먹는 어금니가 있다
쓰러지지 않는 저쪽으로
방금 J가 지나갔다
저쪽에 J 웃고 있는 J

라윤영

2014년 종합 문예지 『시선』등단.
시집으로 《어떤 입술》《둥근 이름》《개미의 꿈》을 펴냈으며
산문집으로 《아득히 멀리 그러나 가까이》가 있다.

신문을 기다리며

신문을 기다린다는 것은 곧 세계를 기다리고
나아가 내 자신의 현재 모습 그 정체성을 확인
하려는 행위는 아닐까
그렇게 생각되기도 하~네

아니, 매일 일직 일어나 환히 불을 밝히고 원형
식탁위에 신문을 넓게 펼쳐 소상히 들여다보려는
행위를 하고 있다고 나는 믿고 있~네

하지만 보다 넓게 해석을 하면 세계 각국 모두
자국의 이해는 물론 그 외에도 자연적 재해와
여러 인재로부터 안전과 목숨처럼 소중한 자유를
지키려는 노력은 아닐까 그렇게 생각되기도 하~네

류근조

전북 익산 출생. 인문학자 雅號 이경(裡耕) 1966년 『문학춘추』로 등단. 시집《나무와 祈禱》《목숨의 蓋》《입》《날쌘 봄을 목격하다》《地上의 시간》《황혼의 민낯》《안경을 닦으며》육필시집《겨울 大興寺》(비매품) 등 10여권의 시집과《류근조 문학전집》등 다수의 학술저서가 있음. 현재 〈대학지성 in & out〉 논설고문 등으로 활동하며 2008년 이후 강남교보 인근에 집필실을 마련해 시창작과 글로벌 톨레랑스(지구적 공동체 사업)에 초점을 맞춰 글쓰기에 주력하고 있다. 국제 힐빙학회 회원 중앙대 국문과 명예교수.

너머로

너머에 계시죠
마음이 외로울 때
하늘 위로
편지를 써 봅니다

하얀 구름이 받고
소곤소곤 바람이
읽어 줄 거라
믿어 봅니다

너머에 잘 계시죠
추억을 잠시 꺼내어
대화하듯 오늘
읽어 보았습니다

바람이
콧등을 울렸지만
이미 애잔한
그리움입니다

류봉희

한국미소문학(2012년)등단. 수상: 제66회 한국인터넷문학상, 한국미소문학상본상
시집: "생각의차이", "걷자, 걷자꾸나". 한국미소문학충청지회장, 한국문인협회천안지부이사,
한국문인협회시분과회원.

영원한 이별

하늘도 섧다.
흐르는 눈물로
하늘을 닦아 청명한 까닭은
어두운 저승길 밝혀 주려 함인가?

님께서 부를 때에는
그만한 까닭이 있겠지?

그곳은
얼마나 당신이 필요했으면
이승은 아랑곳하지 않고
그냥 데려갔을까?

주마등처럼 스치는
지난날의 추억도
잠시

이제는 우리가
헤어져야 할 시간
뉘라서 아쉬움이 없겠냐마는

머지않아
저희 또한 뒤따라가리니
고故 제정훈 베드로 신부님이시여
그때까지 안녕

류성춘

2020년 대산문학 등단. 한국문인협회 회원, 낭송지도자. 대산문학 영상위원장. 시맥문인협회 이사.
(사)한국노동문화예술협회 이사. 계간지 "대산문학" "노사공 포럼". 동인지 "시맥의 창"

도라지꽃

푸른 물결 흰 돛 곱디곱게 산기슭
맴돌고
비단 자락 펄럭이는 선녀의 볼우물
뿌리박힌 정념 솟구치는 열정의
샘

나누고 보태는 생의 찬미
청춘의 심벌인 양 푸른 나래 한가득
뜨거운 연민
마음마다 가득히 실어 얹고

심심산천 푸르고 흰 고운 마음
꽃잎마다 영글고 그네 영혼 함께
하니
살리고 이루어 살포시 한 밭 되어

영원한 사랑 한가득 얼싸안고
짙푸른 사랑 내음 방방곡곡 드리우네.

＊도라지꽃 꽃말: 영원한 사랑

류용하

2020년 하나로 선 사상과문학 등단. 숭실대학교 노사관계대학원 졸업. 체신부 노동부 근무, 근로복지공단 본부장 역임. 한국문인협회, 마포문인협회, 세계시문학회, 한우물동인회 회원. 제5회 하나로 선 사상과문학상 수상. 시집: "서천에 흐르는 소백산", "꽃잎은 바람에 흔들리고", "하늘 땅 사람 이야기", 동인지: "시뜨랑" "하나로 문학"

연지에서

한여름 진흙탕 연못에
그윽한 향기 채우고
세상 맑히는 연꽃

티 없이 고고한 얼굴
유연한 그 모습
평화롭고 아름답다

진흙탕에서도 꿋꿋이
피는 꽃, 지는 꽃
열매 맺는 씨방

그게 어디 꽃뿐이랴.

류인순

2012년 월간『문학세계』등단. 시 집 :『바람 소리 그리운 날엔』,『담쟁이 붉게 익었다』
〈세계문학상〉본상 수상. 〈문학세계 문학상〉대상 수상
(사)세계문인협회 이사. (사)국제PEN한국본부 정회원. (사)한국문인협회 정회원
한국예술인복지재단 정회원. (사)한국음악저작권협회 회원

장구를 치고

노래를 하면서
울기도 한다
다 비워낸 속으로
눈빛만의 교감이다

기쁠 때는
공명의 소리를
슬프고 아플 때는
된 소리로 다가온다

오른 손 왼 손
겨끔내기 푸념도
잘 받아 넘긴다

너와 나의 화음으로
더욱 신명나는 사람들
휘모리장단에 춤을 춘다

류인애

2014년 순수문학 등단. 한국문인협회. 국제펜 한국본부.
한국여성문학인회 회원. 용산문학인회 이사. 시집(굳이 말하지 않아도)외 작품 다수.
순수문학상 우수상 수상

바다를 끌고 간다

아버지 냄새가 나는 바다
밤새도록 코를 골아 시끄럽다
아침 바다를 물어다 준 갈매기를 위해
파도는 함께 놀아 주느라 출렁거린다
휴일도 없이 피곤한 바다는
저녁이면 꼭두서니빛으로 이불을 편다

밀물과 썰물은
차곡차곡 갯벌에 판화를 찍어내고
갈매기는 맨발로 총총거리며
그 위로 발자국을 심고
푸른 날개를 저어 바다를 끌고 간다
오늘도 쉬지 않고 끌고 간다

류일화

시인. 작사가. 꽃차소믈리에. 2017년〈한국작가〉등단.
제24회 영랑문학상 우수상〈순수문학〉
제1시집〈아이리스〉, 제2시집〈바다를 끌고 간다〉. 제3시집〈한 송이 꽃잎이었다〉외 공저 다수
동인작사집〈낮은 음자리〉〈간이역〉외 대중가요 다수 발표

해어름의 사색

빛을 향해 서면 자기 그림자를 볼 수 없고
타인의 시선이 아니면 뒷태를 볼 수 없다
나르는 새는 뒤를 볼 수 없고
달리는 차의 운전자는 주변 풍광을 볼 수 없다

때로 신념은 차안대를 낀 경주마가 되어
거짓과 진실을 알 수 없게 한다
갑자기 눈을 뜬 장님이 자기 집도 찾지 못하는 것은
큰 행운이 감당해야 할 몫이다

거짓이 뿌리를 튼 신념의 토양에 깊이 뿌리내린
고목의 잎새도 때가 되면 하염없이 떨어진다

하루는 길고 지난 일년은 오히려 짧은 황혼에
멋진 일탈을 꿈꾸는 자유인에게
사랑, 미움, 미련, 꿈은 자유의 적이다

그리움이 커지는 나이 인생의 해어름에서
그림자를 보고 뒷태를 보고 풍광을 보고
신념은 잠시 멈추고 적당히 포기하며 자유를 찾는다

어눌한 말의 향기와 침묵으로 토해내는 웅면에
귀를 기울이는 해어름의 사색은 아름다운 일몰이다

류재성

2012년 문예운동 등단. 아호 : 규문(奎門), 충남대 대학원 졸업 법학박사
(前)한국수자원공사 근무, 충남대/한남대 등 출강, 대전가정법원 가사조정위원
(現)한국문인협회 대전지회 감사, 대전 서구문학회 회원, 동시대 문학동인회 회원

감싸안은 유럽 이 순간에

지구를 어루만지는 태양이
비엔나에 첫느낌으로
유난히 맑은 하늘과 같이 였다

비엔나커피가
유럽에 있고, 없고
믿지 않는 것과 믿는 것으로

조용하게 미치게 하는 언어의 지배

우스워라 간간이 만끽하는 자유와
문명이 운명을 배우게 한다

가슴 한복판에
내 마음 훔치게 하여
파란 호수가 코발트빛으로 손짓한다

거대한 자유
거대한 여유

유럽이기 때문에 반짝거린다
잃은 것과 얻는 것으로

류재엽

2019년 문학시대 등단. 한국문인협회 회원. 마포문인협회 역) 사무국장. 현) 감사
푸른문학 편집이사 및 문화국장

축제 중입니다

은혜였소
축복이었소

한 세기를 걸어가는 디딤돌 위에 서서
가던 길 멈추고 잠시 뒤돌아보며 숨을 고른다
그사이 반백 년 훌쩍 넘은 희미해진 나이테
백 년의 고독한 사랑의 화석으로 허옇게 퇴색되었다
불혹을 지나 지천명이 언제였나 산수의 잔치도 끝났다
아리스토텔레스도 수많은 철학자들도 풀지못했던
나는 누구인가
정체성을 찾아 미로 같은 내일의 길을 걸어간다
결 곱게 내린 붓 끝이 남편의 손끝에서
묵향 짙은 먹물에 고루 묻혀 예서의 꽃을 피우는 밤
나는 꽃잎에서 이슬 한 방울 따와
자음 모음 모아 시꽃 피우는
까만 밤 하얗게 새우는 날이다
시를 위한 주문呪文의 밤 가고 미명이 트면
아침햇살 받은 잔잔한 강물은 보상인 듯
윤슬로 보석밭 깔아준다
아주 작은 것에 감동하고 감격하였던 날들
때때로 나는 천국을 걸었지

그 빛 안에서 그 사랑 안에서
감사로 시작하는 새벽 내일을 꿈꾸는 밤
나는 아직
축제 중이다

맹숙영

창조문학 (2007)등단 성균관대학교영문학과졸업 한세대학원문학석사졸업
시집: "영원한 여기에" 외 11권   수상: 성균문학본상 한국문협서울시문학상
양천문학상 창조문학대상 한국크리스천문학상 한국기독시문학작품상 현대작가작품상 등

망향의 동산

오천년 이어온 배달의 민족
무궁화 동산
일제의 총칼 앞에
젊은 피 강제 징용

타향살이 몇해동안 청춘은 늙고
헤메돌던 영혼
무사귀환 금의환양 바라며
정한수 떠놓고 빌고 빌던 어머니

타관 땅 불효자는
가슴을 치며 통곡 해봐도
한번 가신 어머님은
뵈올길 없어라

고국을 떠나 머나 먼 이국땅
하늘에 구름과 바람은
자유로이 오고 가건만
그리운 고향 산천은
왜 이리 머나먼지

하늘 길에서나 만나려나
꿈속에도 그려보는
보고픈 부모 형제들
땅을 치며 엎드려 통곡합니다

명금자

2016년. 청일문학 등단/(사)한국문인협회 회원/(사)한국가교문학회 재무국장/청암문학작가협회 사무국장/UN ECOSOC NGO FLML 문화예술위원. 충남본부장/제4회 대한민국 경제문화공헌대상 문화예술작가 (시)부문대상/ TV서울 사회봉사대상 수상등 다수.

꽃비

그댄 물이 아닌데
꽃비라 부릅니다
향이 나던 봉오리가
새근 꽃잎을 펼치더니
오늘은 실바람에
연분홍 꽃비가 되어 내립니다
실주름 진 손으로 한 웅큼 담아
마음에 넣었습니다
이 시간이 지나면 어디론가
가 버릴 것 같아서요

2024.04. 09 대청공원

문기홍

경기도 화성 송산 출신. 2019년 문학신문 등단. 2019년 4월 문학신문 신춘문예 시 부문 신인상. 2022년 10월 대한민국 문학 대축제 " 세종문학상 수상". 2022년 2월 시집 "내 삶의 우체통" 출간. 한국문학인 vol 58호 : "멈추지 않는 시계" 등재 등 다수 문학지 작품 등재.

여름이 가네

자정을 향하는 초점에서
살포시 잠이 들었네

버스럭대는 소리
앵 앵 앵
스르륵 잠을 깨어 보니
모기가 소곤대네
작별 인사 왔다고
차가운 날 떠난다고
슬퍼 말라네
여름내 고맙다고
헌혈해 준 덕에
대 잇고 떠난다고
훗날 다시 만나자며
눈물 흘리고 가네

미움도 정이든가
한집에 살면 가족이라고
풀 벌레 우는 소리에 울적해
한 줌 눈물 흘리고 생각하니
생이 무상하다

가을바람 솔솔 부니
우울했던 마음
귀뚜라미 소리에
가슴 한켠 반짝 빛난다

문동호

2009년 2월27일. 참여문학등단. 논산 황화 출생.
한국문인협회원. 시울림 문학회원.
시집 나이테에 사랑을 분양하고

늙은 호박

널브러진 잡초에 기댄 채
등짐 지고 앉은 세월의 무게
햇살 친구 삼은 누런 호박
연륜이 쌓여 가는 듯 깊게 패인 주름
묵상에 접어들어 아무런 말이 없다

더우면 더운 데로
비 오면 젖은 채로 그저 무덤덤
노을에 비친 모습
초로에 든 황혼길 나를 보는 듯
왠지 모를 숙연한 마음

서릿발 내린 들녘
때 되면 등 굽은 할미 찾아와
아이고, 잘도 익었구나
늙어도 참 곱게 늙었어
작년하고 똑같은 말씀 하실 테지

백화 문상희

2019년/한행문학 (行詩) 2021년/아시아문예 (詩)
2022년/문학광장 (隨筆) 등단/ 유투브 소설가
도서출판 고운글문예(대표)고운글 문학회(회장)
저서:백화 열정의 붓을들다/노을에 기대어 서서

가끔은

'오매~ 맹년 풀까지 뽑고 있네'
해거름에 갈길 바쁜 동네 아짐
애가 타신다

본능처럼 전장에 뛰어든 초로의 여인
붓 대신 들어 올린 서툰 호미질
고향은 아직 그녀를 기억하고 있었나 보다

기생오라비 같은 열무밭 곁으로
오이꽃 가지꽃 눈부신 호박꽃
박새는 눈코 뜰 새 없이 바쁘고
봄날은 저 혼자서 잘도 가는데
진종일 뭐가 그리도 켕기는 걸까?
숨넘어가는 뻐꾸기 녀석

멀리서 대충 보아야 예쁜
남도의 전원생활

가끔은
꿈꿀 때가 더 아름다웠음을

문순심

전남 영암 출생, 월간 순수문학 시 등단
한국문인협회, 한국여성문학인협회, 순수문학인협회 회원, 필 동인
제24회 영랑문학상 수상, 새구로 마을신문 기자
시집 "덤", 동인지 "시 하나 내걸기" 외 공저 다수

용문행 전철

출입문을 닫습니다.

서서 갑니다
대부분 앉아서 휴대폰에
눈을 두었고
몇몇은 서서
눈을 꽂고 있습니다

짙푸른 나뭇잎이 가고
울창한 빌딩 숲이 가고
금계국 꽃잎들이
순간순간 지나갑니다

태백산에서 시작된
두물머리도 지나가는데
나는 가지 않고
서 있습니다

문연자

등단: 2012년 월간문학세계 시등단. 한국문인협회 회원. 한국문학사편찬 위원
한국현대시인협회 회원. 소정문학동인. 불문회동인
시집: 『아버지의 사랑 세포』

봄 2020

대롱으로 봄을 본다
매화 개나리 벗꽃 철쭉 꽃들
가시거리에 빨강 노랑 하얀 파랑
마스크를 쓰고 있다

거위 오리도 마스크 쓰고 해엄치며
접동새 꾀꼬리 참새 까치들은
이곳저곳 씨줄과 날줄을 치고 있다

사방팔방에 불을 켜고
냉온 창을 오고간 코로나 바이러스
동남풍 서북풍 회오리바람이 대들고 소리를 지른다

마스크 쓴 내 얼굴이 맞나
숨쉴 틈조차 없는데
울퉁불퉁한 근육이 뜨거워져 사달이 났다
깊은 수렁 징검다리는 어디서 비롯되었을까
재작진 카메라는 바이러스 찾아 사방으로 뛰어다닌다

새순 꽃잎은 비말 바람에 오므리고
찢어진 옷을 꿰매고 한 끝 새로운 디자인을 하고 있다

문영수

연세대학교 의과대학 간호학과 졸업. 수피아 간호전문대, 고대, 한양대 전임강사 교수
2013년 월간 '문예사조' 등단. 문예사조, 짚신문학상 수상
현재 한국문인협회 전통문화분과 위원

하릴없는 태공

하릴없는 태공이 바쁜 길을 나선다
새벽-골프보다 더 일찍이
하나부터 열까지 장비 손수 챙겨서

밤새 고민으로 마련한 아침식단은
불란서 달팽이요리
갓 채취한 싱싱한 재료로
최고급 요리를 어공魚公에게 바친다
그대 사는 옆동네 방천 둑 민달팽이
한 입만 먹어도 무병장수, 신토불이 보약
둘이 먹다가 하나 죽어도 모를
기가 막힌 맛!
어여들 나와 맛 한번 보시구랴

콩자반에 토룡회, 퇴자 맞고 또 맞아도
지칠 줄 모르는 태공의 정성
까다로운 어공 입맛, 맞추어 섬기려고
하릴없는 태공의 머릿속, 한가할 틈이 없다.

월하 문영현

연세대 명예교수, 시인, 평론가, 대한전기학회 회장 역임(2013).
국어국문학회, 고전문학회 정회원, 한국문인협회 이사, 한국펜클럽 이사
순수문학 평론부문 대상(2021)
영랑문학상 대상(평론부문, 2024)

시간의 굴레

시간의 굴레 위에
아픔 닮은 가시가 돋아나고
고요한 침묵의 꽃이
활짝 피어났다.

잿빛으로 물들여진
우울한 세상이
화사하고 발랄한
생명 있는 환경으로
변화되고 있다.

삶의 공허한 틈새를 따라
흘러가 벼렸던
방랑의 물고기들이
다시 되돌아온다.

현대 문명의 홍수 속에서
허우적거리던 내가
빛 같은 진리의 녹색 가지를
붙잡고 간신히 뭍으로
올라왔을 때

내가 걸어가야 할
아름다운 길이 보였다.
고통스럽게 내 안에서

몸부림치던

고뇌의 흔적들이
새로운 길이 되어
생을 탄탄하게 열고 있었다.

문 웅

2022년 한국문인협회(시분과) 등단
서울 일러스트레이션전 일반부 은상수상 1986년. 대한민국 디자인 공로대상 2022년
현)한국 일러스아트 학회 부이사장. 현)전주대학교 시각디자인학과 명예교수
현)한국문인협회 시분과회원. 문웅(하온선 문화예술연구소)

몽골 나담축제와 말타기

나담축제 기원은 흉노제국시절 부터라네
1921년 7월11일 사회주의혁명에 성공한 날
중국으로부터 독립을 기리는 축제
씨름,말타기,활쏘기를 한다는구나

말타기는 남녀 모두 참여한다네
말의 연령에 따라 나누는데
말의 나이 2세,3세,4세,5세,7세이상,
4~7세 거세 않은 종마로 구분하고
달리는 거리도 말의 나이에 따라 다르다네

2세 말은 15km,3세 말은 20km,
4세 말은 25km,5세 말과 종마는 28km,
7세이상 말은 30km라네

말타기는 보통 5~12세 아이들
초원에 사는 아이는 3~4세부터 말을 타서
훌륭한 기수로 성장을 바란다네
축제현장에서 아이들과 말이
기진맥진하여 돌아오는 모습들
훌륭한 기수가 되기 위한 끈기와 노력들 .

추곡 문정수

한국국보문학 시인등단(2015),
제주어시집 〈느 울엉 나 울엉 몬 울엉〉(2019), 〈시심으로 본 세계경관〉(2021) 등
한국문인협회, 제주문인협회, 한국국보문인협회, 제주국보문인협회, 애월문학회원

광대

달빛 중에서도
산이나 들에 내리지 않고
빨랫줄에 내린 것은 광대다

줄이 능청거릴 때마다 몸이 휘청거리며
달에서 가지고 온 미친 기운으로 번쩍이며
보는 이의 가슴을 졸이게 한다

달빛이라도
어떤 것은 오동잎에 내려 멋을 부리고
어떤 것은 기와지붕에 내려 편안하다
또 어떤 것은 바다에 내려 이내 부서져 버리기도 한다

내가 달빛이라면
나는 어디에 내려 무엇을 하는 것일까
지금까지 사는 일에 아슬아슬한 대목이 많았고
식구들은 가슴 졸이게 한 걸로 보면
나는 줄을 타는 광대임에 틀림없다

문효치

1943년 군산 출생. 1966년 한국일보 및 서울신문 신춘문예 당선.
시집 『계백의 칼』, 『어이할까』, 『바위 가라사대』 등 15권
정지용문학상, 한국시인협회상, 김삿갓문학상 석정시문학상 등.

그대 머문 곳에

눈부시게 파란 가을입니다

황금빛 벼 이삭에
행복이 익어가는 소리 들리시나요
농부의 굵은 주름살 위에 피어나는
햇살의 투정(妬情)이 들리시나요

황금 들녘에 이는 잔바람에도
가슴 벅찬 환희의 향기가 일렁이고
그대 향기 품은 한 송이 국화꽃에도
가을은 싱그럽게 머뭅니다

그대 마음 닿는 곳에
그대 숨결 이는 곳에
그대 눈길 머문 곳에
잘 익은 금빛 가을을 활짝 펼쳐 놓을게요

민만규

경북 청송 출생/대구 거주/아호:풍류(風流). 대한문학세계 시 부문 등단(2020.6.21.). 대한문인협회 대구경북지회 지회장. (사)한국문인협회 정회원. 시집 〈메타에 핀 글꽃〉. 2024 신춘문학상 전국 공모전 은상 (3.16./대한문인협회), 2023 순우리말 글짓기 전국 공모전 금상 (12.16./대한문인협회) 수상

세월(歲月)

흘러온 긴 시간 이십 년
나도 처음엔 싱그럽고 이뻤다
옛날 사진을 보니 알겠다

엊그제 문학기행에서 찍은 사진
어느새 할머니가 되었구나
세월에 늙은 것인가, 익은 것인가

열네 권의 인생 기록이 있으니
그 세월에 늙기만 한 것은 아니겠지?
팔봉산에 이르느라 애썼다

민문자

2003년 『한국수필』 수필, 2004년 『서울문학』 시로 등단
2020년 한국현대시 제13회 작품상 수상
시집 『독신주의』 외 6권, 부부시집 2권
수필집 2권, 칼럼집 2권
2023년 詩書畵 도록 소정 민문자 서예展

등대

아무도 찾지 않는 외딴곳에
거친 바람 맞으며
쓸쓸히 서있는 등대

햇살 모이는 한적한 오후에
산새들 쉬어가고
흰구름 유유히 비껴가지만

어두운 밤이 되면
한 줄기 빛으로
지친 배들을 불러와
편히 잠들게 해주지

갈 길 잃고 헤매며
어둠에 갇혀있을 때
말없이 곁을 지켜주던 그대도
나의 길라잡이 등대였어

민병록

2020년 종합문예지 "국제문예" 등단. 효산건설(주)회장. 미국하트포드대 MBA와 고려대 경영대학원 (석사). 환경부장관 표창장. 세계평화언론대상. 저서〈행복한 꿈〉〈성과를 내는 리더수업〉, 시집〈마음이 머무는 자리〉〈둥지(공저)〉〈자작나무 숲에 하얀 달이 떴네〉〈너였으면 좋겠다〉

차를 마시며

처음엔 여리게
시간이 지날수록
그 진한 속내 보이다가
다 보이다가

결국엔 맹물로 돌아가는
차를 마시면
보이는 인생

비릿한 풀향기 흙내음
다 꺼내 마시면
내가 자연임을 알게되지

언젠가는
산사 처마끝 매달린 풍경
그 풍경 흔드는 바람으로 돌아가
땡그렁 땡그렁 소리내며 읽는시

따뜻한 차 한잔으로
마른 목 축이며
그대와 함께 하리라

민숙영

1953년생/ 1990년 월간문학 신인상. 시집 〈소리가 듣고 싶을때〉, 〈솔바람 한줌 가져가렴〉, 〈찾고 찾아 온 길〉. 시선집 〈서두르지않고 그러나 쉬지않고〉, 〈시의힘〉. 한국문인협회원. 송파문인협회원. 문학생활회원

수초 낚시

이른 봄은 수초 낚시가 최고
마른 갈대 사이에 숨어 수초에 낚시를 던진다
갈대에서 갈대로 가는 갈대
수초는 물에 머리를 풀고 눕는다
갈대가 바람 결에 눕듯이
수초에게는 바람도 물도 하나다
입도 물도 하나다
물결에 흔들리는 가는 몸들
어느 것이 물, 어느 것이 풀?
찌가 올라온다 찌가 내려간다
재빠른 챔질! 잡았다!
잡는 기쁨 놓아주는 행복
하늘 물에 삶도 죽음도 하나다

민용태

창작과 비평(1968) 등단. 마차도 문학상, 영랑문학상 대상 수상. 시집 『밤으로의 작업』 외 다수

달과 나무의 미사

사제의 손으로 들어올린
동그란 성체처럼 보이는 달
깊고 푸른 달빛 속에
나무는 한낮의 열기 걷어내고
묵상의 자세로 고요하다
속살 같은 바람의 지휘에 따라
나뭇잎들이 그레고리안 성가를 부른다
달과 나무 사이
헝클어진 마음 쓸어주며
하루치 고단함과 감사의 대화가 오가고 있다
내 발자국 소리조차 죄가 될 것 같아
옷섶 가만히 여미고 서서
달과 나무의 미사를 바라보았다
개기월식 같았던 나의 하루
보름달처럼 밝히 넉넉해지는 시간이다.

민인자

2009년 『문학저널』시 등단. 2012년 『한국문인』수필 등단.
한국문인협회 · 서울시인협회 회원
공저 『꽃을 피우다』 『시인은 시를 쓴다』 외
전국소월백일장 시 입상

함박눈

하이얀
팝콘처럼
내리는 함박눈.

온 세상
어스름 어둠 깔고
내려앉은 은세계.

조금 전
지나갔던 흔적들
하얗게 지워지고

조마조마
기다렸던 그리움
눈과 함께 파묻혀.

박가박

본명 박학순. 전북 진안출생. 계간:[시세계]시부문등단(2014년). 월간:[문학세계]수필부문등단(2016년). 문학세계문인회정회원. 현대작가회회원. 한국문인협회회원. 병역명문가. 국가상훈 인물대전[현대사의주역들]편 등재. 시집:[그리움이 파도속에서 울었습니다][그랬었지] [홀로핀꽃]

줄을 서다

새벽 어스름이 눈뜨는 시간
전철에서 내린 잰걸음 앞에
점심 배급표 받으려는 줄이 길다

간신히 손에 쥔 배급표
글씨 지워질 만큼 움켜쥐고
자꾸만 올려다보는 시계

맹물로 채운 아침은
가스 끓는 소리가 되어
연신 목으로 올라온다

인력시장에 나간 아들이
일자리도 못 잡고 돌아올까 봐
며느리 숨소리 피해 나온 무료급식소

긴 줄 끄트머리에 서서
나만이 아니라 괜찮다 해보지만
우거짓국에 따순 밥 말아주던
아내가 그리워 국물이 울컥한다

박경임

2019년 서울문학으로 시 등단 2021년 한국산문으로 수필등단
서울문학이사. 한국문인협회회원. 문인협회구연문화위원
시집 〈붉은입술을 내밀고〉 수필집 〈독기를 빼며〉

대나무 근성

나무라 불리면서 풀처럼 쑥쑥 자라
위로만 치오르니 속살은 허탕이네
비바람 휘어질망정 똑부러짐 없구나.

굵어질 틈도 없고 굽을 줄 모르면서
쪼개면 날카롭고 마디마디 힘줄 돋워
깊숙이 뿌리 지키며 움쩍않고 버티네.

댓개빈 대발 엮여 대오린 부챗살로
죽부인 얼기설기 이파린 서걱 사각
목잘린 대나무밥통 가리가리 찢기지

곳곳에 파렴치한 죽창들고 날뛰다간
파죽지세 우후죽순 매서운 죽비 맞고
칼도 되고 창도 되어 죽음(竹陰)에 들리라

박경현

1995 〈창조문학〉 신인상
시인, 수필가, 시조시인

목련꽃 당신

꽃 향기에 취해 무신코 그린 꽃 한송이
보고싶은 당신의 얼굴이었요

곱게핀 하얀 목련화 방긋 웃으며
귓가에 속삭일 때 사랑이었어요

어쩌면 그렇게 곱게 피어나
내 곁에 다가와 있을까 꿈만 같아요

무심코 그린 꽃 한송이
곱게핀 하얀 목련화 당신의 얼굴입니다

무심코 그린 꽃 한송이
곱게핀 하얀 목련화 당신의 얼굴입니다

하얗게 핀 꽃 한송이 간절히 보고싶은
당신의 얼굴이었어요

-2021년 3월 25일
-하얀 목련화 향내 맡으며 무심코 그린 얼굴-

박길동

아호 石英 達園, 시인 수필가 심리상담사 -등단년도:2018년 샘터문학사 :詩,수필. 사)한국문인협회. 국제펜 한국본부. 한국신문예문학회. 아태문인협회 한용운문학회 회원, 사)문학그룹샘문 상임부이사장. 인사동시인협회 부회장. 나라사랑문학회 부회장. 문학의 빛 작가왐께 편집위원. 한사랑문화예술협회 자문위원. 한용운문학상 및 샘터문학상 최우수상, 에스프리문학상 제11회 본상, 한국문학상 창작상 수상 외. 시집 〈밤나무집 도령〉 외

이별 뒤에

어느 기암절벽에 붙박여
만경창파를 한눈에 넣고 있을
분재가지에 움이 트고 있다.

핑크빛 몽글던 그리움은
환상의 연초록으로 피어나
수런수런하다가 수북해지겠지.

초록빛으로 온통 우거지다
눈부신 노랑 빛이 물들 쯤
애타던 잎새는 낙화하리라.

벗은 나무에 흰 눈 내릴 때
가지나 이파리는 서운했을지언정
꼭 아픔으로만 남아있을까.

박년순

2014년 〈국제문단〉 시 부문 신인상 수상 등단
시집 〈삶을 뒤척이며〉 〈그리움이 피고 지는 자리〉 발간
소설 〈하하, 울 아버지〉 발간

쓰리고 나그네

인생살이 별것이드냐
〈쓰리고〉면 대박이다

밥 잘 먹고
잠 잘 자고
변 잘 보고
고-고-고- 〈쓰리고〉는 대박
〈대박〉 행복인 것 아시는지

과욕에 또 고-고-고- 하다가
피박 광박 고박 〈쓰리박〉은 쪽박
〈쪽박〉 불행인 것 모르시는지

인생살이 행복 불행은
〈고〉〈스톱〉 사이에 있다.

박달재

전북 순창 출생(1944). 기갑소령 예편, 군무서기관 퇴임. 목포대학교 경영행정대학원 수료. 국방일보 (86년), 향방저널(86년) 시 등단. 한국문협 생활위원. 전남, 목포, 순창, 청암, 문비 회원. 전남문협이사 당산문학 자문위원. 시낭송전문가, 심리상담사, 리더쉽위원. 목포해맞이행사 제사장. 자원봉사:남도친구, 순수봉사, 박물관. 문화제지킴이/해설사. 예비군 자문위원

봄 길잡이

스치듯 외로운
 물새 나래 깃에

실 오라기 춤추는
 분오리 산 그림자

순찰선 시나위 가락
 허튼 춤 물이랑에

손 씻는 갈대밭
 사잇길 거니는

어머님 휠체어에
 시멋없이 아롱이는

옅은
 봄 내음

참새 가슴마냥
 사뿐하다.

박동진

1953년 2월 말 경 한국은행주최 전국 어린이 글짓기 대회 입문
1998년 제1회 사진의 날 촬영대회 은상 수상
2021년 서울시인대학 통해 등단
2023년 문인협회 회원(12210)

시(詩)와 인생

행정고등고시에 합격하였으나
6.3한일굴욕외교반대 시위 전력으로 임용 탈락
행정부에 진출하여 부귀영화를 누리겠다는 꿈이 물거품이 되었구나

천정을 치고 바닥을 치고
인생사 허망함을 달랠 길이 없어
아내를 애먹이며 얼마나 많은 세월을 방황하며 살았던가?

여의도 국회 사무처와 정당으로
별정직 전문위원 생활을 오가며
사회정의와 부정의의 쌍곡선을 많이 체험

한편으로는 서울 63빌딩으로
사회정의실현시민연합을
창립하는 계기가 되고

다른 한편 시와 인생으로 삶의 본질에 접근
꾸준히 시 습작으로
평범한 일상에서 반짝이는 가치를 일궈내고 싶다

박두익

2020년 한맥문학 시 등단, 현재 초대시인. 제27회 행정고등고시 합격(6.3시위 전력으로 임용 탈락), 국회 정책연구위원(2급 이사관). 영남대 경제원론 겸임교수 역임. 현 사단법인 사회정의실현시민연합(사실련) 대표.

어머니

새골집
칠 남매
작은 키
까만 빈 젖

뽕나무골
콩밭
마루 밑
낡은 호미
한 자루

어머니 가신 날
홀로 남은
어미 개
한 마리

앞산
뻐꾸기 울음
하나
둘
셋
넷
다섯
여섯
일곱
여덟

박두현

강원도 평창 출생. 강릉원주대학교 교육대학원 졸업(교육학 석사). 월간 『문학세계』 등단(2017년). 녹조근정훈장 수훈. 점동고등학교, 강릉제일고등학교 등 경기도·강원도 내 고등학교 교사 역임, 중등교사 정년퇴직. 한국문인협회 정회원, 강원일보 제1회 강원 시니어 문학상 시 부문 우수상 수상, 세계문인협회 제20회 시 부문 본상 수상. 시집 『아버지의 노래』.

토큰 몇 닢

주머니에 손을 넣으니 토큰 몇 닢
남대문 지하도 계단 깡통을 앞에 놓고 무릎 꿇고 고개 숙인 노인
그냥 지나지 못하고 빈 깡통에 덜그렁 토큰 몇 닢을 넣었다
버스 토큰을 털어주었으니
빈털터리가 된 나는 청량리까지 걷게 되었다
뜨거운 여름 아스팔트가 이글거리고
을지로 동대문을 지나 걷는다 또 걷고 있다
배도 고프고 목이 탄다 땀도 비 오듯 한다
제기동쯤 오니 양철통에 수박덩어리 동동 뜬
냉차 팔고 있는 사람을 만났다
이걸 맡기로 청량리 다녀오면서 찾아갈 테니
냉차 한 컵 주실 수 없느냐 했다.
냉차 주인은 아무 말 없이 시원한 냉차 한 컵을 주신다
단숨에 마시고 주머니에 넣고 다닌 묵주를
냉차 주인에 맡기고 힘이 솟아 또 걷는다
다시 냉차 파는 곳으로 돌아왔다
냉차 장사는 보이지 않아 냉차 값을 갚지 못했다
세월이 지난 그 일들을 생각해보면
토큰 몇 닢 버스비 털어 노인 깡통에 넣어주고
남대문에서 청량리까지 무더운 여름 걸어야 했던 고생을 잊을 수 없고
고마운 냉차 장사를 보면 잊을 수 없다
길가 냉차 장사를 보면 모두 그분 같아 보였지만
여름이 왔는데도 이제 양철통 냉차 장사를 볼 수 없다
제기동 양철통 냉차 장사가 평생 잘 되기를 기도한다

박명준(프란체스코)

국제문예 시 등단, 한국문인협회 회원, 경향신문 대전지사 부장 역임, 현대불교신문사 편집국장 역임, 서원자비복지회 부회장 역임, 바르게살기운동 보령시 3동위원회 위원장 역임, (사)신라오릉보존회 총본부 부이사장 역임, 전국박씨원로회 사업부회장

바람의 세레나데

한 사람의
마음 방 앞에서 서성이는
목마른 남자처럼
서글픈 여자처럼 바람아,
너의 구애도 그처럼 눈물겹구나

한 사람의 마음 안으로
한 사람의 몸 안으로
하나 되어 꽃 피우고픈 간절함처럼

너 또한
그 오묘한 우주 속으로
사랑을 들이려는지
너의 몸짓도 그만큼 애틋하구나

소통하는 기쁨,
그것 없이는
살아도 사는 것 아니기에

이 순간도
한 사람의 마음 방을 서성이는
남녀가 있고 세상의 문전을 기웃대는
간절한 네가 있나 보다

박미리

2014 등단(대한문학세계)
한국문인협회 회원(現)
제주문협 회원(現)
첫 시집/사랑 온도를 갱신하다. 제2시집/길동은 방금 사진을 찍었다

비의 일기

사선으로
떨어지는 빗방울은
어디로 흘러가는 걸까요
그 무엇을 만나도
바로 하나가 되는
너를 닮고 싶어
주르륵 톡톡 톡
리듬에 젖어들어
비의 일기를 쓴다
가로등 불빛마저 젖어 든
빗줄기의 리듬
상처뿐인 가슴에 포말을 일으킨다
빗소리는 누구의 속울음일까
잡초처럼 무성한 원망과 미움
얼마만큼의 빗줄기에 씻겨 내릴까
샛별 보듯 바라본다
여린 빗소리에
잊힌 그리움마저 젖어든다
아 목마름은 있었나 보다

춘천 박민정

시낭송가. 2015년 현대시선문학사 등단. 한국문인협회 문협70년사 편집위원. 매헌윤봉길 월진회 회원. 2016년 현대시선문학사 〈시월에게〉 영상시 장려상 수상. 제2회 만해 〈님의침묵〉 전국 시조낭송대회 장려상 수상. 제1회 다선예술인협회 시화전 일산 서구청장상 수상. 제27회 천등문학회 〈글사랑〉 전국 시낭송대회 금상 수상. 제1회 현대작가 작가회 전국 시화전 대회〈겨울강〉우수상 수상. 제23회 황진이 문학상 본상 수상. 시집 『기억 속에 피는 꽃』. 공저 다수

빈 손

인생은
왔다 가는게
철칙인데
삶에는
필요요건(必要要件)이
인생을 볶아댄다
사람은
착한 삶에도
부족한 시간인데
한심한
다툼까지
순리도 깨질때
맨손이
이룬 재산
갈때는 빈손이구나

서산 박병규

2005년도 문예사조에 등단. 시집 1권 고독을 노래하는 행복. 2권 나는 나를 아는가. 3권 만물과 대화하며. 한국문인협회 시분과 회원. 청심문학회 전회장(지방).

불멍

아무도 없는 들판
나 홀로 불을 켜고 앉아있다.
아무 생각이 없이 불을 멍하게 바라본다

불속에 꿈틀거리는 수많은 모습들
어릴 적의 서리의 추억
고향을 떠나와 자취방 연탄불에 밥을 지어
왜간장에 밥만 비벼 먹어도 환상이었던
아련한 불그림자

반지하 습기 가득한 어두운 집에 살다가
2층짜리 작은 전세집으로 이사와
맞이하는 첫 날
아침에 환하게 얼굴에 내려앉은
아침 태양도 불
그 햇살
잊을 수 없다

사랑하는 사람을 수없이 연모하던 추운 겨울밤
버스를 놓치고 대학교 동아리방에서
덜덜 떨며 새우잠을 잘 때도
마음은 불덩이처럼 뜨거웠다…

타다가 불꽃은 사라지고 빠알간 열기만
딸기처럼 알알이 머금은 채
조용히 또 다른 생각을 기다린다.

박병요

2022년 월간 순수문학 등단. 순수문학인협회 회원. 전라남도 진도 출생. 광주상업고등학교. 총신대학 신학대학원. 봉천동 은혜로교회교회 담임목사. 꿈마을사회적협동조합 이사장

내 안에 나는 없다

투명하고 성긴 그물망 같은 내 몸엔
후줄근한 오감 몇 조각의 영혼만이 나불댈 뿐
내 안에 나는 없다

소중한 가족 사랑하는 친구 가깝고 먼 지인들에
스쳐 지나는 풍경처럼 낯 선 타인들로 가득한 내 안은
정작 주인 없는 돗대기 시장이다

오면 오는 대로 머물면 머무는 대로 그저 지켜만 볼 뿐
그들의 오감에 희로애락을 의지한 채
추억을 회상하고 현재를 살며 미래를 생각하는
그들에게 난 무기력한 투명 인간에 지나지 않고……

가끔은
나도 내가 그리울 때가 있고 안부가 궁금할 때가 있다
그럴 때면
내 안의 그들이 그렇듯 난 그들 속에 나를 찾아가
어떤 모습과 생각으로 살아가고 있는지를 살핀다

천태만상의 내 모습들이 조금은 낯설고 어색함으로
혹은 반갑고 자랑스러움으로 마주 한다
그들 속에 난 내가 생각하는 나가 아님을 알기에
이제라도 그들 속의 나에게 부탁을 한다
겸손으로 기쁨 사랑 행복 주는 멋진 그들 속의 내가 되어주기를……

사석 박복의

2021년 월간 순수문학 시 부문 등단
한국문인협회, 대전문인총연합회, 대전중구문인협회 회원
2023년 대전 투데이 문화 예술인상 수상
서예. 문인화 작가. 월간 사진 추대작가

민달팽이 · 1
— 빛과 어둠

유리 절벽에 그가 심겼다

빛의 화살을 맞고 타는 맨몸, 화형당
하고 있다
눈멀어 돌아본다
어둠을 뛰쳐나온 아픔이 유리문 꼭
대기에 기어올라
끈적이며 뒤척인 길
길게 그어놓은 생(生)이 구불텅하다
꽁무니가 뱉아낸 체액,
번쩍이는 햇살의 계단 뜨겁겠다
무슨 저런 희고 빛나는 꼬리를
감추고 있었던가

어둠에 갇혔다가 끝내 빛에 갇힌 몸

어둠을 갈아, 힘주며
그어내린 한 획,
참 험하고도 확실하다
체액으로 쓴 상형문자, 숨겨둔 암호
다
흘러내린 쉰 머리카락 한 올
참! 끈끈해 질기겠다

환한 어둠 속, 더듬이 왕관 높이 세
운 칠흙 왕자

어둠을 먹는 벌레는 빛이 그리워
해오라비난꽃 심장을 따먹었지
어둠의 만찬은 꽃배만 불러,
꽃의 꿈은 훔칠 수 없었지
댕강, 모가지 부러뜨린 풀꽃 먹고사는
말 못하는 천사
집 없는 먼 길, 울음은 배 밑에 감춘 채
말을 모르는 말이 튀어나와

터지는 침묵,

이슬 먹은 흰 피 맑았지,
더듬이 춤추며
누더기 한 벌 입어 본 적 없는 살 뭉텅이
다리, 팔도 없이,
뭣을 먹을까 입을까 걱정 없이,
벗어도 부끄럽지 않던 벌거숭이는
헝크러진 꿈 그려내었지

검은 낙원에서 탈출한 민달팽이
타는 햇살에 찔려, 환희, 눕는다
관통하는 불볕, 스스로 다비한 몸
길고 흰 그림자 유리 절벽에 심고
날아오른다

날개를 달았겠지

박복조

대구가톨릭대 약학대 졸업 동대학원 국어국문학과 박사 수료.
1996년 시집 『차라리 사람을 버리리라』로 등단, 시집 『세상으로 트인 문』,
『빛을 그리다』, 『말의 알』, 한영시집 『산이 피고 있다』 『생이 만선이다』(2023) 등
이상화 시인상, 윤동주 문학상, 대구의 작가상, 국제펜클럽 아카데미 문학상 수상.

5월의 눈물

이 밤의 첫닭이 울고
머리털이 빠져 피멍은 다 마른 지 한참인데
멀리 기적소리 여운으로 남아
귓전에서 맴돌고 있었다

여명이 오기 전이라도
목이타고 메이는 마음이 있을지라도
이 오월을 지킬 것이다

난 말하리라 대리석 바닥을 이고 지고
지쳐 넘어지면 몸 추스를 기력조차 없어
저 위정자들을 향하여
무엇이라도 잡고 매달리리라

문은 열릴 것이다 모이 먹고 물먹고
하늘 한번 보고나면
문은 열려져 있으리

내 작은 소리가 세상을 밝힐 때까지
새벽의 문이 활짝 열리면
내 손자놈 손잡고
이 밝은 새벽길 나설 것이다

박상태

1995년 〈한맥문학〉에 '정자나무' 외 4편으로 등단. 1951년 경남 밀양 출생. 동국대학교 문화예술대학원 문예창작학과 수료. 대표작 '정자나무', '강변가로등', '용사의 소리', '커피잔에 머문 노을' 등. 저서로는 시집 〈커피잔에 머문 노을〉이 있음. 국제라이온스클럽 회장 3회 역임. 현재 한국문인협회 회원이며 〈농민문학〉 동인으로 활동 중.

감자 꽃이 필 때

달의 기운이 가득한 감자 밭엔
보라 빛을 발산하고 있는 꽃대 위로
산 나비가 찿아와
향기로움을 탐닉하고 있다
햇살 한 뼘이 간절한 장마는
산덩이 같은 먹구름을 몰고 와
한바탕 소나기가 감자 밭을 지나고 가니
실컷 두둘겨 맞은 감자 꽃은 풀이 죽어 있는데
뿌리의 근육들이 탱글 탱글 여물고 있다
소나기 지나간 서쪽 하늘 가 엔
무지개가 걸쳐있고
긴 하루가 서서히 기울고 있다
어스름한 별빛 아래서 모깃블 피워 놓고
대청마루 걸터앉아 감자 구워 먹던
그 시절이 아득하다

박성금

2018년 월간 순수문학 등단
시집.섬 스며들다
한국 문인협회 신안지부 이사
한국여성 문인회. 월간 순수문학회.회원
시와사랑 운영위원

고인돌 · 5
－신랑바위와 가마바위

무안반도 평림촌
뒷동산에서 바라보는 보평산 너머 무등산
그때도 저렇게 무등했을 것이요
서해바다 물결소리도 평온(平穩)했을 것인즉

새로운 선(線) 이어가는 신행길
바닷길 따라 돌다가 넘는 길
뉘 알았으랴!
애달픈 사연
겨울바다 얼음 수로 길에 수몰로 잠든 세월

바다가 곰솔나무숲이 되어 뻐꾸기울음 이더니
사랑과 영혼이 응고되어 두 바위로 남았는데
신부는 가마바위 하얀 띠 두 줄기 혼백을 두르고 앉아
신랑바위와 같이
사라진 가마꾼들을 솔바람 매미소리로 부르고 있다

그래서 일까 보평산 둘레 마을 사람들
달 처다 보며 시집간 딸 그리던 어머니 마음
한가윗날 보평 산 정상에서 '반보기' 하는 날
두루미 쌍쌍이 재 넘는 활공에서 신의 소리 들리는 듯
－우리도 "돛 재" 넘는 소원, 행복한 신행길이게 하소서 하는

명제 박성기

문학춘추, 한국문인, 한국문인협회, 광주문인협회부회장, 전남문협이사
전남시인협회이사, 문학수이사, 세계문학상, 제25회 영랑문학상, 영호남문학상
시집 자작나무를 심어놓고, 나붕이는 경전으로나다 외

상사화

잎사귀 내어 주려다
꽃 순은 기다리다 지쳐
곧은줄기 추켜세웠네

하늘 아래 임 기다리다
어두운 구름에 장대비 맞으며
눈물 맺힌 꽃잎에
별 하나 놓아두었네

기다리고 또 기다리다
깊은 어둠 속에서
멍든 이내 가슴엔
홀로 그리움만 남기네

초우 박소연

대한문학세계 2017년 등단
한국문인협회 정회원. 대한문인협회 정회원
동해문인협회 감사. 삼척두타문학회원
공저로 시와글벗 문학회 동인집 제 7집 〈고요한 숲의 초대〉 외 다수

*두물머리 물

양평 두물머리(양수리)
남쪽 들녘을 지나온 물과
북쪽 산골을 흘러온 물이 만난다
남과 북의 다른 산야를 거쳐 왔지만
낯가림하며 당황해하지도 않고
내 편 네 편 가르며, 으르렁거리지도 않으며
얼싸안은 한몸 되어 흘러간다
시시비비하지 않고
이기려는 마음이 없이
더 깊고, 더 넓은 물 되어 평화롭게 흐른다
품 속에 사는 것들 안고서
방해물은 돌아서 언덕은 뛰어내리며
주기만 하고 받을 맘 없이
아래로 아래로 거침없이 흘러간다
모두에게 인사하며
넓은 곳 바다를 향해 넘실대며 간다

*두물머리: 북한강과 남한강이 만나는 곳

박수민

1997년 ""순수문학 시등단, 2005년 "창조문예" 수필등단
기독시인협회, 한국장로문인회 자문위원
시집: 나무와 뿌리 외 8권. 수필집: 비교될수 없는 가치

말을 타고 온 사나이

무든 하게 걸어온 세월
편하게 살아온 기억은
눈에 선하지 않지만
그래도 순간은 좋았다

사람은 생각대로 산다고
가르침을 받았으나
행동이 따르지 않아
전부 내려놓을 때 힘들었다

거침없이 내뱉은 것들은
부메랑이 되어 돌아오고
실없이 지껄인 가시들만
삶의 곳곳이 지뢰밭인데

잘난 멋에 살아온
입만 살았던 허무한 시간
겉 포장하기 바쁜 삶은
말에 의지해 덧없이 보냈네

박수종

2019년 서울문학 등단
육군3사관학교 졸업. 서울문학 회원. 한국문인협회 회원. 한국전쟁문학회 이사
저서(시집) 계단오르는 행복

벚꽃 시법(詩法)

하늘로 뻗은 우듬지 위에
구름으로 제목 정해 걸어두고
화려하지만 눈물겹게
추억을 소환하되 슬프지 않게
단번에 써 내려간 한 편의 시

산만해 보이지만 세세히 살펴보면
행갈이 연갈이 가지런하고
사족 모순 설명 없는 활구(活句)에
실바람에도 흔들리는 무언의 가락

아픈 날이 언제였나
엎드려 울던 날이 언제였던가
봄날의 서정 같아 보여도
그루마다 가지마다 여백에 이르기까지
표현과 형식은 서로 다르게

짧은 만남 아름다운 이별
긴 여운 가슴에 남기며 찍어놓은 마침표 하나
그것은,
봄 햇살 아래 인상주의 화풍으로 그려낸
한 폭의 풍경화

朴水鎭

1994년 월간 순수문학 등단
중앙대학교 및 동교육대학원 졸업
제20회 대한민국동요대상(노랫말) 수상
(사)한국동요문화협회 공동대표, 한국문협·국제펜한국본부 이사
시집 나의 별에 이르는 길 은령 오케스트라 지휘자 외 5권

별들의 영웅

태극기는 우리나라의 소중한 상징으로
국경일에 게양하는 역사적 의미까지
가슴 뭉클한 독립의 자유로움이 되었다

조선인은 나라 잃은 서러움 가난 속에
이주한 북간도에 터를 잡고 마을이루며
만세운동으로 연합부대 편성을 시작했다

일제 압박의 군대투입 원천 봉쇄에도
독립군의 뛰어난 전술과 민초들의 단결
청산리전투를 승리로 성공할 수 있었다

순국열사와 독립전쟁 강한 민족 염원은
간도 곳곳에 쌓여있는 흔적들이 말하듯
별들의 영웅 태극기는 바람을 타고 있다

박순자(익산)

2005년 (월간 한국시) 시.수필 등단 . 2006년 (시인과 육필) 시조 등단
월간한국시 수필대상 . 한국육필문학 단테문학대상 . 익산문학 마한문학상
한반도문학 시 대상 . 사)한국예총익산지부 익산시장상 . 창작예술상

꿈과 기다림

살아가는 사람에게
꿈이란?
기다림을 거름으로 하여 자라나는 나무!!!
기다림 속에는
그 뜻의 뿌리를 붙잡아 주는
인내의 힘과
그 뜻의 열매를 만들어 주는
성실의 혼이
꿈의 추수를 위하여 충분해야 한다.
주어진 일생에 사용되는
시간은?
신세대를 위하여 내일로 이어지는 흐름!!!
기다림이
오늘 썩지 않으면
내일 꿈은 자라날 수 없다.

白草 박승창

2013년 문학세대 등단. 2002년12월05일 제1호 시집 "다시 잠들기까지 우리는" 저술(신명사 출판)
2004년06월25일 제1호 소설 "유비토피아" 저술(전자신문사 출판).
2015년05월17일 IT윤리문예 창간 및 매년 7월 〈IT윤리문예집 〉의 공동저자를 초빙
2022년06월25일 문명평론 IJITELA 창간 및 매년 9월 〈IJITELA 〉의 공동저자를 초빙
2023년12월29일 미국 Marquis Who's Who에 등록 및 통산 100번째 저서 출판기념식

밥 한 그릇

인생이 미숙하다
밥 한 그릇의 아쉬움을
토로하신 아픔 누가 알랴만
웃다 분노함은
누구의 하회탈과 같아
이제 비로소 인생의 화두와 같은
그대의 고백이었음을

어찌 밥 한 그릇이었을까 하니
풀 반지 끼워주는 사랑이
세상보다 크다 할 때
사랑 가득한 당신의 밥 한 그릇
어디에 또 있겠소
물안개 산등성을 오르고
고즈넉 내리는 봄비

밥 한 그릇 안에
눈물과 사랑이 보이고
인생의 몸부림이 떠오를 때
사랑, 그 앞에
다시 겸허히 무릎을 꿇고
영혼에 스미는 봄비와 같아라
보배로우심이

박아월

1998 순수문학 등단. 한국문인협회, 국제PEN한국본부, 한국시인협회, 한국여성문학인협회 회원. 한국 순수문학인협회 부회장. 제27회 영랑문학상 대상 수상. 시집 『당신께 드리오는 작은 열매』 외 다수.

독도

동해의 작은섬.
내고향 울릉도
그곁에 홀로선 독도

출렁이는 파도소리로
가슴이 일렁이던 그곳
밤마다 낮을 기다렸고
낮이면 또다른 낮을 기다리며
육지로 간님을 기다리던 당신

홀로된 독도

열아홉
첫사랑이
그리움으로 깨물은 입술로
사모하는 아픔으로
제살갗을 꼬집어
검푸르게 멍든날에도
끊임없이
일러이던 작은섬, 독도

사라진 뱃길로
눈물로 얼룩지던 내 유년시절
돌아올
기약없던 오징어 잡이 떠난

식이, 호야, 철이 아빠

갇혀버린 어린 가슴은
훠이 훠이
갈매기가 되어 비상하고,

바다는
파도는
외로움을
수천년간 견뎌내며
그렇게 평온함을 품어온 독도

다시는
혼자가 아니노라고 ,

파도소리로
잃어버린 사랑의 상처를 포효해 보지만
이미
가슴앓이로
귀조차
멀어버린 당신

박언휘

2010년 〈국보 문학〉 신춘문예시당선, 2017년 〈문학청춘〉재등단. (현)국제 펜클럽홍보이사,한국의사시인협회 고문, 대구여성문인협회회장,한국대구시인협회 편집이사,대한기자신문 회장,〈시인시대〉계간지 발행인,한국노화방지연구소이사장,〈국보문학〉부이사장. 전)이상화기념사업회이사장

행복

하얀 구름 닮은 이팝나무 꽃이
봄바람에 출렁인다
오월 붉은 장미 위에
너울대며 뽐내는 노랑 나비
분주히 오가는구나
아름다운 오월을 바라보다
눈부신 햇살에 실려 온
행복이란 기억을 안고
어디든 길을 나서고 싶다
넓은 하늘 아래 지금 나는
먼 훗날 되돌아볼 이야기 남기며
달달한 기억 하나 저장한다

박연희(혜정)

월간 한맥문학(2009년)등단. 한국문인협회,한맥문학동인 및 문학가협회 회원,한국시인연대 회원,경남문인협회, 창원문인협회 회원, 청옥문학협회 회원 및 그외 다수 문학회 회원, 한맥문학 신인상 및 텃밭문학 문학상, 한국청옥문학회 충렬문학 대상 및 보혜문학 우수상, 전국꽃시 영축문학 우수상, 한국문인협회 이사장상 수상.

예도(藝都)[1] 진도(珍島)의 꽃 바람

이 산 저 산 예쁜 꽃 피니
이곳저곳 꽃방석 놓이고
보는 것이 꽃이요
만남도 꽃이니,
모두가 꽃이네

바람 따라 물결 따라
꽃 바람[2]
 꿈 바람
바람 바람 넘실넘실
얼씨구 절씨구
지화자 좋다.

보배 섬 예도(藝都) 진도(珍島)
마음 밭에 꿈 방석 놓이니
예쁘게 무리 지어
아름 다이(多異) 피어라
바람아 일어라

꿈 바람 이루어라
꽃 바람 이루어라
바람 바람 넘실넘실
얼씨구 절씨구
지화자 좋다.

1) 예도(藝都) : 문화예술수도(文化藝術首都)
2) 꽃 바람은 '꽃바람 : 꽃이 필 무렵에 부는 봄바람'이 아니고, 꽃은 '진도 사람들을 비롯한 모든 사람'을 의미하며, 바람은 '어떤 일이 이루어지기를 기다리는 간절한 마음(소망, 염원, 희망)'을 의미한다.

박영관

2003년 5월 31일(계간 문학춘추) 등단. 우수영초등학교장 정년퇴임. 전)대한민국재향군인회 안보교수. 재)독도의용수비대기념사업회 교수, 민방위 강사. 사)한국문인협회 재정협력위원, 서예인, 문학박사. 저서 『내 사랑 진도(-매화 꽃보라 사이로-)』, 『玉峯(옥봉) 白光勳(백광훈)의 交遊詩(교유시) 硏究(연구)』, 『예도(藝都) 진도(珍島)』, 『예도(藝都) 진도(珍島)의 꽃 바람』

백록담 水 차 한잔

영실 운해
다포 삼아 병풍바위 둘러치고
닫힌 마음의 빗장을 여니
백록이 한 품에 든다

설경을 삭여낸 雪花 한송이 따다
옷깃 여민 茶人
홀로 앉아 茶를 달이네

사람의 그림자 조차 귀한
태고의 명산
백록담 산수를 떠 찻물로 우려내어
茶香을 피우면

그대는 한라산 깊은 골
층층이 감돌다 멈춘 맑은 찻물
나는 찻잔을 감도는 그윽한 茶香

밝기가 쌓인 눈설과 같고
빛나기는 봄꽃 같은
신령하고 맑은 향기
연초록 한잔 차로 백팔번뇌 사라지니

가지 않아도 보이고
보지 않아도 느낄수 있는

靈明영명한 깨침으로
백록담 水 차 한잔에
온누리가 밝아온다.

박영숙(瑞園)

2013년 부산시인 등단
사) 부산시인협회 회원. 해운대 문학 이사. 한국 다도협회 회원. 통도사 영축문학회 회원
대한민국 서화 아카데미 초대작가

옛날의 달밤

평화스런 고요 자르르 흐르고
마을 통안 달빛 하얗게 내려앉으면
텃밭에 나간 외로움
오솔길 끼고 돌면서
나는
달빛그림자랑 반딧불이랑 놀았다

풀숲에 납작 엎드린 건넛집 초가
빠끔한 들창문엔
앵두 빛 석유등잔불 가물거리고

밤안개 느물거리는
소나무 숲 멀리 지붕 위 하얀 박꽃
예쁜 소녀의 슬픈 눈빛처럼 빛났다

어디선가 개 짖는 소리 편안히 들리고
개울물소리에 섞인 두런거림 반가웠다

아무도 없는 달밤
달빛은 나의 어깨 위에 내려앉아
어린 내속의 꿈 토닥토닥 다독여 주었다

박영춘

충남서산거주. 2000년 창조문학 시 등단. 한국문인협회. 한국공무원문학협회. 계간문예작가회. 국제펜한국본부 등. 김영랑문학상. 창조문학대상. 옥로문학상. 서산문학상 등. 시집 〈들소의 노래〉, 〈들꽃향기〉, 〈패랭이꽃〉, 〈석류의 붉은 진실〉등. 산문집〈생각나들이 마음나들이〉등. 편찬〈서산시새마을운동사〉 등.

석류꽃

그리운 눈빛
다시는 만날 수 없어도
그 이야기는
세월 속 꽃이 되어
능금처럼 익어 간 영상

기존 도덕이 공해로
무너져 내리는 도시에
깊어 가는 밤도 잊어버리고
잔잔하게 부르던 그 노랫소리
이제는 들을 수 없어도
순박한 뒷모습이 무지개처럼 떠오른다

낙엽 냄새 짙은 밤
그 모습
다시는 찾을 수 없어도
그 이야기는
내 가슴에 석류꽃으로 피고 있다

朴永河

서울출생 87년 의식의바다. 한성대 교육대학원 학생회장. (사)한국문인협회 시분과회장. 국제 펜 한국 본부 심의위원장. 한국 여성문학인회 이사. 한국시인협회 이사 역임. 현대시인협회 회원. 가톨릭 문인 협회 회원. 월간 순수문학 93년창간 결호없이 현 369권 발행. 월간 순수문학 편집주간. 93년 순수문학 상제정 32회. 제1회 조병화시인 수상. 95년 영랑(김윤식)문학상 제정, 29회 제1회 장호교수님. 순수 영 랑문학상 운영 위원장. 시집 여행은나의삶과 꿈. 박영하 국영문시집외 공저다수. 연하 · 화요회 · 수요 회 필동인

하얀 나비의 춤

기우는 달빛 아래
일렁이는 바람 타고
소리 없이 춤추는 하얀 나비

은은한 연꽃 날개로
오르는 듯 미련 던지고
내리는 듯 아픔 지우며

홀로된 흔적 하나 안고
이제는 어디로 떠날 것인가

모든 인연 순간으로 사라진다 해도
시린 눈물 젖지 말아요

훨훨 저 나비의 춤
근심 없는 내일로 가는
티 없는 영혼의 몸짓이려니.

박예상

2015년 청계문학 등단. 한국문인협회 강남문인협회 대경문학 회원. 한국강남문학상 수상. 시집 〈한줄기 초록바람〉 〈초록빛 쉼터〉.

선인장

아리따운 아녀자
마주 앉자 홍조 띤 얼굴
인물로 보나 성품으로 보나
규수의 품위를 지닌 그녀

기품 어린 고고의 자태가 으뜸
장차 함께할 동반자이고 싶건만

잠시나마 내 눈엔
가시가 꽃으로 보이는 걸
어쩌지
그러나 이게 꿈인 것을…

석곡 박완순

예명 안성박. 문학사랑신문부회장. 서울문학 시부문 신인상. 서울문학문인회 회원. 배호 가요제 특별상 수상. 타이틀곡 뜨거운눈물 3집 음반 출시. 서예, 한문 연구 서력 40년. 서예 연구실 연묵재 주재. 저서 에세이 〈이젠 숨지 않는다〉 출간. 동인지 다수. 제10호 문학사랑신문 문학사랑문학상 대상. 도서출판 북사랑 박완순 외 3인 공저 우수작 출품. 1집 음반 그래 바람, 낙엽 친구야. 2집 음반 당신의 마음, 사랑이 밀물처럼. 3집 음반 강화남자 강화여자, 뜨거운눈물.

춘자싸롱 국수

쌔고쌔고 널린 게 국수집인데
싸롱이라는 이름 어울리기나 하나
표선 일주도로 옆 작은 식당
서양냄새라곤 코빼기도 없는
양주도 치즈도 젊은 여자도 보이지 않고
진한 멸치 국물이 전부인 국수집

남해바다를 누비던 뼈대 있는 생선
어화漁花의 환한 미소에 속아
이승을 하직하고 화석이 되었다가
우악스런 손에 내장 털리고
진한 국물 속으로 스며들었다

할망 이름 춘자
봄맛으로 살아나는 익숙한 맛
표선에 가면 한 사발 잡숫고 오라고
넌지시 권하곤 했는데
춘자싸롱 국수 생각나서 달려갔더니
할망은 저승에 국수집 열러 가고
춘자멸치국수 이마에 달고 있네

어머니 손맛 국수 먹고 싶은 날
서둘러 가고 싶었던 그 곳

박재형

1983년 아동문예로 동화, 2022년 월간문학으로 시 등단, 계몽아동문학상, 제주문학상, 서울문화재단 창작지원금을 받음

아버지와 숨,바꼭질

큰 키 항아리에서 쌀강정 꺼내고 미역 타래 꺼내고 깨금발 아래 깔린 고춧가루도 끄집어내자 나 하나쯤 들어앉을 공간 생긴다 만취한 아버지 부디 나를 잊기를…어둠이 서늘하게 들어오고 티끌 같은 별 몇 개 들어오고 곰삭은 고춧가루 냄새와 소금 냄새가 빠져 나간다

항아리 한쪽에 숨겨둔 신발을 생각하다가 어둠만 골라 디딘 맨발을 만져 본다 각질은 무사히 어둠 속으로 흩어졌을까 아버지의 슬리퍼는 밑바닥 넓어 어둠 속에 모두 숨겨지지 않을 거라는 아찔한 충격. 눈만 감으면 어둠 속으로 숨어 들 수 있을 것 같아 눈을 감고 맨발을 다시 만져 본다 바닥의 각질들은 무사히 어두워졌을까 숨지 못한 별빛 두어 개 어둠을 따라 들어와 나를 부둥켜 안는다 숨을 참아 본다

졸음에 빠진다 꿈속에서 나는 콩이었다가 참깨인지 들깨였다가 고춧가루였다가 기장 앞 바닷속을 일렁이다가 미역의 뿌리였다가 콩이 된다 아버지 얼굴이 훅 들어와 콩 속에 숨은 나를 찾다가 나간다 나는 콩이어서 다행이라 생각한다 큰 키 항아리는 나를 통째 집어 삼킨 채 빛의 속도로 숙성되어 간다

박정민

본명: 박명숙
1997년 〈문예사조〉 등단
한국문협, 울산문협, 울산북구문학회, 시목 회원
시집 〈코끼리를 냉장고에 넣는 방법〉

귀향

언젠가 나도
차례가 되면
먼 길 떠나야 하리
꽃 피는 봄이든
낙엽 지는 가을이든
긴 비 쓸쓸히 나리는 어느 날이든
당신이
『이제 그만 오라』 부르시면
내가 노래하던
사랑과 이별의 악보
치열히 살아가며 쏟던
꽃 같은 눈물
별과 구름과 바람 곁에 다 두고
새벽별 지기도 전
어머니 떠난 것처럼
나도
먼 길을 떠나야 하리

박종권

순수문학(1999), (사)한국문인협회이사, (사)국제PEN한국본부이사, (사)한국기독교문인협회부이사장, 순수문학인협회 부회장, 영랑문학상본상, 순수문학작가대상 수상
"새벽별 지기 전 당신은 떠나고", " 사랑 하나 달랑 지고 가네" 외 다수

한강에 가면

한강 너울이 친다

바람 따라 일어나
흐르고 울어 예며
먼 과거로 가냐

한강에 가면
도심의 열기로
옴짝달싹 못하는
서울 사람아

너울너울 한강을 보며
바람 따라 일어나라
디자인 서울이 아름다워라

아, 한강의 꿈이 넘실넘실

노들섬 거닐며
아리수 마시며
신나는 서울
먼 미래로 흐르는
서울 멋이 어우러지는
생명 · 역사 · 미래가 산다

霄初 박종길

2003.6 순수문학 등단. 민주 평화통일정책자문위원. 사) 통일 단체 총연합 대표. 한국시인협회 회원. 제) 독도의용수비대 전문 강사. DBS 동아 방송 대표

정림사지 5층석탑

아픔을
너의 아픔을
강물처럼 출렁이는
역사로 뻗으면
손 닿을 수 있는 곳에
백마강 두물머리 저기 보인다
5층석탑은 강을 따라
새가 되어 날아가리
나무와 해와 달
층층이 평화로워
물길따라 황포돛배가 오고 가듯
고란사에서 수북정까지
구드래나루에서 북큐슈까지
고함질러 고단함의 소멸을 노래하려무나
우리 살다가
너무 힘들 때
연못 속에 비친
그대 모습 희망처럼 아름다워
돌팍이 선율로 살아난 곳에
누군가 기적의 바람 몰고 오는데
그때 탑립 사이로 불어오는
궁남지 연꽃바람은
돌의 웃음소리
남부여의 소리

＊남부여=백제

박종일

동국대학, 토쿄디자인학교다님. 1990년〈문학공간〉에서 시쓰기시작. 1993년〈포스트모던〉춤평론발표 2003년 시집〈보이지않는사랑처럼〉외. 산문집〈부여여행123〉

궁금한 것

사람 모이는 곳이 두려운 것은
아무도 없는 곳이 무서운 것과 같다

사람이 별처럼 모여 사는 곳이 그리운 것은
하늘에 별들이 빛나는 밤이 궁금한 것과 같다

별도 없고 달도 없는 밤에
반딧불이도 풀섶에 숨어버린 계곡에서

하늘을 우러르며 무작정 걷다가
한 발 헛딛는 발걸음이 어찌 될지?

박종철

월간문학으로 등단(1987년도). 전북 남원 출생
시집 〈늘그막의 살 길 사는 길〉 외 다수. 한국문인협회 사무국장 역임
대한민국문학상, 윤동주문학상 등 수상.

이슬의 생애

나는 온 몸으로 세상을 받아들인다.
나의 온 몸에 삼라만상을 담고 산다.
그래서 온 몸으로 세상을 본다.
몸전체가 하나의 눈이기 때문이다.

풀여치나 방아개비 같은 작은 미물까지
모두 잠든 밤에도
나는 눈을 뜨고 어둠속에서 세상을 본다.
불안스레 흔들거리는 사물들을 바로 펴기 위해
온 밤을 눈을 뜨고 지새운다.

이렇게 작은 풀잎위에 집을 짓고
하루 밤을 천년 세월처럼 지내다가
신의 말씀으로 빚은 해오름이 되면
나는 미련없이 이 곳을 떠나야 한다.
이승과 저승의 거리가 겨우 한 뼘 밖에 되지 않는다는 것을
풀잎의 집에서 깨닫는 것은 어렵지 않다.

이렇게 간단한 삶의 한 때를
천년을 살다갈 듯이 서로 상처주며
고통과 고뇌를 내 몸속에 새기며 살아오다니.

박종해

1980년 「세계의 문학」으로 등단, 시집 「이강산 녹음방초(민음사)」외 13권, 일어영어번역시집 「귀환」. 울산문인협회장, 울산예총회장, 북구문화원장 역임. 이상화시인상, 성호문학대상, 성균문학상, 대구시협상등 수상.

힘들고 외롭다면

힘들다고
외롭다고
산으로 가봐

아버지 같고
엄마 같은 산이
널 기다릴 거야

언제나 자리를 지키고 있는
수많은 나무 들과

정상에 우뚝 선
푸른 나무들을 바라보며

너도 포근한 산에서
여유를 가졌으면 좋겠다.

박종화

"세계환경문학협회"봄비로 2013년 등단" 현)세계환경문학협총재,
숲경영교육협회대표, 한국중독심리상담연구소장, 한국문인협회원,

나는 파도 당신은 갯바위

나는 당신의 짝사랑입니다.
무시로 당신 곁을 넘실댑니다.
아리도록 철썩댑니다.
그러나 당신은 끔쩍도 안 합니다.

격정이 물보라가 되어
당신을 두드립니다.
때로는 부드러운 안개꽃 되어
당신을 어루만집니다.
그러나 당신은 모르쇠입니까.

나는 애달프게 목 놓아 웁니다.
애간장은 속절없이 녹아내립니다.
낮밤도 없이 내 몸은 부서집니다.
당신의 가슴이 열리도록…

나는 파도
애타게 떠도는 외로운 구애자
당신은 갯바위
늘 그 자리 철석간장 돌부처

(2016. 여름 바닷가에서)

舒川 박종흡

서울대 법대 졸. 법학박사. 한국문협 · 국제PEN 한국본부 회원. 순수문학인협회 이사. 순수문학상 수필부문 대상 수상 (2016). 제17회 한국문학 백년상 수상. 시집 『오늘 같은 날』, 『길 없는 길』 외. 수필집 『사과 한 알 때문에』, 『눈 뜨고도 못 보는 것들』, 『행복은 뜻밖에 온다』 외 다수

죽순을 보니

울창한 대숲이 아프다

맨땅 뚫고 얼굴 내밀기까지
갈색 투구 차린
느닷없는 의병이다
낱낱이 창을 겨눈 의병들

전쟁터 디딘 구둣발이 일제히 일어선다

태풍에도 댓잎은
빈 마디의 소리를 키우며
땅 비집고 올라선다

시간이 단련할
한 움큼의 강풍과 끄떡없는 기개
뒤흔들릴지언정
어깨끼리 어깨끼리 비벼대며
대숲을 찌른다

매듭지으면서 달빛에 달궈진
상처 촉으로 울울창창
숲에 찔린 순수

메마른 슬픈 감정 비울 때다

박진호(朴珍鎬)

2017 『계간문예』 시 등단. 한국문인협회 회원
『오후의 그리움』 II, III, IV, V, VI공저. 『저널문학가 동행』 I, II, III공저
수정샘물문학회 동인. 계간문예작가회 중앙위원

기연

꽃술에 나비 찾듯
해안가 바위의 아늑함은
용궁에서 올라온 연꽃일까

올해도 8월의 매미 소리 따라
떠나는 피서
새로운 인연 위해

미지의 세계
마도로스의 바람처럼
여름의 신기루 찾는다

박진호

2011년 문파문학20호 녹슨못 외4편 신인상 등단
동국문인, 국제펜문학 회원, 가톨릭 문인협회 회원, 한국문인협회 회원

도시의 오후

내 수첩에서
퇴근이라는 낱말을 지우고
산성 길을 버겁게 오른다
햇빛은 나무 그림자를 휘어 잡고
늙은 쇠똥구리 한 마리도
지구를 진 것처럼 무겁게 기고 있다
성벽 아래 배 다리 너머에는
강물이 저녁 해를 움켜쥐고 있다
새들이 하루 일과를 마치고
퇴근을 하는지 무리 지어 날아간다
날아가는 저 새들 오늘
얼마나 많은 살생을 했을까
퇴근이 희망이었던 날
새 대가리로 저질렀던 살인, 미수
잘못 그은 선에 부딪친 상처
공소시효가 오후처럼 매달려 있다
킨 벌레 목구멍 넘기 전에
주둥이 한 번 쓱 문지르고
집으로 가는 저 새들 어깨에도
성벽보다 무거운 피멍이 쌓이겠지
퇴근길이 끊어진 오후의 파편은
도시의 지붕 위로 빠르게 흩어지고
산책길 끄트머리엔 공소장을 읽는
이파리가 어둠을 더듬거린다.

박채호

중앙대학교예술대학원 문예창작 전문가 과정 수료
현대시문학 등단2000년

바람을 안는다

가벼운 차림으로 봄 산에 오르면
초록초록 푸르름 속에 바람이 안는다

너의 눈동자를 보면서
꽃처럼 너를 안는다

바람이 볼을 부비면
춤을 추고 싶다
이슬비에 젖어드는 교향곡 같은 봄 바람
꽃잎이 흩날려 꽃비가 되니
황홀경이다

내가 너를 피어나게 해야하는 사람이라 생각하니
마음에 바람이 분다
사랑한다는 것은 그냥 좋은 사람이 되고 싶은
바람을 안는 것인가

靑民 박철언

1995 순수문학등단
변호사 법학박사
영랑문학대상 순수문학대상
김소월문학상본상   세계문학상대상
한국문학사를 빛낸문인 대상 외 다수

인생의 휴식기

무심히 흘러가는 세월 쫓아
더부살이 기나긴 삶의 여정 속에서
무너지고 곪아터진 육신과 마음
부단히 추스르며 힘겹게 달려온
인생 마라토너들이 전반기
저마다의 42.195 목표치에 도달하고서
한없이 흐르는 땀방울을 훔치며
비로소 안도감에 젖어들 제

터질듯 한 심장 박동과
금방이라도 쓰러질 듯 위태로운 발걸음은
정녕 무엇을 위한 고뇌이었으랴 마는

오로지 앞만 보며 달려온 60여년에 이어
다시금 추구해갈 또 다른 나날의
목표점이리니

개구리가 밝은 내일의 새 봄을
잉태하려 겨울잠에 들 듯
인생 정년기의 휴식처에서
새로운 희망의 내일을
꿈꿔봄 이련가

淑雨 박철우

2008년 〈자유문예〉 등단
전) 자유문예작가협회 서울지회 총무, 양천문협 감사, 시객의 뜰 자문위원
현) 한국문인협회 회원, 양천문협 이사, 문학광장 회원
저서: 시집 -「커피 인생」,「부활의 노래」
공저 -『한국문학대표시선』8호, 11호

귀농

빛과 물 섞어 흙 버무리면
산비둘기 날아와 한 입 물고
고라니도 찾아와 씨앗 묻는다

봄볕이 입김 불어 주고
봄바람이 새싹의 눈 열어 준다
나 혼자 땀 흘리며
땅 판 게 아니다

새잎이 돋기 전에
입김 불어 넣은 논밭
축복의 환한 햇살이
파릇한 새싹의 소망 키워 주고

꽃바람의 매운 손길이
단단한 줄기의 의지 키워 준다

나는 땅 파고 흙 버무렸을 뿐
햇빛과 바람으로 잎과 줄기 키우고

때맞추어 내려주는 단비를 받아마시며
농작물은 스스로 생명의 집 짓고
농부는 햇빛과 바람과 사귄다.

박현조

1998년 월간《문학공간》신인상을 받고 등단. (사)한국시인연대 제15대 회장, (사)한국문인협회 문인권익옹호위원회. 전국공무원문예대전 행정자치부장관상, 한국시인연대상, 공무원 문학상 외 다수. 시집으로 「칠부능선 지금부터」외 14권. 소설집 「대선감질」

수박

덥석 한 입 베어 물면
단물이 주르륵
입에 맞네

한 입 두 입 먹다보니
니가 좋아 진다

빨갛게 상기 된
시골 아낙의 볼에
콕콕 박힌 수줍은 주근깨

낯설지 않은
니가 편하다

어느 날
너를 대접받고
한 순간에 사랑을 하게 되고
애타는 갈증을 축이게 되니

니가 그립고
뙤약볕에 또 목이 마르면
너를 다시 찾아오리라

박혜선

시인 · 수필가. 2015년 한국문인등단. 한국문인협회. 수원문학인상 (한국문인협회 수원지부). 문학과 비평 작가상. 경기한국수필가협회 작품상. 시집: 그대 마음의 소리/ 한국수필대표선집: 사람, 집 그리고 길 / 언론이 선정한 명수필.

오늘

지금 이 순간이
나에겐 금쪽같은 시간이다

바람에 나부끼는 나뭇잎과 땅속을 헤치고 삐죽나온
새싹들

까치들의 울음소리
모두가 나의 편이라고 말하는데

점점 멀어져 가는 소꿉 친구는 지금
어디에서
무얼 하고 있을까

아마도 나와 같이
구슬땀 훔치며 피 나는 노력을 하고 있겠지
화목한 가정을 만들기 위하여

명자야!오늘 네가 너무 너무 보고 싶다

박호제

사.한국문인협회 강원 춘천지부 회원. 사.종합문에유성 신문기자 아나운서. 한비문학 회원. 문와예술공연전문가. 사.대한카오시협회 기획이사 작사가 가수. 사.글로벌문예대학교 스피치학과 주임교수 학과장. 사.글로벌문예대학교 문예창작학과 특임교수 낭송가. 사.대클연협회 작사가 클래식 가요 음반 출간 가수

사막 같은 세상일 때

세상을 살아가다 사막 같은 세상일 때
아득하리만치 길도 보이지 않는 사막에서
온몸에 가시 박힌 채로 뿌리를 내리고 살고 있는
선인장을 생각하라

허구한 날 살인적인 폭염과
온몸을 휩쓸고 가는 모래 폭풍 속에서도
아주 드물게 비라도 올라치면
온몸으로 물 한 방울 생명수처럼 지켜가며
허허벌판 사막에서
목숨을 다해가며 아름다운 꽃을 피우고 있는
선인장을 생각하라

마치 가시 면류관을 쓴 예수와 같이
사방천지 길도 보이지 않는
물 한 방울 고여 있지 않는 사막에서
온몸이 가시투성이가 되도록
최상의 아름다운 사막의 꽃을 피우고 있는
선인장을 생각하라

박효석

1978년 시문학으로 등단. 제1회 북한강문학상 대상 수상, 제1회 만다라문학 문학상 대상 수상, 제11회 시예술상 본상 수상, 제12회 문예사조 문학상 대상 수상. 월간 시사문단 심사위원장 및 회장. 시집으로 33시집「바라보는 대상이 된다는 것은」외 시선집으로「사랑하고 싶을 때 사랑하라」가 있음

촌놈

수원에서 종로3가까진
내 단골길이다
그러니, 손님이 아니고
수원 촌놈도 아니다
전동차가 게으르지 않다면
한 시간 십 분쯤이야
잡생각, 옳은 생각, 망상을 한다면
십분 거리처럼 빠른 길이다

멍때리는 습관에
앞사람 옆사람 서 있는 사람까지
이유 없이 바라보면,
세 시간 거리쯤 될 테지

다시는 서울행 전동차는
타지 않겠노라 내심 다짐이지만
서울 사람 서울 친구들
절대 수원까진 오지 않는다

서울이나 수원이나
빌딩 아래 걸어 봐라
너도 촌놈, 너도 소인이다.

방극률

2001년 〈문예사조〉 등단
2011년 〈수필시대〉 등단
현) 한국문인협회 회원
현) 남원문인협회 회원
저서: 시집 〈잔서골 뻐꾹새는 새참을 알린다〉 외 9집

묵호항(墨湖港)

물도 검고
바다도 검고
새(까마귀)도 검으니
묵호라 했던 동네가
동해로 변신했네

삼척 시멘트
양양 철광석
각종 수산물을 수출했던
묵호항이 관광지로 변모했네

가파른
언덕 비좁은 공간에
옹기종기 모여 살던
가난한 어부들의 판자집은
논골담길 까페촌이 되었네

도시의
사람들이 몰려와
수평선을 바라보며
이야기 꽃을 피우며
진한 커피향에 취해 떠날 줄 모른다

방한길

2019 창조문예〈시〉등단. 시집: "나 이렇게 살아" 2021. 창조문인회원. 한국기독교문인협회 이사. 한국문인협회 회원. 서울하사랑교회 원로목사. 아세아연합신학대학교 평생교육원교수(신학박사).

씨, 날다

이때 쯤 순간 바람이라도 올까
살그락 거리지도 않는 댓잎보며
잠시만 침묵하길 바래본다
후~ 하고
불어보고 싶다는 마음에도 날아갈까
감꽃보며 걷는 소리에도 날아갈라
투벅거리는 장화소리도 조심조심

먹이 사냥하던
작은 새라도 한마리 날아와서
주둥이로 한번 쪼고 말면
그것은 마지막 숨을 들이키며
제 줄기를 떠나고 말테니

가더라도 흩날리더라도
혼자서 홀연히 서서히 멀어지듯
허공을 향해 날아가
흙내가 나는 멀지 않은 곳에
한 계절 살아낸 그 씨앗 묻혀지길

온전히 혼자서
그 육신 털어내길 바라는 것은
완전한 자유와
완벽한 마침을
가져보길 바라는 것에 있음이야

배막희

2012년 4월 14일 서정문학 등단
동주 대학교 졸업. 서정문학 시 등단. 한국문인협회 시분과 정회원

아카시아꽃 필 때

어머니, 아카시아꽃 필 때가 오고 있어요
그 향기 맡으며 걷던 산길이 보이네요
잣고개로 올라가던 밤실 길이었나요
드들강이 흐르던 남평 운주사 길이었나요

어머니, 나도 나이가 들었어요
어머니 세상 건너갈 때 보다 더 들었어요
만날 때가 가까운지 유난히 그립네요
혼자서 아이처럼 눈물을 훔칠 때가 있어요

어머니, 유년에 들려주신 거지 나사로 이야기
그 나사로처럼 천사들과 함께 낙원에 계신가요
나는 산골 예배당 강단에 앉아 기도로 보내며
매일 꿈속에서라도 만나 뵙고 싶어요

배명식

1993 문학과 의식 시 등단.
1994 문학세계 소설 등단
시집 『다른 하늘을 그리며』, 『현존의 사랑』 외 다수
목사

몰랐어요

나를 만나기 전엔
봄비가 없어도 가을이 단풍을 내는 줄 알았어요
폭설이 없어도 봄이 꽃을 내는 줄 알았어요

나를 만나기 전엔
천둥이 치는 곳에 고요한 별이 떠 있는 줄 몰랐어요
소나기가 올 때는 허공이 젖고 있는 줄 몰랐어요

나를 만나기 전엔
나 없이도 해가 뜨는 줄 알았어요
나 없이도 달이 지는 줄 알았어요

나를 만나기 전엔
의식이 나의 거울인지 몰랐어요
마음은 나의 그림자인 줄 몰랐어요

나를 느끼며 나를 듣고 나를 쳐다 보는 가짜 나
그 뒤 감쪽같이 숨어 우주를 쏟아내는 진짜 나를

배성록

2022년 자유문학. 경희대, 대학원 박사학위 수료. 의료재단 이사장, 경희대 외래 교수, 퀀텀뇌과학연구소 대표 역임. 화가, 한국서화가협회회원

너에게

허기진 그리움으로 기다렸다
삶은 기다림으로 버티는 것이다
스산한 겨울에도 온몸을 달구며
한때를 기다리는 벚나무를 보아라

매서운 바람에 상처받지 말아라
희망을 포기하지 말아라
때가 되면 기어코 피어나리라
너를 맞는 사람들의 웃음꽃 만발하리라

생명이 늘 새로운 것은
매 순간 최선을 다하기 때문이다
철저히 피고 미련 없이 지는
꽃이 주는 메시지를 잊지 말아라

피어나는 것들은 다 행복하다
너도 시처럼 피어나라

주향 배재용

2019년 문학세계 신인문학상
한국문인협회 금산지부장, 임희재 문학제추진위원장, 대한민국서예대전 초대작가, 2022년 금산예술대상, 금산군배드민턴협회장, 청솔뉴스 대표

생각건대, 그녀는

생각은 긍정을 담아내는 그릇이다
어떤 생각을
어떤 그릇에 담아낼
폭넓은 시각으로 바라본
시야의 전체가 숲을 이룬다는 것을
생각을 긍정의 눈과 마주칠 때
스파크를 터트리는
긍정의 꽃봉오리가 톡톡 피어난다는 것을
생각의 틀 속에 미소를 담보한다면
해피바이러스가 그릇 안에
살아 움직일 때
해맑은 미소가 피어난다는 것을

백명자

한남대학교 사회 문화. 행정 복지 대학원문예창작학과 졸업. 월간 문학세계 2007년 7월 제 156회 신인문학상 공모에 「우리 엄마」 외 4편 시 등단. 한국 수필 등단 2014년 9월. 한국문협협회원. 월간문학세계협회이사(현). 한국국제펜본부협회. 2015년. 창조문학상 시 부문 대상. 2018년. 월간 문학세계 시 부문 대상. 시집 『질경이의 기도』, 『죽지 않는 나로 살게 하소서』, 『꽃불』, 『봄이요 봄, 일어나요』, 『바람이 불어 좋은 날』. 수필집 『토씨 가족과의 술래』

편지 한 장

솔바람 한 점 붙들고
흐느끼는 빗물 속에서 찾아낸
그리움에 목마른
구겨진 편지 한 장

얼룩진 눈물
찢어진 그리움 한 점
내일을 약속하지 못하고
구름에 실려 보낸 지나간 시간

먼 기억 속에서
하얗게 밤을 지새우고
나를 찾아서
새벽을 만져 본다

백미숙

한국문인2005년시, 2010년수필등단. 문파문학명예회장, 한국문협이사, 한국문인상임이사, 한국수필부이사장역임. 국제pen클럽, 문학의집 '서울', 여성문학인회회원. 수상:박종화문학상. 새한국문학상. 한마음문화상.문파문학상 외. 저서: 시집 '나비의 그림자' '리모델링하고싶은 여자' '오늘도 그냥' 외. 공저: 한국대표명시선집.문파대표시선집.한국문학상수상선집.한국현역시인명시선.문단실록.한국시인사랑시. 외 다수.

오월이 오면

엊그제 까지만 해도 코를 질질 흘리며
손등으로 쓱 훔치고도 수줍음을 몰랐는데
벌써 사각모를 쓰고 졸업을 하는구나

아무렇게나 던진 말에도
고개를 갸우뚱 하곤
환하게 웃으며 고개를 끄덕여 주었었지?

나 혼자 신이 나서 푼수를 떨어도
두 눈을 깜빡이며 빤히 바라다 보곤
살짝 웃음을 머금고 들어주었던 아이들

너희들의 꾸밈없는 웃음이
천사의 모습 그대로였고
나의 피로회복제였는데

어쩌다 너희들의 웃음이 그립거들랑
아니 너무도 보고 싶거들랑
여유로운 미소로 찾아와 주겠니?

사랑하는 아이들아

노던라이츠 유치원은
항상 이 자리에 너희들이 힘들고 고단할 때
언제든지 찾아와 이야기 할 수 있는
추억의 장소임을 잊지 말아라

백점숙

한국문인협회, 국제PEN한국본부 회원. 몬테소리유치원 원장(앵커리지)
전북 남원 출생. 건국대학교(학사) 동 대학원(석사), 미국 브리지포트대학 교육학 박사.
영랑문학상 작가대상 수상.

향기 뿜는 야생화

봄비는 맑은 눈으로
곤히 잠자는 나뭇잎들과
어린 새싹을 깨운다

따뜻한 입김으로
풀잎을 일으켜 꽃을 피우는
온정의 바람에
일어서는 새싹

꿈을 부르는 소망으로
나날이 푸르러오는 잎새
너울거리며 반짝인다

이슬 젖은 꽃잎 위에서
갈길 머문 바람에게
향기 뿜는 야생화.

변문자

2011년 월간순수문학 등단. 순수문학, 둥지문학 등 활동. 2011년 순수문학상 시부문 신인상, 2021년 순수문학상 시부문 본상 수상. 시집 『아름다운 산을 걷는 기쁨』, 공저 다수

아름다운 용기

꺾이고 꺾인 들국화
무심코 흔드는 바람이
야속도 하지만

따지지도 묻지도 않으리
왜 흔드냐고

철들기 전에 알았네
야생 꽃으로 살아가는 일이
꽃길처럼 아름답지만 않다는 것을

짓밟히고
돌 틈 사이 가시넝쿨 장애물 속에서
때로는 스러지고 싶은 절망 앞에서

꺾이고 꺾인 들국화가
바람이 부는대로 따라가는 것은

서리가 내리는 상강이 오면
더 아름다운 꽃을 피우기 위함이란 걸
깨닫기 때문이라오

변연옥

2017년, 문학저널 시 부문 등단. 노원 힐링 시 낭송 활동. (사) 한국문인협회 회원. (사) 한국문인협회 양주지부 회원

밀봉된 바다

고등어 통조림을 땄다
밀봉된 바다 열리자
팔 벌려 안겨드는 바닷냄새
본능마저 저당 잡힌 기다림의 세월
그는 바다를 동경 했으리라

압축된 진공의 바다 감아도 느껴지는 숨결
동강난 몸둥이 습관처럼 지느러미를 흔들며
그는 무슨 생각을 했을까
귀가 트이고 매몰된 시간 일어서기까지
감은 듯 흘러왔을 것이다

숨죽인 영혼의 애달픔 속박도 자유라했던가
빛이 길을 잃은 후 그는 눈을 감았네
제한된 영역 안에서
초점 잃은 눈으로 세상을 보니
아득한 길 하나 파도를 탄다
고요히 물살로 일렁여온 기다림의 세월
등 푸른 낙관을 찍는다.

서귀순

2004년 월간문학21 등단. 한국문인협회 시분과 회원

행복

산골짜기 불평없이 흐르는
물위에 있다고도 하지

백하점 마네킹이 입은
옷 속에 있다고도 하지

온몸이 흠뻑 젖어도 좋다며
비 속 걸을때
너도 행복이 아닌걸 알지

난 행복 찾으려고 다니지 않을꺼야
그냥 살거야
그냥 속에 행복 있어

향목 서근희

경남 함양 출생. 숙대 졸업. 2015년 순수문학상 대상, 시집 『시간의 두루마리』 외 다수
현대시협 문학상 수상

첫 경험

선혈이 낭자하다
여린 살 그 연분홍 두 번이나 겪었다
하얀 약솜 붉은 피 몇 번이나 적셔낸 첫날밤 지나
뺨 포동포동 새악시 되었다

두려운 첫경험
슬밋슬밋 의사선생님께 여쭸더니
첫날밤은 뜨거운 게 정답이라고
내일은 그 사랑 목을 애무할 거라고
부둥켜안고 즐기는 게 해답이란다
뜨거워도 고통이 되는 걸 처음 알았다

다시 내일이 된 오늘
의사 선생님 말씀처럼
목 타고 내리는 그대의 애무
통실통실 이중턱이 되었다

그대 내 연인 맞는지 몰라
더 멋진 그대가 있을지도 몰라
아무래도 너무 쉽게 허락한 건 아닐까

살아도 살아도 다 알지 못할 세상
그대와 한몸살이 하면서
잇샄 고운 입매로 치열이 고른 노래를 부를 수 있다면
이름도 세련된 '인플란트' 그대와

서금자

〈수필시대〉 수필 등단(2011) 〈한국문인〉 시 등단(2012)
문집 「아침을 열며」
시집 「숨결, 바람꽃으로 피다」 「나팔꽃 고집」 「청학동 어머니별」
울산문학 올해의 작품상, 울산남구문학상 외 다수

存在의 書

세월을 담보 삼아 생명을 대출 받은 네 육신이
그 이자 같은 들숨 날숨이 끊길까하여
산삼 녹용도 못 미더워
온갖 몬도가네 같은 보약을 다리고 달여
거치 기간이 한 백년 늘어났다 하자
언젠간 도래할 상환 날짜를 잠시 유예했다하여
햇볕에 이슬 같은 네 신세를 면하겠느냐?

네가 기업(企業)을 일으켜
그 식솔이 수십만 명 된다고 하자
세상에 드문 고급 세단에 몸을 실어
구두 밑바닥엔 흙 묻은 흔적도 없고
사람들의 코가 땅에 닿을 듯 굽실거리면
햇빛 틈새에 난무하는 티끌이 우습겠느냐?

옥황상제 헛기침 한 번이면
우람하던 근육도 삭은 통나무 같고
무소불능(無所不能)으로 휘두르던 권력도
마른 풀잎을 흔드는 바람만도 못하거늘
더불어 사는 필부필부(匹夫匹婦)의 존재를
개밥에 도토리로 여길 것이 무엇이냐?
그렇게 홀대하던 도토리도 떠나면
너 홀로 개 밥되어 역한 쉰 냄새만 풍길 것을!
저 드넓은 갯벌엔 꽃게도 돌게도 구멍 하나
그나마 밀물이 밀려오면 흔적도 없더이다.

서부련

2003년 참여문학 등단
한국문인협회 단양지부 이사
한국예총 단양지회 감사
고교영어교사 역임

다정한 겨울

평생 외박으로 떠돌던 한심寒心
따뜻한 아랫목에 뉘이고
깔아놓은 이불에 손 넣으면
겨울이 왜 이리 다정한지

문밖 눈보라 을씨년스러워도
나무마다 희디흰 눈꽃무리
외로움에 병든 몸 간수해주니
겨울이 왜 이리 다정한지

집지킴이 마냥 문 닫아걸고
황촉 불에 시 한줄 모두면
내 영혼 정작 천상에 있는 듯
겨울이 왜 이리 다정한지

애써 모른 척 하고 잠든 그대
눈 덮인 토옥 눈에 밟혀도
지난날 아침처럼 참고 살지니
겨울이 왜 이리 다정한지

서상만

1941년 호미곶 출생, 1982년 월간〈한국문학〉신인상으로 등단, 2007년(시간의 사금파리)부터 2024년 (생존연습)까지 자유시집 15권, 시선집 (푸념의 詩) 1권, 동시집 (꼬마 파도의 외출)등 3권, 월간문학상, 최계락문학상, 포항문학상, 창릉문학상, 윤동주문학상 등 수상.

이팝나무꽃의 뒤안길

고목의 오월
이팝나무의 꽃 핀 산내들
모내기 철에 식생 한 벼농사
터트릴 시간 없어 재촉하는 가을
밤사이 누렇게 익어 고개 떨구었네.
관절의 꺾인 상흔 국화 향으로
스며든 이팝나무의 뒤안길에서
눈가에 내리는 눈물 손으로 훔쳤네.
포근한 솜이불처럼 잠들어 버려
한 움큼 부여잡지 못한 텅 빈 가슴
낮은 자세로 더욱 낮아지셨네.
해거름 지난 고목의 그림자
세월의 방안을 살핀 채
바람의 결 따라 지척으로 사라져 촛불이 켜집니다.
국화꽃을 터뜨린 인연의 진물 납니다.
태양의 속살 개워 내는 속절없는 고향의 봄
흐드러지게 이팝나무꽃 터집니다.

서승원

2015년 서정문학 등단. 2016년 한국문인협회 회원. 2018년 발톱을 깎다(6인공저)
2020년 기아자동차 청소년문학상 (예심). 신세계문학 운율마실 운영위원장

알래스카의 봄

기러기 돌아오듯
꽃대 올라서며
여린 이파리보다 꽃이 먼저라 피어나고

동풍불러 강물을 풀어서
연어 때 모천母川으로 찾아들면
기러기마저 급하게도 알을 품어댄다

어둠 속 긴긴 겨울 헤맨
허기진 발걸음이 질질대던
앙상한 뼈 가죽 황소 사슴은
햇빛 앉은 자리 찾아 뜯으며
얼룩덜룩 털갈이를 하고 나면

시린 태양은 만년설에 빛부셔
한눈 팔다가 갈길 잃어
서산이 멀기만 하여라

雪泉 서용덕

전북 부안 출생. 1984 미국 이민.
2007 미네르바 시 등단. 2007 한맥 수필 등단.
한국문인협회 이사 역임. 국제PEN 이사 역임.
제5회 농촌문학상 외
시집 『이 세상에 e세상』 외 다수

첫사랑이란

수만 번을 듣고도
다시 또 들어도
첫사랑이란
가슴 설레는 말이다

온 몸을 전율로
울렁이게 하는
팔팔하고 싱그러워
훈풍 같은 말이다

내가 당신을
사랑해도 될까요
그때 그 고백에

온 천하를 거머쥔 듯
가슴 설레던
그때 그 첫사랑이어라.

서주열

창조문학 2008년 봄호 등단. 동아대학교 대학원 문예창작 수료. 국제팬클럽한국본부 이사. 한국문인협회 재정협력위원. 사)강변문학낭송인협회 이사장. 한국현대시창작연구원 원장. 부산북구문화예술인연협회 회장.

치자꽃

하나님의 말씀이 지상에
내려 앉아
꽃 되었습니다

순결하고
향기 높은 꽃이 되었습니다

사랑하여라
세상을 향기롭게 하여라
꽃은 소리 높여
외칩니다

치자꽃 향기에 아이가 취합니다
말씀에 어른이 취합니다

바람이 치자꽃 향기 데리고
먼 길 떠납니다

석정삼

포항 출생.경남대학교 행정대학원졸업.문학21 등단. 순천문인협회장역임. 한국문인협회회원.전남문인협회 이사. 순천시장표창.순천문협공로상.한국예총공로상 수상. 시집:〈꽃은 꽃대로 잎은 잎대로〉〈그렇게 함께 걸어가요〉

지귀도(地歸島)

얼마나 뭍이 그리웠으면
저렇게 꺼질 듯이 엎드렸는가
가고픈 마음은
파도에 밀려 부서지지만
이 마음 깔 자리가 아니거니
돌아가고픈 마음 어찌 접을 수 있겠는가
부서져도 부서져도 되살아 나는 마음은
얼마나 뭍이 그리웠으면
저렇게 꺼질듯이 엎드렸는가.

* 지귀도(地歸島): 제주도 서귀포 효돈 앞바다에 있는 섬

석지현

1969년 중앙일보 신춘문예 등단

내 눈에 내 아이

우량아 대회가 있었다.
단연 우리 손자가 일등을 했다

얼마나 장한 일인가?
나는 쾌재를 불렀다
태어 난지 한 달 만에
이런 큰 상을 타다니
키, 체중, 용모에서 만점을 따냈고
품성면 에서도 만점이다
달덩이 같은 얼굴에
잠결에 한번씩 씩 웃어주는 침대 매너가
심사위원의 마음을 사로잡았나 보다
모유를 먹이는 아이들만
참가한 대회라서 더욱 의미가 크다
주심(主審)이 보아도 부심(副審)이 보아도
누가 봐도 영락없는 일등이다
만장일치로 우리 아이가 뽑혔다
심사는 공정도 하였고
당연도하였다
의견조율을 위한 긴 회의가 전혀 필요 없었다
심사위원이 누구였는지는
큰 사안(事案)이 되지 못한다.
할아버지가 주체자(主體者)였고
할머니는 부심(副審)을 맡았으니까

장하다 내 손자
내 눈에 내 아이

석현수

2009 〈현대시문학〉 등단. 공군사관학교 졸업(1974) 국방대학원(1991)
시집: 삼계탕, 온달을 꿈꾸며, 나무랭이, 25시는 없다

백년홍 인꽃

세상에서 가장 아름다운 꽃 인꽃
세상에서 가장 고상한 향기 인향
꽃은 제 아무리 예뻐도 십일홍이지만
아담이브 인꽃은 백년홍 꽃망울이지요

꽃망울이 사랑의 꽃잎을 곱게 펼치면
나비는 그곁을 나르며 꽃향기 즐기다가
꽃봉오리 꿀샘에 꿀침 살포시 내리면
꽃과 나비는 심금 울리는 노래를 부르지요

그대도 (자세히) 보니 백년홍 꽃망울이군요
고상한 향기 풍기시니 감동 감동입니다
백년홍 아담이브 꽃과 동행하는 꽃길 인생
조물주의 천륜 따라서 누리는 행복,행복입니다.

석희구(石松)

한국문인선교회 회장. 시가흐르는서울 문학회 회장. 한국성결교회 문화선교회 회장. 국민일보신춘문예 운영위원. 기독교헤럴드 논설위원. 문학그룹샘문 이사. 한국찬송가작가총연합회 회원. 계양제일교회 목사(D,min)

오월의 장미

5월의 햇살 아래
꽃의 여왕으로 칭송받는
장미는 오월의 태양이다

고혹한 아름다움으로
지나가는 발걸음을
멈추게 하는 장미

주위를 압도하는
카리스마로 5월을 평정한
그대를 꽃의 여신으로 불러 주리라

선유미

2022년도 〈시학과 시〉등단. 신인 문학상 수상, 동인지 문학상 수상
한국문인협회 회원, 지구촌 영상문학 회원. 시집 〈스카프 속 하얀마을〉〈파리 세느강변에서〉

장맛비

청순한 그의 시선이 머무른다

간절히 원해서일까!
마을의 가로등 하나 둘 밝혀진다

8월의 무더운 여름밤
쏟아붓는 폭포수

草芽 설경분

시인, 시낭송가. 아호: 초아(草芽)
2014년: 월간 문학세계 시(詩)부문 등단
한국시와 소리마당 회장
저서: (시집) 그리고 그립니다

프라이팬을 보내다

분리수거 마대 자루 앞에서
아직 떠나지 못한 당신을 보았다
뼈대 단단한 다이아 코팅 가문
식용유 두르지 않아도 빛났다던 얼굴
불쑥 허기진 가족들이 태어나
그 가는 목을 움켜쥐기 시작하면서
그 등판에 뜨거운 바람들 불어대면서
몸뚱이 태우다 태우다
다이아 한 겹씩 벗겨가며 내놓던 일용할 양식
코팅이 벗겨진 자리에 달라붙은 검버섯 같은 가족들
깊게 벗겨진 살갗 위에 마지막까지 매달려 있는 건 누구인가
신발을 버리고 옷을 버리고 이불도 버리고 그릇도 버리고
보일 때마다 보냈는데 당신도 이젠 떠나가야지
철커덕
자루 속으로 식은 당신을 보낸다

성기웅

2022년 월간문학 등단
2002년 스토리문학관 올해의 시인 선정
2024년 제2회 시사모 전국작품 공모전 최우수상

너도 혼자라고~?

시들대로 시든 노모(老母)
아프다고 잠 못 이루는 노모 누운 침대 옆에
혼자뿐인 나
오 남매는 있어도 소용없고
장가들지 못했으니 처자식도 물론
나뿐인 세상에

새벽 한 시 창가로 들어오는 달님에게
너도 이 세상에 혼자라지?

유난히도 환하게 비추는 달빛이
홀로 있는 나에게
되레 외로움을 하소연 한다
부디 외면치 말고 알아달라고
너 마음이 내 마음이다

누운 엄마 옆에서
뼛속 깊이 파고드는
없던 눈물이 눈가에
솔로라서 외롭다고
달님은 나에게 하소연할 수 있다지만
나는 누구에게….

깊물(心海) 성성모

2002년 공무원문학 신인상 詩등단, 호 : 깊물(心海). 한국공무원문인협회 감사/前사무국장, 편집위원, 구로문인협회(구로문학) 감사, 한국문인협회 회원, 글의세계 이사, 계간시원 회원, 인천대학교행정학과 교원/강사, 인천대학교 지역사회연구소 연구원, 국회입법보좌관, 서울특별시의회비례의원 후보, (재)너섬재단 운영위원(장학담당), 충남문화연대공동대표, 민주평화통일자문회의 자문위원, (재)여의도연구원 정책자문위원, (재)구로문화재단 이사, 경인방송 초대출연, 한국성결신문/한국강사신문 보도 시집 베스트셀러 〈인생이 아프다〉, 〈그래도 살아야지〉. 수상 : 공무원문학상, 시원문학상

가을은 세상을 익게 만든다

가끔 내리는 비는
나무나 꽃들에게
영양분을 제공하고
살아갈 힘을 실어준다

바람에 흔들리며
떨어지는 누런낙엽
누렇게 고개숙인 벼이삭
속이 들어 찰수록 머릴숙인다

풍요로운 계절이지만
색칠해놓고 떠나는 시절
화려하게 가는 길엔
쓸쓸함도 함께 한다

꽉찬 것 감사하지만
풍요로운 것 고맙지만
비워야 다시오는 새 삶
채움보다 비워야 넉넉하다

과일도 익으면 따야 하듯
또 다른 무엇 채워주는
가을은 익히고 남기고
비워주는 순환의 계절

성은주

2018 제3의 문학 2018년 가을·겨울호 등단. 충남 강경읍 남교 출신. 「제3의 문학」으로 등단. '토지문학제사화집, 박경리추모사화집' 외 주요문예지에 작품 발표. 〈제3의문학편집운영회의〉위원. 〈제3의문학회〉부회장. 한양대 경영전문대학원 고위경영자과정 수료. (사)한국문인협회 평생교육원 시낭송, 지도자과정 수료. 시집 「노을로 군불을 지피다」「 그 맛을 알았습니다」외

아이

아이를 낳는다는 건
하느님과 같은 능력을
가지게 되는 것이다

세상을 창조하시고
인류를 만드신 하느님의
사업에 동참하는 일이다

아버지의 아버지
또 그 아버지의 아버지……
어머니의 어머니
또 그 어머니의 어머니……
그들이 인간의 세계를 이어왔듯
오늘의 아버지, 어머니도 그러할 것이다

아이들의 아이들
또 그 아이들의 아이들은
지구를 넘어
저 광활한 우주에
새로운 인류를 창조할 것이다

하느님이
세상을 창조하신 것처럼

성진명

2004년 한울문학 등단
굿바이 B형 /굿모닝 진안/여의주를 찾아라 출간
진안문학상 수상

죽도록 사랑합니다

왜 이리도 죽지 않는지.
푸념처럼 하신 그 말씀
진심이 아니겠지만
이제는 그 푸념도
들을 수가 없네요.

바라면서도 바라지 않았던
어마어마한 그 일이
이렇게 한 순간에
현실로 변할 줄이야.

서산 시골집 초록 잔디밭에는
라일락 향기가 퍼지고 있는데,
밀물처럼 파도처럼
밀려오는 그리움을
남아 있는 저희들이
어이 감당하오리까.

젊어서 남편 잃고
억척 같이 살으시며
자식들 걱정으로
슬퍼할 틈도 없었던 님
이제는 짐이 될까
이리 쉽게 가셨나요.

사랑합니다 당신을
죽도록 사랑합니다.

소명환

2022년 3월. 월간순수문학 등단. 고려대학교 대학원 졸업, 박사학위 취득. 부천대학교 식품영양학과 교수 정년퇴임. 한국식품영양학회 제16대 회장 역임. 전국식품영양과 교수회 제19대 회장 역임. 한국식품영양학회 학술상 수상. 필동인회 회원. 한국문인협회 시분과 회원.

머나먼 길

석양의 바다 멀리 수평선 위에
노을 옷 곱게 입은
그림자 하나
움켜쥔 이승의 끈 나풀거린다

두고 가는 아쉬운 미련
허무하게 버려둔 채
적적한 밤 촛불 켜고
국화 향 섞은 이별주로 목을 축인다

팽팽하게 잡아당긴
억척의 삶
향불 연기
한 가닥에 잠을 재우고

끝도 한도 없는
머나먼 길을
그리운 임을 두고
뚜벅뚜벅 나 홀로 걸어간다

소융일

충남 논산 출신. 2023년 월간 순수문학 등단. 필동인 회원. 사단법인 한국문인협회 회원

코스모스

가끔은 흔들려야
중심을 잡지

위태로워 아름다운
살살이꽃

오늘도 바람과
사이좋게 논다

손남태

1991년 국방일보, 시와시인 등단 경기도 안성 출신으로 대학에서 문학을 공부한 뒤 농민신문사 기자로 일했다. 현재는 농협에서 일하고 있으며, 한국현대시인협회 등의 회원으로 활동하고 있다. 시집으로는 끊임없이 사랑하라 마음의 별이 지기 전에' 등 7권이 있다.

그대는 한 송이 장미

연일 봄비처럼 내리고 남녘의 바람이 불더니
오늘은 또 추워진다
봄이 쉽게 오지 않고 꽃이 쉬이 피지도 않는가 보네

인고의 세월을 견뎌야 봄이 오고 꽃이 피듯
우리의 사랑도 마찬가지로 아플 만큼 아파야하고
애틋하고 절절하게 기다릴 만큼 기다려야
아름다운 한 송이 장미가 되어 다가오는가

그대는 이미 나에게 향기롭고 예쁜 한 송이 장미,
영롱하고 황홀한 사랑의 꽃향기를
뿌릴 그날을 행복하게 기다린다

그대가 있으므로 나는 장미 곁을 바장이는 정원사가 되어
오래오래 향기로운 장미를 가꿀 것이고

내가 있으므로 그대는 싱싱한 장미로
오래오래 피어나 민들레 홀씨처럼
폴폴 날아 내 곁에서 장미의 향기를 뿌릴 것이다.

손동락

2019년 월간《한맥문학》시 부문 신인상 수상, 대구문인협회 회원, 대구생활문인협회 회원,
(사)한국문인협회 회원, 국제펜 한국본부 대구지회 회원, 한맥문학에 1년간 시 게재.

신 영시의 이별
- 망제가

눈썹달이 쓸쓸하게 지켜보는 저 하늘
이별 앞에 처자식은 한없이 울었다
눈물만 남겨놓은 어린 시절 옛 추억
그 옛날로 돌아가는 머신타고 뜨뽕아 안녕

물안개가 자욱한 길 깊어가던 그 가을
형제간의 주고받은 이별은 슬펐다
눈물도 말라버린 남은 자의 그리움
저 하늘로 돌아가는 영혼처럼 샛별아 안녕

손수여

문학박사.「한국시학」「시세계」시,「월간 문학」문학평론 등단. 제4회 도동시비문학상 공모 당선, 제34회 P.E.N 문학상 수상 등. 국제펜한국본부 대구지회장. 한국현대시인협회 부이사장 역임. 시집 『성스러운 해탈』,『숨결, 그 자취를 찾아서』등 8권. 평론「매헌 윤봉길의 문학사적 위상 조명」외 다수.

속초 밤바다

속초 밤바다에는
수평선에 미래가 뜬다.
비단 물결마다 달이 뜨고
파도마다 하늘이 내린다.

미풍이 파도 타고
일출공원 스칠 때
달빛 윤슬 고속도로에
코리아가 해양을 달린다.

사랑하리라 자랑하리라
명화名畵 같은 나의 조국
밤의 물새 파도 소리가
애국가로 영혼에 스며든다.

손재수

2013.9.10. 한국대경문학 등단. 1941.3.9. 대한민국 경상북도 안동시 일직면 송리2리 352번지에서 출생. 2013.9.10. ~ 현재 한국대경문학 등단, 이사. 2017.1. 1. ~ 현재 한국문인협회 경광시 지부 회원. 2018.5.19. ~ 현재 한국문인협회 시詩 분과 회원.

대청호는 알고 있다

이골 저골 이어지는
수몰된 황톳길이
눈에 선한 밤이면
별들은 신기루 사다리 타고 내려와
말을 건넨다
대청호에게 눈 깜빡거리면서

숙이 어머니 안방에 묻어둔
쿰쿰한 청국장 냄새 아직도
물 위에 떠다니는지
우물가 콩비지 갈던 맷돌은
지금 잠자고 있으려나
대추나무 매어 놓은 그네는
요즈음 붕어 가족이 타고 있을까

초롱초롱 별들 맥없이 던지는 말들
열 손가락 수천 번 꼽고도 남는
가슴 시린 지난날 이야기
이런 밤이면
대청호는 밤잠을 설친다
숙이네 툇마루 묻어나는 박꽃 같은
이야기 들으면서

손준식

2018년 서울문학 시등단. 2023 인간과문학 수필등단. 한국 문인협회 회원. 한국 현대 시협회원. 서울 문학 문인회 부회장.

한강, 청룡으로 용틀임하다

대한민국 수도 서울의 한가운데를 가로질러
동서로 굽이굽이 흐르는 삶의 젖줄 한강은
널따랗게 넘실거리며 언제나 바라보는 이에게
평온과 여유로움을 준다

강변에 자리 잡은 여러 공원에는 하루 종일 많은
사람이 나와 각자 나름대로 운동하고, 산책하고,
연인들은 데이트하고, 아이들은 하늘 높이 연을 날리고
모두가 즐겁게 자유, 평화, 번영을 누리며 활기가 넘친다
세계가 놀란 '한강의 기적'이 이룩한 보람이다

2024 갑진년 용띠의 해,
새해 첫날 한강에 이글이글 해가 뜨면
한강은 여의주를 문 청룡이 되어 꿈틀꿈틀
용틀임하며 하늘 높이 비상을 꿈꿀 것이다

날아올라라, 청룡이여!
힘차게 날아올라라, 한강 푸른 용이여!
눈부시게 번쩍번쩍 빛나는 여의주를 물고

또 한 번 새로운 제2의 기적을 위하여…

송낙현

2011년 『예술세계』〈시〉로 등단. 시집 『바람에 앉아』(2016) 『강물도 역사를 쓴다』(2020) 『안개 속에 떠오르는 해』(2023). 제21회 영랑문학상 본상(2016), 제16회 시세계문학상 본상(2019), 제4회 경맥문학상(2019), 제28회 순수문학상 대상(2020) 수상

찻잔에 비친 수채화

세월이 빙글빙글 돌아가는
찻잔에 검붉은 물결이 어느 깊은
산속 고요히 잠든 의식을 깨우는
호숫가 풍경을 이루고

하늘을 맴도는 산새
한 마리 나래짓 휘젓는 티스푼
손놀림에 휘청이는 정적 사이로
의식이 머문 창가에 깊은
사연 사라져가나

그물처럼 빼곡한
일기장 채워가며 허둥대는
일상의 수레바퀴 자국만 가득한
얄궂고 미묘한 세상

뱅글뱅글 돌리는
영혼의 손놀림 노를 젓고
있는 나룻배 사내

그것이 삶 일부이거늘
찻잔으로 회한을 남기고
뚜벅뚜벅 걷는 인생길 여정에
피고 지는 꽃송이 향연 스쳐 간다

송명복(요셉)

시인&수필가, 문학 평론가. 한국문인협회, 한국문학예술저작권협회, 청옥문학, 영축문학회, 충북시인협회, 청주시 문예 협회[창작 분과 이사]. [한양문인회] 시 등단(2017), [문학시선] 수필 등단(2018), [청옥문학] 문학 평론 등단(2023, 가을호). 수상: 한국문학 다향문학상, 대한시문학 문학상 3회&6회 수상, 제5회 모산 문학상, 한국문인협회장상 외 다수. 시집: 「내 마음의 오아시스」,「초록빛 눈맞춤」수필집 :「흙 속에서 피는 꽃」

흰 구름

온갖 고뇌 잊은 듯
나직한 하모니의 연결
흰 구름은 다시 파도처럼
일렁이며 흘러간다

무변광대 먼 공간 위
방랑의 그림자로
기쁨과 슬픔 아우르는 삶
겪어보지 못한 사람은
알지 못한다
왜 저리 흘러가는지

맑은 듯 투명한 듯
정처 없이 흐르는
어느새 나는 빠져든다
흰 구름 바다로

고향이 없다고 서러워 말자
외로운 발길 머무는 곳
그곳이 바로 내 고향이니

송미순

2017년 한양문학 신인문학상, 대한교육신문사 신춘문예〈기행시부문〉대상 , 법무부 장관상 표창장, 한국문인협회 회원, 문예마을 사무국장, 편집 주간. 저서: 태양은 솟는다 1집

우정(友情) 택배

뒷동산 청솔가지 꺾어
고마운 마음을 녹여

햇찹쌀로 빚은 동동주
항아리에 담아

그대 잠자리
베개 옆에 두고 가오

잠 안 오시면
한 조롱박 자시구려

友峰 송준호

충북 청주출생/평생교육사(산업교육부문)/忠肥/한양화학/LG화학/한화중앙연구소/한국FEC전무역임/
심상문학등단(2015.12.)/심상문학 및 한국문협회원/한국대경문학이사/제5회토정백일장차상입상/제14
회한국강남문학상/시집-버선발 외

세월 지나가는데

푸른 하늘 은하수
하얀 쪽배에
쪽배 달

한가위 보름달 반쪽
송편 같은
반달

토끼 한 마리 떡방아 찧으며 산다는
까만 밤 하얗게 밝히는 해처럼 빛나는
둥근 달

돛대도 삿대도 없이 둥근 달
구름 바람 타고 반달 지나 쪽배 달로
자꾸만 스러져 흘러가는데

글벗 인연님들 지금
어디서 무얼 하는지
그립고 보고 싶다

무심한 저 달아 말해주렴
목마름에 보고픈 이
여기 목 빼고 있노라고

신동현

2019년 봄 서울문학 시인 등단. 한국문인협회 회원. 서울문학 문인회 회원. 청안문단 회원

골담초

늦은 봄 산과 들
길모퉁이 돌아서면
열두 켤레 버선발로
연노란색 물들이고
잎새에 촘촘하게
버선 꿰차고 마중하여
수줍은 미소로
늦은 봄맞이 한다

지금은 어디에도
찾아볼 수 없으니
고운 버선 만들어서
전해주면 만날까

서러운 세월 속에
숨어버렸나
다시 오는 늦봄 만나
예쁜 미소 지으며
노란 버선 곱게신고
찾아오는 그날이
다시 오려나
느린 걸음 걷는 봄이
야속하기만 하다

신민주

영천시 문협 부회장. 영천시화산면 자연보호 고문. 영천시낭송회부회장. 영천시 화산면 여성경로협회 사무국장. 경북 점촌 출생. 2018〈경북문단〉시부문 등단. 한국문인협회 회원. 경북문협회원

*영지호(影池湖)

오랜 날을 두고
채워진 물
구름과 별빛을
함께한다 해도

그날의 불꽃은
촉수에 시들어가고
산 그림자만이
한 바퀴 돌고 간다

은은한
그날의 종소리
아사녀의 목멘 소리가
세월 속에 묻혀가지만

수면 위에
파장으로 다가오는 것이
그 시절의 얘기라면
다시 볼 수 있을까

오늘은
보내고
내일을 약속할 수 있는
우리들에게도.

＊영지호(影池湖)그림자 못: 불국사 유영탑이 물 위에 비추어진다는 전설의 못

신민철

본명 신상철. 경주출생 1992년 4월 문학공간 (깅경린 김규동 추천). 한국문인협회. 현대시인협회 회원, 관악문인협회 부회장. 한국가곡작사가협회 이사. 한국음악저작권협회 회원. 경주문인협회 회원. 시집 : 언제어디서나(공저) 그림자가 있는 호수에. 행복찍기. 음반: 내사랑을 그린 영지호 밤 (가곡) 외. 테이블연가 (가요) 외. 가로수 (동요) 외.

향교(鄕校)에서

님의
옷깃 스치듯
소리 없이 비는 내리고
명륜당(明倫堂) 넓은 시공
소소한 바람에
고풍스러움 자랑하던
선비님의 모습 어른거려
글 짓고 풍월을 읊조려도
그 자취 더욱 멀어지고
허한 마음 달랠 길 없는데
스산한 처마끝 낭랑한
낙숫물 음률이
나 먼저 글을
깨쳤네

신세균 부산

《부산시인》 등단(2013년), (사)부산시인협회, 한국문인협회, 부산문인협회 회원.

청자매병 곁에서

풍만한 어깨 유연하게 흘러내린 허리춤이
무한 우주 파란 하늘을 품은 그녀를 닮았음에
바라보고 어루만지는 사이
매화가 피어나고
봄이 오는 소리를
고려청자 비색(翡色)이 품었음이라

어느 대가 주안상에서
선비들 대화를 새겨들어
학문을 익히고 덕을 쌓았을 귀한 맵시
문갑 위에서 잠시 쉬는 날도
장인의 맥(脈)을 잇고 결(潔)을 다스려
시대를 보듬어 나갔음에
섬세하고 화려한 청자매병 고요의 기품이
국보가 된 지금

12C 천년을 가름하는 시간을 딛고 서서
도자기 기품을 내 좋은 이웃으로 마주하니
새로운 가치를 창출해 나가는 AI 시대에도
문화유산 보듬는 여정에
앞장을 서는 고려청자

신영옥

아호 혜산(惠山). 시인. 아동 문학가. 가곡작사가. 인문학 연구원. 칼럼기고가. 1994. {계간 문학과 의식]으로 등단. 시집〈오늘도 나를 부르는 소리〉〈흙내음 그 흔적이〉〈스스로 깊어지는 강〉〈영역 -산 빛에 물들다〉〈 길 위에서 길을 가다〉외 다수. 신영옥 작사가곡 선집 1.2.3.외 공동시집 다수. 한국문협. 국제펜한국회원. 여성문학인. 아동청소년문인협. 한국가곡작사가협. 한국현대시협. 한국작가협. 한국크리스천문협.서울시단낭송 등

임진강 달빛

물비린내가 코끝에 감돌아
가끔 튀는 물고기의 숨소리
만월(滿月)의 빛 채워진
밤은 깊어 가고

세월의 흔적 강변에 멈춰도
고랑포 길을 따라 내려온 강물
슬픔의 와류를 일으켜 돌고 있다.

달빛 아래 한 많은 이산(離散)의 사연
목메는 원한 싣고 흘러가는데
은빛 비늘이 툭툭 떨어지고

달빛 젖은 역사의 임진강물
북진교 다리 난 간 아래에서
쉬워 가도 좋으련만
아픔과 서러움도 함께 흘러간다.

봉산 신영운

2008년 자유문예 등단. 육군 3사관학교 /한국방송통신대학. 자유문예 신인 문학상 시 부문 등단. 한국문인협회 서정시 연구위원. 전쟁문학회 이사. 3사문학회 부회장

도토리

투욱 툭
가을 떨어지는 소리

소슬하여
쌓이는 그리움

도토리 줍다 마주했다
다람쥐의 맑은 눈

"가을은 남겨두고
추억만 가져가셔요"

신위식

사)한국문인협회 파주지부 수석부회장. 인사동시인협회, 지용회회원. 제19회 탐미문학상본상, 월파문학상본상 수상. 작가와함께 편집위원. 시집;시작, 풀꽃의노래

우리 엄마

산 너머 고갯길
긴긴 밭 길 외로운 길
밭고랑에 날 뉘어 놓고
그 긴긴 밭
어이 다 매셨나요
뱀도 벌레도 물리지 않고
하늘이 도왔다지요

그런 세월 뒤로 하고
팔순의 우리엄마
묽은 죽 한 수저도 애기처럼
호호 불어 식혀 가며 달래고 달래어
엄마는 애기 되고 나는 어른 되어
엄마가 날 키웠 듯 나도 엄마를 돌보리

잘 자도록 토닥토닥
자장가 불러 주니
엄마는 잠이 들고
내 슬픈 자장가도
함께
잠이 든다.

신을교

2009년 '문학21'로 등단
서울시 공무원(간호직) 근무

침묵 또는 그리움

산새가 날아왔다
남쪽의 새벽을 깨우던
소리의 끝자락이
북쪽으로 날아와 둥지를 틀었다

나뭇가지 사이로 또 다른 둥지 하나
쉽사리 오고 갈 수 없는 서러움이
침묵의 강을 건너고 있다

숨죽이는 따듯한 체온이
바람에 묻어 날아 올 때
설렘으로 흔들리는 숨결을 듣는다

밤마다 창가에 서성이는
달그림자를 안고
가슴에 파도를 잠재우는 밤

어둠을 녹인 고요를 밟으며
앞동산을 오르는 애틋한 손짓
밟고 간 발자국 따라
그리움을 줍고 있다

신인호(설원)

2005년도 지구문학 (시,수필)등단. 고등학교 교직 36년(서울 숭의, 혜화, 서초, 창덕여고,외). 한국문인협회 독서진흥위원회 위원장(전). 국제pen 한국본부 이사. 나라사랑문인협회 회장 (서울도봉구 명예구청장(전)). 작품집(대표):(시집:사유의 우물, 수필집: 내 마음의 지우개 외)

위로

해 질녁 얕은 담장에 두팔을 언고
먼 산을 바라보는 그는 무슨 생각을 할까
다가가 살며시 안고싶다
그도 나처럼 외롭고 서글픈 마음일까

불 같이 사랑했던 마음도 서럽고 외로워도
나에게는 그런 사치는 없는 것처럼 걸어왔다
끝없는희망을 쫓아 여기까지 왔으나
어디에도 쫓던 이상은 없었다

지난 날 돌아보니
우직하게 숲속을 혼자 헤매였다
모두 허물고 싶다
주저앉아 한바탕 울고 나면
모든 것 포기 할 수 있을까

애인이 아니어도 친구가 아니라도
그저 나처럼 절절하게 외로운 사람
등 뒤에 기대어
가슴에 쌓인 아린 슬픔을 나누며 위로 받고 싶다

이제는 날을 세우지 않아도 좋지 않을까
머지않아 흙으로 돌아 갈 운명인데
한줌의 응어리 때문에 울고 싶지 않다

올곧고 바르게 사느라고 애 썼구나
품에 안고 토닥토닥 위로면 족 할 것을
한번 그런 사람을 만나고 싶다

신정자

동덕여고 졸업. 시가 흐르는 서울 2022년 시 등단. 청계문학 2023년 수필 등단.

시인의 봄날그림자

그대
누더기옷 기워입어도
빛나고,

갈빛감잎옷 입고있어도
빛난다.

늪에서
연꽃이 올라와피는
떨림이다.

신주원

2001. '문예 사조' 신인상 시부 당선. 현재 한국 문협 한국 문학사 편찬 위원 한국 현대 시인 협회 이사 한국 여성 문학인회 이사 국제 펜 한국 본부 회원 '自由文學' 및 도서 출판 天山 편집장 자유 문학회 자문 위원. 제22회 '문예 사조 문학상' 우수상 수상(2010.). 제13회 계간 '自由文學賞' 수상(2014.).

폐역에서

거미줄로 동여맨
창문 안을 들여다보니
빈 의자에 기다림이 앉아있다

주변을 깨우는 두툼한 목소리는
줄 선 사람들 사이로 천천히 멀어져가고
빨간 깃대를 든 키 큰 역무원이
묵직한 체구로 철길을 바라보고 있다

그날처럼 애타게
누군가를 기다리고 있나 보다

먼 산에서 수직으로 낮이 닫히고
보름달을 닮아가는 사람들이
하나둘 모여들었다

칙칙폭폭
익숙한 소리가 풀벌레 울음에 묻힌다.

신지영

1998「문학춘추」,「문학21」신인상, 현충일추모헌시당선. 전남시문학상, 한려문학상, 지역예술문화상 등 수상. 사)한국문인협회재정위원, 문인탄생기념위원(현), 한국문인협회여수지부장, 전남문인협회이사, 전남시인협회부회장. 시로 읽는 여수추진위원장, 여수시문화예술위원(현), 여수민속전시관운영위원(현). 사)한국예총 여수지회장(현). 시집) 바람 부는 날, 당신의 바다, 바다 꽃으로 피다 등.

들풀

메마른 들판에 피어난
들풀 한 다발
바람에 날리는 흙먼지 맞으며
운명처럼 낮은 자세로 흔들린다

생(生)을 선택할 수 있었다면
우거진 숲속에 신록으로 빛날 것을
너도 거칠고 메마른 들판을
꿈꾸진 않았으리라

간절한 만큼 비는 아니 오고
따가운 햇빛 피할 그늘도 없어
무슨 생각으로 인내하고 있는지
안타까운 마음 그지없는데

낮게 날리며 자리 찾는 꽃가루들
또 어느 하나 들판에 뿌리내려
모진 생명으로 마음을 다칠까 봐
5월의 긴 하루를 애잔하게 보낸다

신창홍

시인/수필가. 2018, 3월 계간지 대한문학세계 시 등단, 2020, 6월 한국시사문단 수필 등단. 한국문인협회 회원, 안양문인협회 회원, 대한문인협회 회원, '글길문학' 동인. 시집 – "깨어있는 날들"

물의 지문

왕송호수
소금쟁이가 물 위를 건너갈 때
주름주름 생기는 물의 지문

지문의 고샅길로
물의 운명도 지나가지

죽음이나 생명의 깊이는 너무 까마득해
한 번도 본 적이 없지만

천산북로 같은 줄 위에는
별의 혼백들 흔들리고 있지

그래도 버찌는 제 눈 까맣게 익히고
사소한 큰일들 지나가지

하늘 한 점 내려와 얼룩이 되고
얼룩을 딛고 비비새비비새
세월을 비비고 있지

사랑의 넋이 피워 올린 능소화
날갯죽지 아래 작은 우주가 데워지고 있지

신향순

경북 영양 출생, 21년 미네르바 등단, 시집 『목요일에 비가 왔어요』
문학과 비평 작품상 수상, 한국문인협회 인성교육위원, 한국시인협회 회원, 수원문인협회 편집위원

디마푸르의 여정에서
-인도단기선교여행(2024년 1월22일)

인도 디마푸르에서 제일 좋다는 호텔
더운 물 한바가지 나온 뒤에는 찬물이 졸졸 나온다
잿빛 두루마리 휴지는 서너 번 쓰면 그 용도를 다했다
검은 잿빛의 대나무 지붕의 마을에서 유일하게 환한 불빛이 들어와 있는 곳
화려하고 넓은 느낌의 대리석 바닥은 어느 왕조의 유물인 것일까

나와 같이 생긴 나갈랜드인들이 나와는 전혀 다른 삶을 살고 있다
그들의 화장실에는 휴지가 없다
가는 곳마다 양동이 가득한 물에 바가지 한 개 떠 있을 뿐이다
비포장도로, 삐쩍 마른 소들이 어슬렁거리는
신호등 없는 흙먼지 길 달리고 달려서 찾아간 산속 마을 기도원 교회
기도소리만 끊임없이 들려오는
그 곳은 변형된 에덴의 또 다른 모습

배고픔에 풋 열매에 탐닉한 위장이 서서히 제 기능을 잃어간다
문명의 화사함에 탐닉했던 나의 의식은 다시 원초로 놓여 있다

신현순

서울출생. 방송대 국문학과 졸업(영문학과 복수전공). 2007년 [제3의 문학]에 정공채 선생님 추천으로 등단. 한국여성문인협회회원.한국기독교문인협회회원. 한국문인협회 문단정화위원. 제3의문학 편집위원. 시집[내 안의 흰눈] [보도블록에 꽃]등 다수.

바닷가 카페

차를 마시며 바라보는 카페의 벽면은
두 개이다
두 개의 벽면은 모두 유리로 되어 있어
사각의 신화는 어디로 가고
어떤 차를 마시던 여기만 오면 두 개의 벽면은
사라져 버린다
세계의 어떤 명화로 벽면을 장식하든
그곳에서는 사라져 버린다
그래서 멋진 곳이다
그래서 바닷가 카페이다
바다만 보면 되는 곳
그 바다는 정숙한 적이 없다
날마다 출렁이는 욕망을 부끄럼 없이 드러낸다
바닷가 카페에 가면
부정확한 비율의 하트를 담은 차를 시킨다
하트는 겹겹이 파도처럼 결을 이루며 있다
브라운색과 흰색의 황홀한 조화를 이루며 있다
바닷가 카페에 가면
삶의 일부를 내려놓고 바다만 바라보게 된다
바다처럼 달뜬 감정들이
사각의 공간을 가득 채우며
어느듯 커피향이 된다

신혜경

신혜경 경북 청송 출생. 2008년 현대시문학 신인상 수상으로 등단. 임화문학상 작가상 수상, 한용운문학상 수상. 한국문인협회 회원. 시집 「미니 입은 달빛」 외 4권의 시집과 전자시집이 있음.

가던 길 멈추고

사천沙川 냇가에서
가던 길 멈추고 하늘을 본다
구름은 둥실 서산을 넘는데
산은 무슨 사연 있어 잡지를 못하네

바람은 대지에
연둣빛 물감을 푸는 데
물속 나뭇가지에 물새 한 마리
앉을 듯 앉을 듯 돌아서 날아간다.

아! 그냥 그렇게…

돌아서는 그 마음 알 듯도 하지만
구름 지난 자리 그림자 없고
헝클어진 갈대 머리 빗질이나 해야겠다.

낮달은 지금 도 떠 있는데
가면 오지 않으니
고향은 그래서 좋다고, 들 하나 보다.

*사천沙川:제천시 남쪽을 흐르는 냇물 장평천이라고 도 함

신홍섭

대한문학세계(2014). 한국문인협회, 대한문인협회, 토지문학회원. 시집:하얀잉크,
공저: 명인명시 선(시음사20,09), 특선시인선(시음사21,01)외. 경력:교원정년퇴임
수상:황조근정 훈장(대통령),코벤트문학상대상(강원경제신문,토지문학회20.8).

깃발

나비와 숲속 집이 담긴 그림 한 폭
청송 얼음골에도
나비가 훨훨 날아든다
그림 속을 뛰어다니다
산과 산 사이에서 나는 길을 잃었다
세상 저편이 그림자처럼 사라졌다

수없는 세상으로 들어가
물에 밀리고 불에 그을린다
어둠과 빛의 행간에서
그림자에 싸여 사라진다
고장 난 장난감 같은 세상에서
조난자가 옷가지를 찢어 만든 깃발

오늘도 많이 울고 나서 좀 쉬어야겠다
세상 살아낼 깃발 아래
다시는 만질 수 없는
온도만 남는다

심상옥

1982년, 시집〈그리고 만남〉으로 등단. 시집 : [파파파, 파열음을 내며] 등 6권. 영어시집: [미립을 쇼핑하는 사람들], 등 8권. 수필집 : '합주' 등 8권. 한국문학상, PEN문학상 등 수상. 국제PEN한국본부 부이사장, 중화학술원 위원(예술박사). 한국시인협회 이사(역임) 및 심의위원, 한국현대시인협회 이사

무심천 강아지풀

노을이 눈시울 붉히는 무심천 강가
무시로 꼬리를 흔드는 강아지풀
흔들릴 때마다 떨어지는 붉은 신음
무심결 떠나가는 젊음의 안타까움

내 안에 숨겨진 욕망의 푸른 빛
바람에 무력하게 그저 흔들릴 뿐
하늘 향해 칼날 들이대던 억새
백기 들고 온몸으로 울고 있다

수많은 선물을 주었던 계절의 시간
무심천 물길 따라 한없이 흘러가고
인연의 숲 안에 길들여진 아우성
반란의 깃발로 홀로 서는 적막함

가족의 행복을 위해서라는 핑계로
세상을 향해 말없이 흔들던 꼬리
슬며시 떼어놓고 집으로 돌아설 때
애잔한 밤 업는 무심천 강아지풀

심억수

2001 문예한국 등단. 시 집 『물 한 잔의 아침』. 수필집 『억수로 좋은 날』, 『여물지 않은 곡식은 버려진다』. 청주문학상, 충북우수예술인상, 문학저널창작상 수상. 청주문협회장, 중부문학회장, 충북시인협회장, 충북시사랑회장 역임. 10회 청주공예비엔날레 문학감독 겸 대표감독 역임

암병원 주사실

침대에 엉거주춤 앉은 초로(初老)의 영감이
창밖의 하늘을 보네
항암주사 줄을 달고 멍하니 바라보네

아름다운 젊은 날의 기억들을 안고
두 눈에 젖어 있는 슬픔이
먼 하늘로 스며들다 지친 듯
바라보는 눈동자엔 아무것도 없었네

부서진 꿈들이 못내 서러운 지
수척한 체구는 앙상한 겨울나무로 앉고
숱이 다 빠진 듯 머리는
지그시 내려 쓴 모자가 덮고 있네

生이라 쓰고 죽음이라 읽지 말고
맑은 기억 하늘에 다 주지 말고
한 가닥 굳게 잡아서
마지막 장 곱게 물들이길 빌었네

심웅석

2016 계간 문파 시 등단. 2022 계간수필 수필 등단. 한국 문협 회원. 문협 용인지부 회원. 문파회원 계수회원. 문파문학상. 대통령 표창(1967.)서울지검 의료자문위원. 서울대 의대 졸업(정형외과) 인제대 의대 외래교수. 서울대 총동창회 이사. 의대 동창회 이사. 저서:시집-'시집을 내다'등4권. 수필집-'길위에 길'등3권.

어머니

어머니는 눈부신 바다가 아니다
드높은 하늘이 아니다
마른 풀잎 눈을 틔워 꽃피우는
한줌 이슬이다

어머니는 정결한 봄의 향기
나직한 꽃의 미소
먼 하늘 여린 빛으로 어둠을 잠재우는
저녁별

오오 어머니는
나의 향기로운 몸짓과
눈물과 사랑의 원천이 되고
마음 깊은 곳에 그리움 꽃피우는
초록 이슬이다

안기찬

2007년 여름호 아세아문예 등단. 사) 한국문인협회 회원. 사) 한국현대시인협회 이사. 국제PEN한국본부 회원. 제21회 탐문학상 수상(2023.11)

나잇값

나이가 들수록
둥글게 둥글게

세월의 풍파를
견뎌낸 후에야 드러나는
진정한 아름다움

욕망과 열정으로 가득한
젊음의 뾰족함은
무뎌지고 둥글어진다

파도에 수 천번 부딪혀
몽돌이 되듯

나이가 들면 마음을 넓게
세상에 대한 이해와 관용으로
둥글게 살아야 한다

園松 안기풍

시인/기업인/발명가/작곡가

충남 연기군 출생. 철탑산업훈장수훈 (2014년). (주)캐노픽스 대표이사. 코리아핫픽스 대표. 원송 박물관 관장. 별천지 萬卷堂 주인장. 한국문인협회 정회원. 원송문학회 정회원. 아송문학회 정회원. 아시아문예지 등단 2022년. 파주 문학의 거리 운영. FM96.3MHZ 초청시인. 저서 기산리 개울물 소리 외

보름달이 징검다리를 건너올 때

거대한 어둠에 수몰된
하늘 바다
만삭의 달이 은하수를 건너고 있다
큰 별 몇 개 꾹꾹 놓인 징검다리 위로
아슴아슴 따라오는 추억 하나

검은 머리 반듯한 어머니 등이
안방 구들목처럼 따뜻하다
업힌 계집아이의 까만 눈동자에
넘칠 듯 출렁이는 하얀 보름달

"엄마, 달님이 자꾸만 나를 쫓아오셔요"
"달님도 네가 좋아서 그러신단다"
"나뭇가지에 걸리시면 떨어질 텐데…"
"떨어지셔도 다치지 않게 잘 받쳐 드리렴"

개구리울음 질펀한 철길
두 팔 한껏 뻗쳐 달님 받쳐 든 계집아이를 업고
카시오페이아와 백조를 조신 조신 짚으며
은하수 이쪽으로 건너오고 계시는
오, 나의 젊은 어머니!
주르륵- 은하 물 두 줄기 세월 밖 뺨에 닿아
가슴 속으로 서늘한 물길을 낸다.

안봉자

1970년 캐나다 이민; 2003년 밴쿠버한인문인협회 〈신춘문예〉수필 등단, 2004년 월간순수문학 〈신인상〉시 등단, 2004 World Poetry Reading Series (현지 영어권 시인협회) 정회원 등재; 온라인, 오프라인 문학행사 여러 차례 기획, 발표; 해외한국문학상, 순수문학상본상, World Poetry 평생공로상, Richmond 예술상, 외 다수; 저서, 9권 (시집, 수필집, 한/영 시집, 한/영 산문집), 번역서, 1권

삭풍

중풍에 걸린 듯
형벌을 받는 나무들

윙윙윙 위잉
뼈를 통과하는 바람

시도 때도 없이 부화하는
광장의 사병들

방금 완장을 차게 된 장기판의 졸이
채찍을 휘두르며 얼차려를 시킨다

의사당대로 1, 너 이리나와
참호를 파라 메꿔라 파라 메꿔라

뼈끔거리는 물방울
음모가 그물처럼 음각된다

샤워 꼭지에서 비누 거품이 나온다
피부를 벗기려는 듯

들리지 않는가?
포효하는 소 떼 소리가

꼭꼭숨어라숨어라 발가락 보일라

안세건

2023 시현실 등단
전북대학교 영어 영문학과 졸업. 현 삼성영어학원 원장. 현 원더맨출판사 대표
저서 : 접이불루

숫눈이 내리는 날

숫눈이 내리는 날
한적한 숲길
숫눈길을 밟으며 걷고 싶다

마음의 짐을 다 내려놓고
가벼운 마음으로
하얀 눈 덮인 길
마냥 걷고 싶다

첫눈이 내리는 날
만나기로 약속한 임
올해도 첫눈은 내리는데
야속한 세월만 흘러갑니다

첫눈이 펑펑 내리던 날
바둑이도 좋아라
흰 눈 위를 뒹구네

첫눈이 펄펄 내리는 날
두 팔 벌려 하늘 문을 열면
눈썹에 쌓이는 눈은
가슴속까지 적시네

안종관

한국문인협회, 화백문학, 가온문학, 애월문학 회원. 〈문학상〉 한미문단 문학상. 한·아세안 포럼 문학상 외. 〈시집〉「봄·여름·가을 그리고 겨울」, 「징검다리」, 「백록담(전자책)」, 「한라산」, 「산방산」. 동인지-「시간을 줍는 그림자」외. 〈기행 집〉「내 마음 따라가 본 곳」

緣(연) 줄

허공을 비행하는
가녀린 실오라기
살며시 붙잡고 당겨보는데

끊길 듯,
끊길 듯 징검다리 위를
나풀나풀
손끝에서 연을 날리네

우연히 만나 필연으로
잡은 동아줄

내 마음 매듭짓고
그대를 향해

뜨거운 가슴에 걸쳐놓는다.

＊緣 -〉 인연 연

湖 安春萬

2020년 다향정원문학(문예지) 시부문 등단. 2021년 (사)종합문예유성(문예지) 수필부문 등단. 2021년 (사)종합문예유성(문예지) 시조부문 등단. 2020년 다향명시 특선시인전. 2021년 [大家大作]100인의 대한민국 대표 명시선.

우리 사랑 지금은

우리 사랑 지금은
잠들어 가도
조금씩 알게 모르게
잠들어 가도
그대와 나
어느 한쪽이라도
깨어 있으면
오뉴월의 싱그러운 햇바람으로
깨어 있으면
우리 사랑 이대로
스러지지 않아요
그대 사랑 나 먼저
하품을 하면
내 사랑이 자꾸
자꾸 흔들어 주고
내 사랑이 그대 먼저
눈을 비비면
그대 사랑 자꾸
자꾸 흔들어 줘서

안혜초

이화여대 영문과 졸업. 현대문학 3회 추천완료. 세계여기자작가한국지부 부회장 역임. 한국PEN자문위원. 시집 귤·레먼·탱자, 달속의 뼈, 쓸쓸함 한 줌, 살아있는 것들에는 등 8권. 윤동주문학상, PEN문학상 영랑문학상 대상 기독교문학상 대상, 문학21상 대상 한국문학예술상 대상 등 다수 수상

이슬

풀잎은 밤새 별을 끌어당겨
한 방울 보석을 영글게 하지
그래서 우리는
아침에도 별을 뿌리는 거야

우리는 살아있는 보석
농사를 짓다가도 우주를 헤아리고
땅을 헤집으며 생각을 심지

오늘은
송이의 생각이 촉촉하다 해서
훑어 돌아가면
풀잎들은 별을 모아놓고
송이를 떠들어 대지

그러면 별에도 방울방울 맺혀
울 줄 아는 별이 되는 거야

안호수

2023년 월간문학 9월호 신인상 등단. 1961년 6월 16일 부산 출생. 현 상호통상 주식회사 대표이사

나란히 나란히

비방침묵오해불만불안갈등정의자유공정의리진실가짜뉴스중상모략위증교사내로남불

보이는 듯 보이지 않고
들리는 듯 들리지 않는 허공이다

얼음장 아래 뜨거운 샘물도 없다
아무도 봄을 말하지 않는다

왼팔에서 오른쪽 팔뚝으로 매화가
엉금엉금 기어간다

오른손가락에서 왼손가락으로 산수유가
아장아장 걸어간다

그동안 쌓인 오해 한 줄로 나란히
옆으로 나란히 나란히 손잡고 서다

안화수

1998년 월간 『文學世界』 신인 문학상 등단. 1959년 경남 함안 출생. 마산문인협회장, 경남문인협회 부회장, 계간지 『경남문학』 편집주간 지냄. 시집 『까치밥』, 『명품 악보』, 『늙은 나무에 묻다』 외. 창원시문화상, 조연현문학상, 경남 올해의 젊은작가상 등 수상. 현재 마산문화예술단체 총연합회 수석부회장, 경남문인협회 이사, 종합문예지 『시애』 편집장.

백령도 · 1

동방의 빛 여명을 안고 솟구치는
이 산하 해동청 울부짖음이여
저 바다 사공의 뱃길 말없는 인당수
청아 무엇이드냐 대답해주렴아 그 모진 설움을
찬서리 죽지에 이고 백두천지 휘돌아오는 장산곶 매야
네 형형한 눈과 작두칼 발톱으로
저 북녘땅의 검붉은 이념의 갈등을 영원히 끊어가 다오
고난의 운명 녹슨 사슬로 헝크러진
이 겨레 치욕남긴 살처와 쓰레기를 깡그리 쓰러가 다오
하여 백령도 한민족 뜨거운 통일 염원을 네 가슴팍에 새기나니
갈망타는 남남북녀 애련애련 해당화 꽃사랑만 파도위에 흘러라.

양상민

제주출생 제주대학교 졸업. 문학저널 시 천료(2006)등단, 한국수필1990천료, 문학세상 평론 천료(2015) 시집 백령도외 3권 수필집 바람의혼 외 2권 평론 다수. 한국문인협회 시분과 회원 28대 인성교육위원, 순수문학 회원, 제주문인협회 회원, kbs작품상, 영랑문학 작가상, 농민문학상, 한국문예 평론상 수상

마음 그림자

오래도록 마음에 품어 왔던 것들이
하나씩 스며드는 습성에 빠져들 즈음
산자락에 석양 걸리고 이제는 내 마음도
서편 작은 창문에 두툼한 커튼을 내려야겠다.

아름다웠던 세상의 빛은
실명의 늪에서
어둡고 캄캄한 동굴 속에 갇혀서도
가까이 다가와 더욱 반짝이고
지워질 그림자 붙잡으려 애쓰는
굴곡진 빛의 씨앗은
온통 검은빛으로 씻어 내려도
두 눈에 또렷이 살아나 잔상으로 짙어지고
화석처럼. 굳어지고만
길어진 기인 마음 그림자
가만가만 밟고 가야 하는
나의 정인(情人)아

양숙영

『문파문학』 2009년 시부문 등단. 시집『는개』. 제4회 배기정 문학상 수상. 한국문협 70년사 편찬위원. 국제 펜 한국본부 회원. 문파문협 이사. 고양문협 이사 역임.

백로

냇가
백로
하늘로 훨훨 날아
보노라니

소나무 가지 위
백로
한 폭의 멋진 풍경화

길손 마음도 쉬어가네

산천 풍취
절경이구려

장수와 풍요 상징
아름다운 학 천년 반겨 살아보세.

향촌 양영순

아호 향촌向村. 2013년 문예사조등단. 신동신정보산업고등학교 졸업. 숭의여대 졸업. 박재삼 문학상대상, 이육사 문학상대상, 자랑스러운 한국인상, 일봉 문학상 시부문, 한국문예대상 수상. 현) 동작문인협회 부회장. 한국문예 부회장.

꽃피는 어느 봄날에

봄이 왔네요
찬바람이 그치면
언제 또 봄은 갈려는지
봄은 당장 달려가는 것도 아닌데
해마다 봄이 오면
자꾸 속이 타게 됩니다

겨울네 그렇게 기다렸는데
머무는 동안 곰살 맞지는 못할 망정
어느날 뒤도 돌아 보지 않고
까칠하게 가버릴까바
봐도 봐도 아쉽고
애뜻합니다

그래도,
봄 만큼 찬란한 게절이 있을까요
그러고 보니
인생은 봄을 많이 닮았나 봅니다

찬란한 봄 앞에서
아무 말 안하렵니다
복 받쳐 자랑하고 싶어도
그만 침묵 하렵니다
아름다운 것들은 그냥 아름다우니까
봄은 봄이니까

내가 봄 안에 있으니까

그냥 혼자서
조용히 걷겠습니다
봄의 바람이 흐르는 시간속으로
한 없이 봄을 걸으며 생각합니다
나를 빛나게 해주었던
지난 날들의
아름다운 추억들을

양준호

시인, 사진가. 2022년 10월 월간문학 '시가흐르는 서울' 등단. 월간문학 시가흐르는 서울 시부문 신인상. (사) 한국문인협회 - 정회원. 대한민국 예술인 - 문학. 서울대학교 총동창회 - 종신이사. 호정물산 주식회사 - 회장.

인생 노을

해질녘 노을
진한 여운 드리우고
구름 사이 뻗은
이 빠진 부채살

간간이 쪼개진 햇살은
허공에 매달려
한낮의 찬란함 그리워
서글피 운다

애써 온 날들
묻힐까 아쉬워 할 때
지나는 노파
내 가슴 멍듬도
너와 같아라

다하고 떠나는
삶 아쉬워
구름도 살포시
감싸 안아주고

물결 맞닿은 노을에
한 몸 묻으려
몸부림 칠때

보던 이
굽은 등 일으켜
가던 길 재촉한다

양태옥

2021년 국보문학 등단
충남 부여 출생
인천거주

슬픔을 태우며

미루나무 그림자가 노을 한 자락 걸치고 있는
금강 변에 서면
품고 온 슬픔이 없는데도 가슴에서 피가 난다.

착한 것도 죄가 되는가!

백제의 산들은 왜 모두 모난 데 없이 둥글기만 해서
적군의 발길 하나 막지 못한 것이냐.

나라 없는 백성들은 질경이처럼 짓밟혀서
꺾여도 꺾여도 옆구리에서 꽃을 피운다.

역사의 속살을 가리려고
바람은
투명한 수면에다 주름을 잡아놓는가.

짠한 눈물 몇 종지 스스로 씻어내며
세월의 골짜기를 흐르는 금강

강변에 불을 피우고
남은 슬픔 몇 단 불 속에 던져 넣는다.

엄기창

1975년 『시문학』으로 등단. 대전문인협회 시분과 이사, 부회장, 문학사랑협의회 회장 역임. 한국문인협회 회원, PEN문학 회원. 한국시조협회 회원. 시집 『서울의 천둥』 『가슴에 묻은 이름』 『춤바위』 『세한도歲寒圖에 사는 사내』 『바다와 함께 춤을』 『당신의 아픈 날을 감싸주라고』 시조집 『봄날에 기다리다』 『거꾸로 선 나무』 〈대전광역시문화상 문학부문〉 〈진도명량문학상〉대상 〈정훈문학상〉대상 〈대전문학상〉 〈호승시문학상〉 대상 〈하이트진로문학상〉대상 〈문학사랑 인터넷문학상〉 수상

인생의 길

앞산의 구름 한 조각
갈까 말까 망설이고 있다

장마철이라 비는 오는데
산등성이에는 금색의 해가
구름 속에 숨어서 빛을 낸다

여기서 어디로 갈 수 있을까
누가 시키는 것도 아닌데
인생들은 홀로이 길을 나선다

부지런히 산을 타는 구름들
태고太古에도 그랬을 것이다
누가 보든 말든 마음이 내키는 대로

길에서 만난 갑작스런 소나기
하늘의 뜻이라 생각하고
나무 아래서 잠시 쉬어간다

엄윤성

부산 출생. 1999년 한맥에서 시로 등단. 2003년 제1회 디지털문학상 시 부문 수상. 2008년 시집 '헤세의 노래' 출판. 현재 '한국소설가협회' 회원

하슬라(何瑟羅)의 산하

백두대간의 등줄기 뻗어 내린 곳
둥둥, 동해의 장엄한 일출이다.
천년 깊은 잠에서 깨어난 고도(古都)는
국토분단 그 처절함 그대로일지라도
끝내 어제의 통한(痛恨) 말끔 씻겨내고
최후에 빛날 하슬라, 영광의 땅
한 폭(幅)의 아득한 진경산수화다.

감동의 느낌표와 따뜻한 영혼의 감응에
그렇게 억장이 울컥 내려앉을지라도
정녕 하슬라의 여정(旅情)은 설렘이다.
뜨거운 심장 펄떡 뛰는 큰 감격에
올곧은 존재감은 훨훨 꿈의 날개다.

푸른 달빛 즐겨 유유히 걷노라면
달리* 풍(風)의 낯달 우두커니
느림보의 산책은 유연한 감속이다.
신명 난 춤사위에 봄날의 몽환처럼
놀라운 충동에 못내 현기증이다.
　*살바도르 달리:스페인의 '초현실주의 화가'

엄창섭

「華虹詩壇」(1965) 발행인, 「시문학」(1977) 출신, 한국시문학 학회 회장 역임, 현재 가톨릭관동대 명예교수, 사)k 정나눔 이사장, 월간「모던포엠」주간, 한국기독교문인협회, 한국현대문예비평학회 및 아태문인협회 고문.

6월 메시지

앳띤 티 모두 벗고
진하게 물들어간다

시시껍절한 것들은 자취 감추고 염천에 비바람과 맞서는 검푸른 산하의 숨결은 엄숙하다 벌·나비는 풀꽃마다 내려앉아 망종절기 가기 전에 씨주머니 채워주려 비지땀 흘리고 산새들은 제짝 찾아 하루해가 저문다 살아 있는 존재들이 가을로 가는 청춘길목 절정에서 세대를 이으려고 저토록 애간장 태우는데 무너진 출산율 0.7명 인구절벽 앞에서도 편 가르기 구호만 요란한 요즘 우리, 호국영령 추모절에도 끼리끼리 떼 지어 제각각 자기편 영전 찾기 바쁘다 순국선열의 뜨거운 피로 살아남은 후손들이 지금 당장 앉은 자리에 목숨을 걸고 있다 눈감고 '뭐라고 읊조릴까?' 궁금키도 하지만 공공연히 오갔던 말들 생각하면 차라리 모르는 게 나을지도 모를 일 탁란 철새 뻐꾸기 목청까지 요란한 갑진년 여름이다 아~ 푸른 숲속 생명에겐 검푸른 유월 한 매듭이 종족 영생 릴레이 바통터치 골든타임 "이 한 달을 놓치면 만사 헛일이라고, 시방 자리싸움은 공멸"이라며 "서둘러 가자"는 초록 바다의 메시지가 장엄하다

땀방울 맺힌 유월은
긴긴 하루가 짧다

오대환

한국문인협회, 筆동인, 광화문사랑방시, 대표에세이, 안양문인협회, 각 회원. 2013 순수문학 시 등단, 영랑문학상 우수상, 2021 월간문학 수필 등단. 2020~21중앙시조백일장 2회입상. 시집, 수필집 각 2권. 고려대 농화학과, 제12회(76)기술고시농림직, 농림부퇴직

사랑은 어디에서

뜨거웠던 사랑도 사라졌고
미지근했던 사랑이 궁금해지며
차가웠던 사랑도 그리워지는데
따뜻했던 사랑은 아직도 품안에서
꼼지락 거린다

어머니 아버지
그리고
생전 처음 느껴본 울렁임
함께했던 순간들
사랑을 알게 되었던 순간
그들은 모두 떠났다

이제 만나러 갈 시간이
조금씩 가까워지고
헤어진 사랑을 만나려면
남겨질 사랑이 아프다

사랑아
어디에서
나를 기다리고 있을까

오무임

한국문인협회 (문학기념물조성위원). 국제펜 한국본부회원. 충청북도시인협회 이사
시집 : 사과를 깎으며. 바람의 손짓

산행을 하겠다네요

마음의 병을
내다 버리겠다고
등산 가겠다는데
누가 당신을 말리겠어요.

넘어지기 좋아하는 당신
팔다리 엉덩이 걱정되어
내 마음의 넓은 발판을
발길마다 푹신하게 깔아드리죠

부담 갖지 마시고
즐겁고 즐거운 마음으로
신나고 씩씩하게 등산하세요
다니는 길마다 단풍이 들든지
꽃이 피어 있으면 좋을 텐데.

당신 건강이
나의 마음 아니겠어요
몸보신 밥 지어놓고 기다릴 테니
마음 편히 잘 다녀오세요.

오병욱

문예운동 등단, 월간문학세계 정회원, 한국문인협회 회원, 한국시인연대 이사.
시집; 빛나는 태양을 그리워하며, 빛나는 태양이 좋아. 월간 문학세계 문학상 대상 수상(동시 부분), 경기도교육감 평생학습 대상 수상 등 다수.

바다의 울음

바다는 아프다.
퍼렇게 멍든 바다는 아프다.
부딪치고 딩굴고 몸부림치는
바다의 아픈 울음소리

뭍으로 뭍으로 달려나오다
다시 되돌아 가야하는 운명임을
바다는 알고 있다.
그러나 끝없이 허연 거품을 입에 물고
뭍으로 뭍으로 달려가고 있다.

부서지고 깨어져 하얀 살점을 흩뿌리며
피울음으로 토해내고 있다.
낮이면 반짝이는 태양의 씨앗들을 가슴에 안고
밤이면 싸락눈처럼 내리는 별빛들을 가슴에 안고
그렇게 그렇게 살아야 한다는 것을
바다는 알고 있다.

그러나 달려가고 싶다.
한 번만 한 번만 뭍으로 달려가고 싶다.
아픈 육신이 산산히 부서져 사라진다해도
달려가고 싶다.
한 번 만

오성환

1996년 월간 순수문학 신인상 등단.
한국문인협회 회원. 국제펜클럽 회원. 경북문인협회 회원. 한국순수 문학인협회 회원. 월간 순수문학 우수상, 월간 문학21 우수상, 월간 순수문학 신인상 수상. 시집(꽃이 피면 눈물이 난다. 생명. 등)

무등산 일출

새해
첫날
무등산에 올라
거룩한 불의 탄생을 보았다.

묵은 기억을 살라내는
찬란한 빛이었다.

희망의 새벽을 여는
눈부신 창이었다.

건강한 행복을 꿈꾸는
거룩한 의식이었다.

그 붉은 우주의 기운
가슴에 강물처럼 담아
온 누리에
선물처럼 나누어 주고 싶다.

파란 하늘에도
너른 바다에도
너의 삶에도
우리의 인생에도

後山 오승준

전남 담양 출생. 전남대학교 일반대학원 행정학 박사과정 졸업(행정학 박사). 2002 「문학춘추」로 등단. 광주광역시 공무원문학회 회장(전). 문학춘추작가회 부회장(전). 문학춘추작가회 이사(현). (사)광주예총 사무처장(전). 광주문인협회 이사(현). 한국문인협회 회원(현). 홍조근정 훈장(2018) 수상. 청소년 선도대상(공직선도) 수상. 청백봉사상 수상(2012). 대통령 표창 수상(2016). 광주문학상 수상(2017). 시집 「희망과 꿈의 지면 위에/1996」 「그리움으로 부르는 노래/2002」 「비가 오면 당신이 그립습니다/2005」 「행복한 부자/2012」 「엄니 보러 간다/ 2017년」.

참된 벗

후텁지근한 여름날 한 줄기 소나기가 쏟아지는 듯한, 순풍이 불어오는 것처럼 시원한 사람

파도치는 큰 물결처럼 대범하고도 웅장한 삶을 꿈꿀 줄 아는 사람

비 내리는 날 오붓한 주막에서 허리 잘록한 여인이 둥그렇게 부쳐낸 부침개와

허리 굵은 아낙네가 빚은 동동주 한 잔을 마주 앉아 마실만한 사람

이 세상을 살아가면서 참된 벗이 되려고 노력하고 진실한 사랑을 할 줄 아는 사람이야말로 가장 값진 삶을 살고 있는 사람인가 하노라.

오정선

2014년 한국문인 시 등단. 제주와 인천에서 행정직 공무원으로 봉직. 순수문학인협회 이사. 영주문학 부회장.

님

님은 백마를 타고 오는 줄 알았다
사실은 있지도 않을 것 같은
그래서 오지도 않을 것 같은
백마 타고 오는 님을 기다렸다

꼭 오리라 믿지는 않았지만
올지도 모른다는 희망은 버리지 못했다

기나긴 기다림의 시간이 흐른 뒤에 보니
어느새 그 님이 곁에 와 있었다
백마를 탄 적이 없어
걸어서 오느라 오랜 시간이 걸렸나

백마를 타고 오는 님만 님이 아니다
사실은 이미 오래 전에 내게로 와서
함께 걸어가고 있었다.

오종민

한국문인협회, 한국현대시인협회, 국제계관시인연합한국본부, 국제PEN한국본부, 필동인, 문예춘추 회원. 제27회 영랑문학상 수상. 고려대학교 영어영문학과 졸업. ㈜선경(現SK) 과장. ㈜갑을 부장, 충남 방적㈜ 베트남 호찌민 영업소장 역임, 시집: 『노을』

사랑할 수 있었으면

바람결의 구름처럼 나부끼며
길고 긴 세월 동안
내 가슴은 시리게 아팠어!

그 아픔을 되씹으며
애써 외면하면서 살아왔었지!

그 많은 세월이 지나갔지만
사라지지 않고
아련하게도
너무나 아픈 빛으로 남아 있다네!

그대를 사랑할 수 있었다면
그대에게 기댈 수만 있었다면
내 가슴의 아픔은 사라지고
행복에 겨운 사랑만 남았을 텐데…

송림 오주삼

송림/오 주 삼(1958년2월23일생)
경북 포항 태생. 2004년 12월 '시인과 육필시' 등단. 시집 산길을 오르며(2006.11.05), 뜬말 뜬글 (2016.12.21). 2012.07.19 한국문협 가입.

남강의 혼魂

억겁億劫의 세월 저만치 흘러갔는데
아직도 눈감은 여인
쉬지 않고 눈물만 흘린다

바위 벼랑 촉석루矗石樓 아래
왜장의 몸 껴안고
깊은 물속으로 뛰어들던
그 혼魂이 푸른 남강에 흐른다

강변에 핀 논개 꽃
물 위에 어리어
살아 숨쉬고
영혼이 잠에서 깨어 다시 비상한다

물새 한 마리 퍼드덕 날아와
왜장의 심장을 쪼아 대는데
저녁노을이 남강을
붉게붉게 태우고 있다

오 청

월간 순수문학 시부문 등단. 한국문인협회 회원. 한국기독시인협회 회원. 미당시맥회 부회장. 월간순수문학 우수상 수상. 기독시인협회 작품상 수상. 미당시맥상 수상. 시집 『어머니의 가슴』『아버지의 둥지게』『아내의 눈물, 그 餘情의 꽃』월천문학 동인지 간이역 제1.-14집 성북문창.월천문학 동인 회장. 솔잎동인 회장

휘파람새의 숲

여기 오는 사람들은
주춤대는 돌 틈새 개 망초를 싹 틔운다

뾰족 날개 뼈에 거북목이 꺾여도
너도 웃고 그도 웃고, 소래풀꽃 울음도 그친다

둥근달이 마지막 곡선을 긋는 밤
별무리가 날개 죽지에 하얀 신발을 품는다

발등에 고개 떨어트리지 않고
천년 솔 향 두 팔에 하늘 얹어 걷는다

전신에 스미어 내일의 향이 되려고
찬찬히 언덕을 오른다

오현정

1989년 『현대문학』 2회 추천 완료로 시 등단. 『한국힐링문학』 수필 등단. 시집 『지금이 가장 좋은 때』 등 10권. 동시집 『리나, 고마워』. 번역집 『고행』 등. 영랑문학상, 애지문학상, 김기림문학상대상, 숙명문학상, PEN문학상, 한국문협작가상, 한국문학비평가협회상, 박남수문학상 등. 비평가협회 부회장, 한국여성문학인회 부이사장 역임. 한국문협, PEN, 한국시협 이사 역임. 현대시협 이사, 한국여성문학인회 이사 및 심의위원. PEN이사, 숙대문인회 회장.

꽃

하늘에 별이 꽃이었다면
땅에는 엄마가 꽃이었다.

하늘에 시들지 않는 꽃이 있다면
별꽃이었다.

땅에 시들지 않는 꽃이 있다면
엄마 꽃이었다.

옥순석

2019년 시가 흐르는 서울 신인상 수상. 작품 그사람 오후의 비 동지섣달
2021년 문학신문 신춘문예 당선. 2022년 한국문인협회 입회
2023년 노벨문학 프랑스 파리 에콜 어워드 시화전 은상 수상
윤동주 별 문학상 한석봉 문학상 진주 예총 예술인상 수상

엄마도 가슴에 묻혔네

하늘에서 별똥별이 쿵 하고 떨어지듯
세상에서 제일 사랑했던
어머니가 쓰러지셨다.

언제나 자식이 최고인 줄 알고
자신을 돌볼 겨를 없이
자식과 가족에게 헌신했던 엄마

어제와 오늘이 하늘과 땅처럼 다른 삶을
지친 세월의 늪에 빠지듯 정신까지 부재중에
쓸쓸함이 가득하고 망각이란 삶 속에서
뽀얀 먼지조차 한 점 없는
현재 기억은 외출하고 과거 속에 사셨네

호강이라곤 남의 이야기
허둥대며 살다 보니
삶의 여정에 효도 한번 못한 불효에
후회(後悔)만 하던 가슴 아려오네

시간을 되돌리지 못하는 아쉬움에
늘 그리움 속에서 내 가슴 한구석에 가시가 되어
사무치도록 보고 싶은 그리운 엄마 가슴에 묻은 채
엄마의 자식 사랑 내가 닮아 가고 있네

우정옥

2023년 문예춘추 등단.
국제대학교 사회복지과 졸업. 방송통신대학교 국어국문학과 3학년재중. 사)한국문인협회 정회원.
제3회 수필부문 금제문학상 금상 수상. 현대문학 기념문학상 신석정 문학상 수상

가을의 소망

한 여름 뜨거웠던 한 낮 태양 볕에도
시퍼런 잎 새를 자랑하던 단풍잎
가을을 상징하는 모습은 성스럽기까지 하다.

단 한 번의 인생, 칠 순 성상의 새하얀 머릿결이
도사인 양 근엄함 마저 감돈다.

가을 단풍잎 붉게 얼굴 붉히고
아직 못다 이룬 꿈이 있는 것인지
듬성듬성 새까만 점들이 검버섯처럼 피어난다.

단 한번의 멋진 비행을 위해서
뜨거운 여름을 열정적으로 인내하고
여기까지 왔는데, 언제가 될 지는
신 만이 아는 사실이다.

그것은 마치 노 년의 중견 시인이
희미한 눈을 깜빡이면서 단 한번의
멋진 선 시(禪詩) 열 여섯 자를 써 놓고,
연꽃을 보듯이 사유(思惟)하고 있다.

諸行無常 是生滅法 生滅滅已 寂滅爲樂
(涅槃經 四句偈)

우태훈

2007년 좋은문학 시인등단, 한국문인협회 정책개발위원, 한국문인협회 성동지부 회원,
현대작가회 회원. 2010년 제1회 시와수상문학 대상수상
2014년 고려문학 본상수상, 제18회 매월당문학상 대상수상

시인의 마음

당신은 민들레 홀씨 바람에도 무상(無常)¹⁾한 파도였으나
맨발로 해변을 걸을 수 있도록 예쁜 조약돌을 만드는 사람

당신은 서로 다시 볼 수 없는 상사화(相思花)²⁾ 같은 인연도
오작교³⁾에서 비 맞으며 기다리는 푸른 난초를 닮은 사람

삶의 고비⁴⁾ 파도가 출렁거려도 친정 이바지⁵⁾
음식처럼
당신은 시 한 편 항구에 써 보내려는 간절한 마음을 가졌다.

---

1) 무상(無常)【명사】【~하다 → 형용사】정함이 없음. 때가 없음. 무시.
2) 상사—화(相思花)【명사】(식) 수선화과의 여러해살이풀. 산과 들에 나는데, 꽃줄기 높이는 60cm 정도이며, 여름에 담홍자색 여섯 잎꽃이 핌. 꽃과 잎이 서로 등져 볼 수 없으므로 이 이름으로 불림. .
3) 오작—교 [—꾜]【명사】(민) 칠월 칠석날 저녁에 견우와 직녀를 만나게 하기 위해 까마귀와 까치가 은하(銀河)에 놓는다는 다리. 은하 작교.
4) 고비【명사】일이 되어 가는 과정에서 가장 긴요한 기회나 막다른 때의 상황.
5) 이바지【명사】【~하다 → 자동사, 타동사】① 도움이 되게 함.
　학문에 ~한 사람.② 힘들여 음식 등을 보내 줌. 또는 그 음식.③ 물건을 갖춰 바라지함.

安心 원대동

2022년 한국 국보 문학(신인문학상). 원광대학교 교육대학원 졸업(교육학 석사). 옥조근정훈장(대통령). 호남 국보 문학(편집국장). 의자는 신의 먹이가 앉는다(시집). 현) 완도중학교. 완도여자중학교. 노화중학교. 고금중학교. 약산중학교(겸임교사)

지평선을 오르다

파도치는 바람이 산을 옮기고
비늘 물결을 그려놓았다

시간의 흔적마저 머물지 못하는 가시뿐인 땅
선인장도 숨을 헐떡인다

스콜의 물줄기와 야자수의 신기루가 아른거린다.

모래언덕을 사이에 두고 갈라진 하늘과 땅
태초의 길을 걷기 위해 돈황을 지나는 상인들은
오아시스를 포기했다

등짐을 지고 지평선을 걷는
낙타들의 거친 숨결은 적도의 바람이 되었다

비쉬트를 걸치고 흰 구름 터번을 두른 푸른 눈망울
나침반의 길은 멀기만 한데

가시를 세운 전갈이
태양을 향해 독침을 꽂는 해 어름의
붉은 노을 속에서

발걸음을 멈춘 흰 뼈들이 사막에 누워
밤의 이정표를 세운다

원유존

2021 시문학 등단

빈집

한마디 불평도 없이 내리는 눈
대문 앞 빈 의자에 앉는다
순간순간 살아낸 집
벽화가 그려진 대문 앞에서
말을 걸어온다

바람결 스치듯 들려오는 목소리
환청인가
기웃거리던 햇빛 서로 이끌어
곳곳에 거미집 짓는다

마지막 지키던 풍경이 봉합된 채
구르지 않는 자전거만 서 있는 빈집
추억은 조용 해져가고
장호원 오일장마다 떠다니는 파편들

어둠이 잠길 때까지
그리움 짐 풀어 지붕 덮고
가두고 살았던 화들짝 날아오른
절반의 미움도 갈길 재촉하고
더듬거리며 저만치 바라본다

유경자

2017년 계간 「한국작가」시 부문 등단. 한국문인협회 회원, 성남 문인협회 이사
수상: 경기 신인문학상. 문학공로상 : (한국예총 경기도 연합회상 성남시의회 의장 표창장 경기도의회 의장 표창장. 저서: 시집 「그 강가에 서면」 공저 다수

소리 없이 걷는 것은

놓여 진 길을 걷는 것은
쉽고도 쉽습니다.

고마움을 알기에
소리 없이 걷습니다.

길이 아닌 길을 걷는 것은
힘들고 힘듭니다.

끝이 어딘지
두려움을 뚫고
뒤따라 걷는 낯선 미소가

저기 저 하늘에
달처럼 떠 있습니다.

유순필

2020년 「여기」 시 등단, 사)부산여성문학인협회 회원, 원북원부산 운영위원.   시집 「물 흐르듯」

첫사랑

조용한 봄날
그대는 긴 머리 늘어뜨리고
애타게 누굴 기다리고 있을까

산들산들 봄바람으로
머리를 감고
봄향기 뿜고있는데
그대는 오지않네

정오의 봄햇살
화사한 꽃잎에 내려앉아
얼굴을 간질으며
외로운 마음 위로하고

그대 기다리는 마음
햇살과 함께
서산으로 넘어가고
그리움의 무게는
무거워만 진다.

그리운님 찾아와도
머리를 들지 못하는
내 첫사랑 같은
수양벚꽃이여

난초 유영란

시낭송가,시인,번역가. 2020.02 月꿰 문학세계(307기) 등단.
한국문인협회 시분과 정회원. 한국공무원협회 회원
아태문화예술총연합회 수석부회장. 재한중국동포문인협회 고문
한국문예작가회 운영이사. 시, 시나리오번역 외다수

은행나무 아래서

스산하게 부는 바람
가을비 맞으며
흩어진 은행 줍는다

여름날 큰 그늘로
우릴 부르고
노랗게 물들어 가는 잎 사이로
설익은 햇살 걸어 놓는다

계절이 지나가는 자리마다
그리움으로 영그는 오후
아쉬움의 강가에서
삶의 수채화 그린다

은행이 떨어진다
키 큰 빗자루에 쓸려
소각장으로 가는
잎들의 아우성

나뭇잎이 탄다
한 해가 타고 있다
희망에 부풀었던 계획
검게 그을린 얼굴
낙엽 태우는 연기
불꽃들 함성에 귀 기울인다

유영애

인천대학교 교육학 석사. 한국문인협회 낭송문화위원회 감사
에피포도예술인회 한국지회장(미국 본부). 시와음악포럼 사무총장
인천검암유치원장으로 정년퇴임. 대한민국 황조근정훈장 수훈
에피포도문학상(대상), 갯벌작가상 수상. 가곡 음반 : 아름다운예술가곡 1집 외 다수

바위 대야

산행하면서 땀을 흘리던 중
마침 맑은 물이 담긴 바위의 대야를 만나게 되어
세수를 하려다가
잠시 멈칫

이 물은
노루가 애지중지하는 식수는 아닐런가
아니면 토끼의 목욕탕
선녀의 소꿉놀이 부엌일지도 몰라

그래도 두 손으로 물을 뜨려다가
수면에 나타난 얼굴
어쩌면 저렇게도 형편없이 생겼더란 말인가
저게 정말 나일까

갑자기 눈물이 고이네
멋쟁이로 우아하게 늙고 싶었던 것은 영원한 꿈
낯설어 보이는 모습을 바라보며
반성하는 계기가 되었어라!

유유(유재진)

2011 예총 [예술세계]로 등단
작품 활동; 「선시 습작노트」 발간(2108년) 이후 2024년 「보고 느낀 이야기」까지 총 9권의 시집 발표

격랑(激浪)

세상이 격랑이라면
내 몸은 가냘픈
한쪽의 나뭇잎
물결이 아무리 거세도
나는 뒤집힐 일 없네

세상이 격랑이라면
내 영혼은 소리 없는
한결의 바람
물결이 아무리 높아도
나는 떨어질 일 없네

세상이 격랑이라면
내 삶은 나긋한
한 줄기 물풀
물결이 아무리 빨라도
나는 휩쓸릴 일 없네

세상이 격랑이라도
내 바램은 별것이 아니네
그냥 모두가 부르는
흔한 노래라네

파도를 넘어
조용한 초원을 찾아

영원히 쉴 곳에
안착하는 것이라네

유장희

2022년 순수문학 등단. 대외경제정책연구원 원장, 이화여대 부총장, 국민경제자문회의 부의장, 동반성장위원회 위원장, POSCO 이사회 의장,

달빛을 먹은 숲길

어둠이 동굴처럼 깊을수록
달은 더 영롱한 빛을 담으며
가난한 나무는 달빛을 먹으며
긴 호흡을 뿜어낸다

늘씬한 다리를 쭉 벋은 자작나무는
임을 위해 숲을 곱게 다듬고
꽃들은 치마폭을 옴츠리고
달빛을 한아름 담는다

나뭇잎은 영롱한 별을 매달고
가는 님을 깊게 포용하며
살포시 눈뜬 야생화는
달빛을 먹은 숲길을 오늘도 걷는다.

은결 유정미

시 《현대시선》1997년 봄호, 수필 《일간스포츠&삼성》1985년 등단. 전)KBS1TV리포터, 대한시문학협회 이사장, 가나신학대학 부학장, 교수, 새한일보 논설위원&기자, 시인마을&대한시문학 발행인/ 좋은문학 작가 최우수상/제24회 황금펜 문학상/ 대한민국기자협회-문화발전공로상/ 서울대 명예의 전당 등재/ 새한일보-문화예술발전대상/ 언론인연합협의회-교육지도자 대상/서울특별시의회 의장상/ 세계환경문학상 최우수상/ 제16회 향촌문학 대상/ 2023년 무궁화 훈장 대상/울산광역매일신문 전국시 공모대상 수상

잡초의 미소

문을 열고 나아 갈 때면
작은 꽃으로 하얗게 웃으며 맞아 준다
뽐내는 자만도 없이 웃어주고
두줄 세줄 줄기로 활짝 맞아준다

문 뒤에서 미소 지으며 기다리던 잡초
비록 이름 몰라서 잡초라 하지만
힘을 주고 용기 주고 웃음을 주는
그 잡초의 미소가 그리 좋다

오늘도 문 뒤에 있는 그 잡초
꽃을 피어 물 주고 만져 주며 보아 주는 이 에게
감사하고 좋아하는 미소의 인사를 한다
새 하얀 웃음의 미소로 ,

나의 웃음 나의 미소 처럼

2024년 5월 14일
잠실 한강 변에서

유한귀

등단연도:2000년 7월, 수필 부문등단:등단지:월간 韓國 詩,
등단연도 :2003년 6월, 詩 부문등단:등단지:월간 韓國 詩,
한국 詩:이달의 시인, 시 부문 문학상 수상:2004년, 노산문학회 노산문학상 수필부문 수상:2007년

끝내 못다 한 말

가슴 밑바닥 정갈한 한 마디
울컥 울컥 밀고 올라오지만
입술 열지 못하고

왁자지껄한 세상 한 발짝 다가가면
어렴풋이 님의 말씀 있을 것 같지만
귀 열지 못하고

끊어질 듯 애간장 아픔 참으려
두 눈 꾸-욱 감으니
어느새 속눈썹 사이 이슬 맺히고

차라리 어제처럼
머리 위 이슬비 내리면
주루룩 눈물샘 하나

유희옥(柳希玉)

서울문학(2004년) 등단. 저서 "풀꽃마을 이야기"
서울문학회원. 한국문인협회원. 대구펜클럽회원. 물빛 문학 동인

봄날의 꿈

양수리 강가 어느 산장
르누아르의 색채마냥 화사한 능소화
나비처럼 날고 싶었는지
담벼락을 타고 자꾸만 올라간다
아마도 훨훨 나는 날갯짓이 꽤 부러웠나 보다
어디에도 메이지 않는 바람
강물 위에 물무늬 수를 놓으며 지나간다
능소화 꽃잎 물 위에 후루룩 떨어진다
흠칫 놀란 미루나무
그림자 휘어 물 멀미를 앓는다

대물림으로 움트는 돌담 귀퉁이 홀씨처럼
날마다 일탈을 꿈꾸며 비상해 보려
바벨탑 같은 삶의 끄트머리에서 버티고 버티다
나도 멀미가 난다

윤경이

창조문예 신인상 등단
한국문인협회 회원 기독시문학 회원 창문동인회 회원
저서 〈낙타도 가끔은 운다〉 〈시에 체하다〉 7인 공저
〈단색의 은총〉 에세이 〈성결교인물전〉 공저 〈동인지〉 외 다수
들소리문학상 가작 수상

낫질

잡아 끌어당기고
한 움쿰 한 움쿰
허공을 가르며 싹둑 싹둑
허리 부러지는 소리
손목에서 뿜어내는 날쌘 움직임
우거진 풀 눈처럼 녹아
어느 결에 쌓여가는 무더기
이마에는 송골송골 땀방울
깍은 자리 돌아보는 흐뭇한 미소
오래전에 이어온 우리 이야기

윤덕진

2012년 청계문학 등단. 아호 도림(道林), 경기 양평 출생, 시인, 수필가, 화가, 국민대 경영학과 졸업, 한양대 경영대학원 석사, 청계문학 자문위원, 양평문인협회, 한국문인협회 회원, 한국도서관협회, 한국미술협회 회원, 청계문학 시·수필 신인상, 청계문학 시부분 본상, 매월당문학 시부분 금상, 송강문학 시부분 본상 수상, 시집:「내 고향 양평」윤덕진 시인 출판기념회 개최

자연으로 되돌리고 가자

산을 보고 강을 건너며 암벽을 본다
얼마나 오랜 세월이 빚은 풍광인가

세월을 쪼개고 또 쪼개서
시간이란 걸 만들어 놓고
백 미터를 몇 초에 뛰었냐는 것은
부질없는 일인가

시간의 길이는 세월의 길이와 같지 않은가
고속열차를 타고 비행기를 타고
바쁘게 뛰어다녀도
살아 있어서 먹이를 찾아다니는 것뿐인데

가지고 갈 수 없어도
나무를 심는 것처럼
자연 속에 남기고 가자

윤만영

황해도 벽성 출생. 시집 『계절의 길목』, 『가을이 들길을 가네』, 『더 쎈 놈이 왔다』, 『해바라기는 밤새워 동쪽으로 간다』, 『나를 찾았다』외 공저 다수. (사)한국문인협회, (사)국제펜한국본부 회원. 황순원문학상 양평문인상 우수상 수상.

바람꽃

모질다
설풍을 이겨낸 인내가
세월을 밀어가는
바람아
구름아

꽃이라 부르지 않는 너는
한곳에 뿌리도 내리지 못하고
구름 되고 바람 되어도
욕심 한번 부린 적 있던 냐

인생은 잠시
눈물 속에 핀 곱디고운 연꽃처럼
잠시 이슬 되어 사라지는 것

꽃이라 부르지 않아도 좋아
이름 석자 남기고 갈수만 있다면
바람꽃이라도 좋아

松林 윤명학

2010년 좋은문학 "시"부문 등단, @한비/시와늪 작가. 경북적십자신문 창간호 작품 상재. 시집/ 고향의섶 외 다수 출간 @제44회 어버이날 경북도지사 표창패 @ 청송군민상 수상. 대한적십자사 은장 포장 수상,

주인 없는 마을

인적 없는 신도시 예정지
시끌법석 소리는 사라지고

뜬구름과 바람만이
길손으로 들고난다

위엄 있던 대문은
먼지 쌓인 무게에 지쳐있고

흉흉한 모습의 깨진 창문들은
날카로운 흉기 조각으로 날서있다

떠나간 눈물방울 한숨바람은
길고양이 머리위를 스쳐가고

허물어져가는 담장사이
햇살은 비집고 들어와
풀꽃씨를 하얗게 터트린다

동면으로 늦잠자던 제비꽃도
푸석한 돌 틈 사이로

떠나간 주인 찾으려
고개 늘려보지만
고요와 먼지만 날린다

웃음 한바가지
눈물 한바가지
메아리도 사라진 마을

혜림 윤수자

월간순수문학 등단
한국문인협회 시분과 회원
한군문인협회 회원, 한국순수문학인협회 회원. 필동인
시집 『인연의 향기』

모정(母情)의 세월(歲月)

대쪽같이 야윈 등짝에
내 얼굴 파묻으면
따스한 온기가 가슴으로 전해질 때
꿈속에서 한없이 헤맨다

부드러운 어머니 목소리에
삶의 고통도 잊어버리고
내 서러움 다 접고
설레는 가슴에 얼굴 묻으면
그리움에 젖은 땀 냄새까지 향기롭다

잊고 있던 추억들이
가슴으로 파고드는 웅크린 육신은
함께 걸었던 시간조차
부드러운 손길로 가슴 녹인다

선한 눈빛 바라보며
어머니 등짝에 얼굴 파묻고
또다시 따스하고 애틋한 마음 전해도
세월은 눈물 보이지 않는다.

윤외기

2020년 사)문학愛 등단, 한국문인협회 회원, 문학춘하추동 이사, 문예마을 이사, 쉴만한물가 운영이사, 강원경제신문 코벤트가든문학상 대상, 김해일보 신춘문예 우수상, 지상작전사령관 표창, 동원전력사령관 표창 외 다수. 〈저서〉『그리움의 꽃잎편지』, 『갈바람이 전하는 연서』, 『IN-N-OUT의 비밀』, 『너의 이름은 사브라』 〈공저〉『쉴만한물가』(1~9호), 『초록물결』(5~11호) 외 다수

순 둠벙

기원석(祈願石) 앞
작은 못에는
순채(蓴菜)가 자라고 금붕어가 노닐었다.

고향의 순채가 먹고 싶어
벼슬을 버리고
고향으로 돌아왔다는 선비 이야기

월류봉의 달빛!
회도석의 기원!
순 둠벙에 얽힌 이야기는

오순도순
삼합(三合)의 조화(調和)요
황간의 번영은 상상으로도 족하다.

遂庵 윤주헌

2016년 농민문학. 2016년 농민문학회원. 영동문인협회 회원. 2017년"그리운나날"시집. 2022년"그리운향기"2시집.2022년 한국문인협회 회원등록

梅香매향을 훔치려다

꿈틀대는 탐욕이
귀울림 같은 것을

저 매화 꺾으려는
부끄러운 손이 있다

차라리 내민 손으로
나를 치고 싶었다.

윤주홍

의학박사. 고려대 의대 졸업. 한국문인협회, 국제PEN한국본부 회원. 순수문학인협회 이사. 제14회 영랑문학상 대상 수상.

그믐달

먼동이 트는 새벽 길
빨간 미등이 꼬리를 물고 바삐 달린다

동녘하늘에 나지막이 걸려있는
샛노란 그믐달

살포시 미소 짓던
첫사랑의 입술 같아

그믐날 해뜨기 전에 잠시 왔다 가지만
이내 가슴에는 오래오래 머물러 있네

윤태환

2021.1 문학시대 등단. 동우아트론주식회사 대표이사. 강남 대모문학회 이사
국제 라이온스 협회 회원

영혼(靈魂)

한번
이 땅을 떠나신 분들은
전화도 한 통 없더라
그런데 가끔은 말이지

한 번씩 꿈에는
모습이 보이시는데
이게 어이 된 일인지
그것은 아주 가끔은

우리 삶이
창살에 비치는
문풍지에 바람처럼
쏜살같이 지나가는 세월

꽃피고 새 우던
열여섯 해
선고에서 가신지
어제 그제 같은데

그동안 내 숙제는
아직 풀지 못하고 있는데
책장 속에 잠자고 있는 비문碑文
어제나 뽑은 이는

하기 쉬운데
어찌할거나
아 ~세월아, 어쩌노
격노하실 선고 깨서는

뭐라 하실까?

송암 윤한걸

시인. 수필가 송암 윤 한 걸 (본명) 창환. 시인 (죽순 문학 1999년 등단) 수필가 (한비문학 2024년 등단). 한국문협.한국 시인연대.대구문협.K 국제 펜. 죽순 문학. 수성 문학.한비문학 회원. 제1시 집:인생 나그네 외 다수. 제2시 집:구름 같은 인생. 한국문학 예술진흥원 우수작품 창작지원 도서

수돗가 옆 장독대

다 먹은 김칫독 우려내는
수돗가 물항아리

찰랑한 물거울 가득
하늘이 들어 차고
포도나무 빈 가지
바람에 살짝 흔들려 잠기네

큰 글자 달력
손 없는 날
말갛게 씻은 메주를
그득 채웠네

장 익는 마당가
장다리 꽃피고
툇마루 점심소반
상추 한 소쿠리

배추흰나비 나풀 날았네

윤혜숙

2021년 한맥문학 시부문 등단
2023년 시낭송가 1급 자격증 취득
한국문인협회 회원
한국문인협회태백지사 이사

하늘, 산, 바다

산이 푸르니 바다도 푸르다
하늘이 파라니 바다도 파랗다
하늘이 하야니 바다는 검었다

그런데 바다의 본래 심성은 하얗다
조금만 물결쳐도 바위에 철썩이고
네 마음은 하얗게 피어난다

산 구름 하야니 바다에 드리우는
한 폭의 수채화는 아름다움이구나

하늘이 맑으니 바다 또한 잔잔하고
하늘이 흐리니 바다 또한 아파하고
하늘이 눈물지으니 바다에 고이더라

바다가 눈물지으면 하늘빛이 닦아 주고

원래 하늘과 바다는 한 마음이고
산은 동무였더라.

윤호용

1966년 6월 2일 충청북도 청주에서 태어남. 한세대학교 목대원. 알래스카 은혜와 평강 순복음 교회 담임 목사. 알래스카 교회 연합회 회장 역임. 순복음 세계선교회 북미총회 부총회장. 기독교 신문 칼럼니스트(시애틀 17년째). 애틀란타 크리스찬 타임스 칼럼니스트. 저서 『알래스카에서 하나님 나라를 꿈꾸다』(토기장이)

침묵하는 바다

그토록 쉽게 물살이 갈라진다는 것은
어느샌가 새살이 돋아 잔잔한 옛날로 스며 들어갈 것을 알기 때문이다

발버둥 치며 감고 휘도는 스크루가 내는 상처도
큰 손길 하나로 그렇게 잠들 것이다

상처 부스러기는 물보라에 쓸려
또 다른 상처 부스러기와 켜켜이 쌓여 기암이 되는 것이다

어느샌가 드러나지 않는 아픈 기억을 안고
해무에 덮인 신비로운 아름다움이 되는 것이다

어느샌가 끝없이 반복되는 상처를 안고 침잠하며
생명을 잉태하는 모성의 인고가 되는 것이다

밤마다 치유되는 프로메테우스의 고통을 안고 있는 바다는
차라리, 소리 없이 비명을 지르는 아름다운 아픔의 향연이다

윤홍렬

2011년 《서울문학》 신인상 등단
경남 고성문협 회장 역임, 중등 교장 퇴임
경남시협 이사, 경남문협 감사, 한국문협 회원
시집 《흐르는 길》

5295번 버스

잠들지 못하는 밤
서재에 들어가 고서에게 길을 묻는다
오랜 시간을 견뎌 온 책에서는
아홉 번 구운 죽염냄새가 난다
어둠이 방안의 색을 지우고 있다
덩그러니 어둠의 문장을 다 읽을 즈음
까치발하고 들어온 달빛에
책 속, 젖은 이름 하나가 따라왔다
긴 세월 참아내던 그 이름이
덥석 기억속으로 데려간다
귀퉁이 닳은 책에서 빠져나온
사진 속 버스가 무릎으로 달려왔다
파도소리를 주유하고
해안가를 달리던 5295번 버스다
저녁 해가 벌겋게 취해서야
동백마을에 내려주던 그 버스였다
살며시 버스에 올라
그에게로 가는 열쇠를 꽂았다

붉게 녹 슨 자물쇠는
소금바람에 우는 소라껍데기마냥
쓸쓸히 세월만 읽고 있다.

이가을

2001년 문학세계 등단
(사)한국문인협회 낭송문화위원장, 한국문인협회 평생교육원 시낭송과 교수
(사)한국문인협회 주최 제1회 전국시낭송대회 대상 수상 (사)한국예총회장상 대상
한국작가 낭송문학상 대상, 제14회 한국문협서울시문학상 수상, 갯벌문학 작가상
시집 『언제나 당신은 내 눈 안에 있습니다』, 『빗물로 그리는 수채화』외 공저집 17권

칠정주七情酒

기뻐서 한잔
화나서 한잔
슬퍼서 한잔
즐거워서 한잔
희노애락 핑계로 마시다가

사랑으로 마시고
미움으로 마시고
욕심으로 마시니
애오욕 덕분으로 오늘도 한잔

아해야 아서라
한 잔은 명약
두 잔은 독약
세 잔은 사약
네 잔은 향에 세 번 돌려 받는 술이러니

희노애락애오욕
한 잔이면 희희낙락
즐겁지 아니한가
아해야 큰 사발 가져오너라
에헴

이광연

2022년 월간 시사문단 등단. 기업인, 현) 루프로맥스 코리아㈜ 대표이사. 한양대학교 공과대학 전기공학과 졸업. 휘문고등학교 졸업. 월간 시사문단 시, 소설 등단. 제20회 풀잎문학 본상 수상

지하철에서

세상을 만날수 있는 공간은 어디에나 있다

어느 날 출근시간대가 달라져
만나게 된 사람이 있다

일산역에서 경의선 전철을타고
홍대입구역에서 내려
2호선 환승구간으로 향할때
첫번째 엘리베이터 앞에
서있던 모녀.

20대 후반으로 보이는 딸은
작은 휠체어에 몸을 싣고
60대 초반의 중년의 여자가
휠체어를 뒤에서 밀고 있었다

2호선 홍대역까지 환승구간은 길다

한걸음 옆에서 걸어가면서
얼핏 본 휠체어에는 발판이 없었고
딸은
짧은 두다리로 땅을 밟으면서
헤엄치듯이 움직이고 있었다

작은 체구에 긴 곱슬머리
단정한 차림에 무릎에는 가방을 가지런
히 놓고

부지런히 걸어가고있었다

두번째 엘리베이터를 올라
2호선 방향 무빙워크를 나란히 지나
세번째 엘리베이터를 타고
2호선 플랫폼으로 내려갔다

그런 모녀의 모습을
이후 출근시간에 몇번 보게되었다

어느날 아침
같은 엘리베이터를 타고
2호선 플랫폼으로 내려가면서
내가 말했다
"출근시간이 같은지 거의 매일 보게되네
요.
따님이 참 예쁘세요"

조용하게 표정없이 앞만보던 딸이
가만히 미소짓는다
어머니가 반대편 승강장으로
휠체어를 밀고가다
뒤돌아보며 내게 환하게 미소지으며
목인사를 한다

행복한 아침이었다

이금희

경주 출생. 경북대 불어불문학과 졸업 (부전공: 영어). 서강대 경영대학원 졸업 (경영학석사). 프랑스 원자력회사 FRAMEX 근무. 한전 원자력 프로젝트 통번역 참여. 한국고속철도건설 프로젝트 통번역 참여. KDNUAE프로젝트 통번역 참여. 2014인천아시안게임 통역지원. 2020〈서울문학〉 외국어문학 번역시인 등단. 2024〈순수문학〉 시인 등단

헝겊 가방

아내는
문단 행사 모교 행사에서 얻은
헝겊 가방을
즐겨 들고 다닌다

물 한 방울도 아끼던 젊은 시절
친구 친지 결혼식에 입을만한 옷이
없다는 이유로 힘겹게 장만한 명품도
샤넬 핸드백도
나이 들어 장만한 진주 반지도
장롱 속에서 잘 보관되어 있을 뿐
찬장에 가지런히 정돈된 크리스털 술잔도
식탁에서 올린 적이 몇 번이나 되었나
며느리도 눈여기지 않는
버리기도 끼고 있기도 어정쩡한
시간 지난 명품들.
어쩌다 걸치고 나서면
'중국 부자 같다' 놀린다는데

헝겊 가방을 들던
명품 가방을 들던
이웃 사람들 관심도 없다

이길원

국제PEN 세계본부 이사. 국제PEN 한국본부 이사장 역임. 망명북한작가PEN 고문. 저서 : 〈하회탈 자화상〉, 〈은행 몇 알에 대한 명상〉, 〈계란껍질에 앉아서〉, 〈어느 아침 나무가 되어〉, 〈헤이리 시편〉, 〈노을〉 〈감옥의 문은 밖에서만 열 수 있다.〉 〈복수초〉 〈시 쓰기의 실제와 이론〉 외. 영역시집 〈Poems of Lee Gil-Won〉, 〈Sunset glow〉 〈Mask〉 〈 The Prison Door can only be Opened from outside.〉. 불역시집〈La riviere du crepuscule〉 헝거리역 시집 〈Napfenypalast〉. 수상 : 대한민국 문화예술상. 서울시 문화상. 천상병 시상. 윤동주 문학상. 시인들이 뽑은 시인상. 대한민국기독문학 대상. 이집문학상. 외

현충원

제 몫을 다한 풀꽃이 아름다운 것
어떻게 지켜온 국토이던가
고귀한 젊음 조국에 바친 그대

슬기와 그 충절 씨앗 되어
역사의 강변에 천년수로 뿌리 내려
평화의 꽃 활짝 피어낸 대영웅大英雄

영롱하게 떠오른 그대의 그림자
청홍의 눈부신 샛별, 하늘 어디에도
님 보다 더 반짝이는 별은 없다

목메어 불러보는 그대여
녹 슬은 군번줄,
땀 절은 군화 끈, 풀어 편히 잠드소서.

이난오

2003 예술세계 등단, 시집 (미완성의 수묵화)(따뜻한 침묵). 한국가곡 작시집 (시는 노래가 되어)29호, 국제 펜 문학 이사. 한국문인협회 문인저작권옹호위원. 한국음악저작권 협회 회원, 한국 가곡 작사가협회 자문위원. 계간문예 작가회 이사, 마포문협 이사. 황진이 문학상 대상 수상, 한국가곡 예술인 상 수상

조강(祖江)

한반도 생명의 젖줄
한강과 염한강이 북한의 임진강 예성강과 합류하는
합체와 통일의 상징
조강이여

인생처럼 흘러 서해 바다에 이르는
대자연의 여정이 진행되는 곳
남과 북, 동과 서, 자웅, 모자가 길 잃지 않는 곳
아 겨레와 내가 하나의 심장을 나누고, 하나의 영혼으로 이어진 곳

인류의 문명이 탄생한 강처럼 신비로운 생명의 시원 조강이여
바다에 바가지를 띄워 몽골에 쫓기는 임금을 구하고 제물이 된
사공의 충심이 흐르고 흘러
조국 통일 신문명의 발상지가 되소서

햇살에 반짝이는 윤슬은
조국의 숨결이고
바람에 일렁이는 파도는
젊은이의 약동하는 내일이니

해가 뜨고 지는 우주의 중심
너와 나의 숨결
인류의 조국으로
조강이여 생명이여 흐르고 또 흐르소서

조강 이돈성

2019년 '심정문학', 2020년 시와 창작지에 시와 수필로 등단. 1958년 경남 하동 출생. 가톨릭대 성심 교정에서 '나를 찾는 글쓰기학교'를 개설, 10년째 진행하고 있다. 북한이 바라다보이는 강화 교동도에 귀촌, 통일을 염원하며 휴전선 작가로 살아간다. '난중일기' 공동저술.

자강불식

새벽은 새로워
가벼운 아침 설렘

오전엔 바쁘게
사랑과 노력, 창의로

한낮은 슬기로이 보람찬
잠시의 여유

오후는 인내와 역동, 변화
저녁은 똑바른 마무리

밤엔 맑고 아름다운 꿈이다

홀로, 또는 모두가 다들
산맥 달리듯, 물 흐르듯
저대로 힘껏

과거를 딛고
오늘 시련과 역경을 견뎌
좋은 내일 맞이

부지런한 나날이 모여
사계절 쉼 없이 돌아간다

우리나라
영원무궁토록 빛나 융창할
이 하늘과 땅, 사람들

이돈주(李燉周)

아호 금재(錦齋). 충남 공주 출생. 1989. 「시와 의식」으로 등단. 한국문협대전광역시지회 수석부회장 역임. 현 한국문인협회서정문학연구위원. 금강일보 칼럼니스트. 시집 「고개를 넘으며」 외 5권. 칼럼집 「공주(송선리)의 옛이야기」, 「새날의 대전」 외 다수

파크골프

꼴찌 상을 받는다
참으로 귀한 상이다

일등은 박수를 받고
꼴찌는 웃음을 받는다

박수는 환호를 부르고
웃음은 행복을 부르고

선두와 후미는 하나의 줄기이기에
파란 잔디 위에 함박웃음을 뿌리는
나비처럼

지혜와 경험이 쉬어가는
박수가 흐르는 아름다운 공원

허조 이말용

등단-계간〈문학과 육필〉(2005). 시집- 편리한 것과 잃어가는 것 외 다수. 법무부장관상(1989). * 대한변호사 협회장상(1997). POSCO 20년 근속표창(1994)

시간의 밀도

세상과 단절되는 희미한 소리를
심연의 밑바닥에 가라앉히고

형체없는 어둠은 말을 잃어버리고
시간의 점도를 높이 올려
너와 나 사이 가로놓인 침묵의 소리
세상의 소통을 단절시킨다

거센 물결이 썰물처럼 흘러
밀려드는 기억은
역류의 부표가 되어 우선 멈춤의 신호탄이 된다

기다림을 물고 정박하는 방파제 끝
촘촘한 그물망에 걸린 낯선 언어의 갈무리

세월이 침식된 심해의 닻을 올리면
침묵의 소리가 물이랑에 너울거린다

이명순

아호: 시연. 한국문인협회회원. 제물포예술제 주부백일장 장원. 전국 고전읽기 백일장 문화체육부장관상. 타고르 문학상 최우수상. 윤동주탄생105주년 기념문학상 우수상. 다시, 첫걸음 시집출간. 한국문학 작가대상. 다시,첫걸음 시집 작품상

이 아침

손등으로 작은 햇살 가리며
병원로비 무인수납기 앞으로 다가오는 여자
거친 숨 몰아가며 요청하는 진료접수에
허물어져 가는 시간을 잡고 있는 삶

미소 잃은 아픔의 고통
봉사자들과 청소하는 분들이 아름답게 보인다는
가슴치는 소리
끊어졌다 이어지는 음들의 호흡에
외면당한 햇살이 여린 어깨 감싸준다

이 아침,
약속한 듯 생의 간절함 데리고 내게 다가 온 여자
안이한 하루에게 때리는 소리
마음을 지나 아림에 젖는다

시름에 젖은 침묵을 끌고 진료실을 나오는 여자
슬며시 돌아서서 보여준 작은 미소에
일상의 감사함이 마음을 데리고 그녀를 배웅한다

이명희(동작)

2006년 새한국문학회 수필 신인상 수상 등단
2015년 월간(국보문학) 시 부문 신인상 수상 등단
한국문인협회 회원
시집; 마음의 풍경

낙과

위대한 추락
아름다운 희생이다

길 위에서
이마의 멍을 쓰다듬으며
짓는 미소가
안겨 있는 동료들의 안타까움에
답하는 모습
큰 보람으로 삼는다

배꼽에 화환 쓰고
꿈을 키우자든
희망찬 얼굴들 속의 그들
기꺼이 낙하를 결심한다
잘 익어야 할 꿈을 위해

밟히어 박살이 나도
마냥 좋다
푸른 미소가 온 가지에 번진다
빛나는 희생이 뒹굴어
걸음이 수줍다

이문이

한국문인협회 회원. 文味祭에서 까치들과 언쟁 중
The Poetry Blacksmith. 중등교사 정년퇴임

거미집

나뭇가지 사이로 오각형의 얇은 그물망 집을 만들어요
곡예사가 된 거미는 중앙에 안락의자를 놓았어요
밤새 내린 이슬에 갈증을 해소하고
눈먼 곤충들이 올가미에 걸려들어요
안락의자에 앉은 여왕 거미는 껍질째 먹어치워요
게걸스럽게 웃어 보인 늙은 여왕 거미
기름기 흐르는 느끼한 모습이 역겨워요
끈적거리는 거미줄의 올가미에 걸리면
그물망 집엔 붉은 피로 물들여지지요
가는 줄이 낭창낭창 바람에 흔들리네요
발버둥 치는 곤충의 다리는 본드로 붙였네요
움직일 수 없어요
놀이동산에서 바이킹을 타듯이
하늘로 오를 땐 앞쪽엔 허공만 보이죠
헐렁한 모자가 바람에 날려가고
눈먼 봉사가 되어
예측할 수 없는 미래를 살아가지요.

이미옥

2017년 신문예 시 신인문학상 등단. 한국문인협회 서울지회 이사 및 서울중구지부회장, 서울중구문인협회 회장, 문학의 빛 작가와 함께 편집위원. 대륙문인협회 부이사장, 한사랑문화예술협회 부회장, 한국가곡작사가협회 문화탐방 이사, (주)우리건설그룹 대표이사. 시집 : 「윤소의 노래」「가슴속에 피는 꽃」. 동시 : 「책 속에 사자가 있어요」. 동요 : 「아이의 꿈」. 가곡 : 「계절의 노래」「마음」「손맛」「어둠 속의 나」「갈색 잎새에 맺힌 그리움」 외 다수. 동인지 : 「시는 노래가 되어」외 다수

클로버

일과가 다 끝난 저녁
하늘은 집으로 돌아오라 손짓하는 시간
오늘 하루를 다시 되짚어 본다
빗길에 미끄러져 넘어지고
눈앞에서 지하철 문이 닫히고
겨우 잡아탄 버스는 자리가 없다
돈이 없어 끼니도 때우지 못하였다

괜스레 힘이 빠져 고개를 떨구며
귀갓길 버스를 타려 계단을 오르다
계단 틈 사이에 피어난 클로버들을 보았다
운 좋게 네잎클로버를 찾아
꺾으려던 순간
바로 옆 유난히 작은
세잎클로버 하나

그 자그마한 익숙함을 꺾어
무심하고도 조심스레 품에 안았다
그 옆 피어난 행운은
내 것이 아닌 것만 같아서

이민기

2023년 월간문학 2023년 12월호 등단. 대진대학교 재학 중. 월간문학 2023년 12월호로 등단

사람아 사람아

꽃은 향기로 피고
새는 울림으로 말한다
사람도 향기로 필까
사람도 울림 있는 말을 할까

앞뒤가 똑같은 나무는
보이지 않게 자라다 적당하게 멈춘다
끝까지 흐르는 물은
무조건 물줄기를 받아 들인다

사람도 나무처럼 앞뒤가 같을까
욕심은 자라다 멈출까
인연은 끝까지 물처럼 흐를 수 있을까

동물은 또 어떤가
뿔을 가진 동물은 이빨이 없고
이빨이 강한 동물은 뿔이 없다지

사람아 사람아
없는 것에 투덜대지 말고
있는 것에 감사해야 하는 이유요

향기 있는 울림으로
앞뒤 같은 사람으로
한결같이 흘러야 되는 이유다

오선 이민숙

제1회 서울시민문학상 대상. 제9회 매헌윤봉길문학상 대상. 2023 짧은시짓기전국공모전 대상. 2022 향토문학 백일장 대상. 제10회 순우리말글짓기전국공모전 은상. 베스트셀러작가상 // 2시집 // 3시집. 탐미 문학상 본상. 황진이 문학상 최우수. 하유상 문학상 본상. 신춘문학상 입상. 오선문예 대표. 서울시민문학상 심사위원장. 사)한국문인협회 28대 이사. 사)현대시인협회 28대 이사

금모래 쓰다듬어

침묵은 더러
동떨어진 금덩어리
탐심의 손길 뻗어가지 못하고

언어는 흔히
미풍에도 흩날리는 은가루
세상 눈들 멀게 하더라

떠나와 오로지
노래와 춤으로 살다가

질펀히 깔린 금모래 위로
개울물 흐를 때
나는 새들의
춤 적셔 갈무리며
흐르는 구름의
발걸음 소릴 듣는다

바람에 밀려가는
어제와 오늘

금모래 쓰다듬어
묵언默言
흘려 보낸다

이병석

1970년 현대문학 3회 추천 등단.
동아대 문학박사. 한국승려시인협회 창립 회장 역임.
부산불교문인협회 회장 역임.
부산문학상 대상 수상.
부산예술상 대상 수상.

추억의 경포대

그대와 함께한
꿈과 낭만이 넘치고
푸른 파도 소리 넘어
하늘과 맞닿는 곳
구름안개
가득하네

그대 눈 안개꽃 피었고
하늘 파랬던 그날
미래를 속삭이며
맨발로 두 손 잡고
고운 모래 위를 걷던
다시 가고픈 바닷가

李普英

호 原主, 서울출생, 철학박사, 21년 〈시와 창작〉 등단, 미) Puritan Reformed University 졸업. 고려대 대학원 졸업, 백석연합신학신대원 교수, 이천영락교회 담임목사, 시집 「가까이 못 가서 미안합니다」, 한국문인협회 회원. 계간문예작가회 이사. 아태문인협회 지도위원, 한국시서울문학회 운영이사.

아파트의 힘

마을 이름이 달린 나의 숲에서는 사람냄새가 난다

풀내음 감질나게 새어들면
어둠 속에서 만개하는 꽃들의 온기
발갛게 익은 향기 불빛으로 새어나온다
방마다 창문을 달고 하늘을 향해 질주하는 거목들
시도 때도 없이 날개가 돋아나 싹을 틔우고 씨앗을 뿌린다
눈 뜨면 우후죽순 자라나는 이국적 이름 마스터뷰 센트럴 하이엔드 스타힐스 따위
토막집 운기로 자라난 위상을 잊을 수도 있나
강을 끼고 숲을 두르고 도심의 혈맥을 타고 군집하는
마을 마을의 저 여유로움
아래로 아래로 뿌리를 내리고 시대를 향해 뻗어가는 거목들이
돈을 경작하고 품위를 거둬들이는 아파트의 수확기
쉽게 알 수 없는 미로의 농한기를 향해
저벅저벅 오늘을 걷고 있다
마을마다의 뜨락
파크뷰 강뷰 논뷰 초품아 숲세권 역세권이 주렁주렁 열리면
보금자리마다

짙은 꽃향기 불빛으로 터져오른다

이상남

2015년 시와사상 등단
시집 〈씹어야 제맛〉

달맞이 고개

그 옛적 나그네가 정 둔 남녘 항
석양에 도리앵화 흩날리는데
바람이 술집 창문 흔드는 저녁
키조개 감칠맛에 얼큰히 취해
밤내 오르고 오른 무성한 언덕
하현달 낙화유수 일렁이더니

이제는 그 어촌을 찾을 길 없고
성긴 숲이 바람에 스치우는데
밤 내내 어둠 속을 헤치고 헤쳐
바위 산 모래 언덕 오른다마는
그믐 달이 미명에 사라진 허공
화선 따라 날마다 북으로 가리

몽매에도 그리던 개마고원에
두만강을 건너서 간도 삼천리
흑룡강 동진하는 불연산 남록
그 아래로 보듬는 비로, 비단강
가을 봄 여름 없이 정겨운 나라
게로 가서 진인과 달을 맞으리

이상면

『현대문학』지로 1989년 시인 등단. 서울대 명예교수. 시집 『누란』, 자전적 서사시 『찔레꽃 피는 언덕』,
소설 『고요히 흐르는 금강』. 인간상록수상 수상.

4월 28일

모친 삼우제를 지내고
언제건 와야 할 시간을 맞고 만다
어머니의 덩그런 침상

빈 방의 문을 닫고 자나
열어놓고 자야 하나
어찌할 바 모르고 밤을 보낸다

지난 시간의 회상들
이젠 누구와도 통하지 않을
머나먼 이야기로 고스란히 내게 남기고

영원히 사라진
이 세상에서 유일한 나의 한편

누굴 위해 우리는
우리의 삶을 쪼개어 나누었던가

나의 생명
나의 詩
내 삶의 시작을 보내고
난생처음 겪는 시름에 가슴이 메인다.

이상민

서울고, 서강대 전자공학과 졸업
문학시대 (02신년59호) 신인상으로 등단
문학시대인회, 문학의집.서울, 한국문인협회, 한국시인협회 회원
시집 〈세상에 묻힌 나를 보며〉, 〈가로수와 가로등〉, 〈티끌 만한 생각을〉,
〈가지 없는 나무를 바라보며〉, 〈외길타기〉, 〈끝말잇기의 그림낙서〉 외

영원한 만남이 있는 곳을 향하여

만나면 헤어짐이 있고
모이면 흩어짐이 있다
한번 맺은 것은 언젠가는 풀어진다
부모와 이어진 탯줄은
태어나면서 끊어지고
혼백의 만남도
사후세계에서 흩어진다
영원함을 위해 만나고 살아가지만
시간이란 찰나의 세상만이
존재 할 뿐
긴 인연의 끈은
우주에 존재하지 못한다
애절한 사랑 또한
그 범주를 벗어나지 못하고
다만 우리는
영원한 만남이 있을 것을
염원할 뿐이다

청화당 이상운

2008년 월간순수문학 등단
사단법인한국문인협회 회원. 사단법인한국문인협회 당진지부 회원
충남시인협회 회원. 합덕연호시문학회 회원
내포 풍수지리 연구회 회장

내 안의 사랑

사랑은 밖에 있는 게 아닙니다
항상 내 맘 속에 살고 있기에
내가 사랑을 하고자 하면
사랑은 곧바로 다가옵니다

사랑만큼 큰 것은 없습니다
우주를 다 채우고도 남으니까요
사랑만큼 작은 것도 없답니다
아가의 작은 손에도 다 담기니까요

사랑은 머리에서 싹트지만
가슴 속에서 꽃을 피우고
팔과 다리에서 열매를 맺지요
우리 몸은 사랑의 꽃나무랍니다

사랑은 과거가 아니라 현재입니다
아는 것이 아니라 하는 겁니다
찾는 것이 아니라 불러내는 겁니다
내 안의 사랑을!

이상은

2021년 순수문학 등단. 성균관대학교 동양철학과 철학박사. 상지대 인문사회대 학장, 대학원장. 현 상지대 중국학과 명예교수. 저서 《중국의 종교와 자연의 이해》 외.

시처럼

말없이 흐르는 강물처럼
시에 마음을 담아 그려보는 그림
엮어온 세월 속에 어두운
아픔도 있었다

가슴 저린 뒤안길
쉼 없이 달려온 여정
욕망과 갈등으로 살아온
난해한 감정들

고난에 짓눌린 세상사
인내로 싸워온 기다림
슬퍼하거나 실망하지 않고
한편의 시를 담으면서
앞날을 기대하는 마음

지고 온 인생 내려놓으며
마음을 함께한 사람들
믿음으로 상처 치유하는
황혼에 익는 시가 되리

이상진

2023년 04월 25일 한국전쟁문학제12호 등단. 단국대학교 유기농학 박사, 전)동국대학교 객원교수 한국전쟁문학 신인상, 창작 시화전 최우수상. 한국전쟁문학이사, 청향문학회 사문학회자문위원. 한국문인협회회원

길모퉁이

큰길 돌아 수줍게 앉아 있는 모퉁이
길 나서면 반겨주는 동네 사람들 큰 웃음

나팔꽃 능소화 호박꽃 핀 빨랫줄 사이로
눈인사하는 이웃 사람들

자식들 불효 얘기 원래 그런 거여
맞장구쳐주는 청국장 인심

호랑이 얘기 듣고 자란 인왕산 자락
욕심 없는 토박이들

달빛 보며 미소 짓는
초가지붕 박꽃처럼 아려서 이쁘다

이상현

2007년 등단, 2018 서대문문학상 수상
한국시인협회, 서울시인협회, 한국문인협회, 물소리시낭송회 회원
2023년 서대문문인협회 회장 역임
시집:『미소 짓는 씨알』『밤하늘에 꽃이 핀다』『살굿빛 광야』

인디언 기우제

죽음이 내릴 때까지
온전을 비는 사람들

목을 쳐도 금세 목을 만드는 풀처럼,

오늘은 사랑으로 태어나고
내일은 믿음으로 태어나지

이상호

1982년 『심상』 등단. 시집 『금환식』 『그림자도 버리고』 『시간의 자궁 속』 『그리운 아버지』 『웅덩이를 파다』, 『아니에요 아버지』 『휘발성』 『마른장마』 『너무 아픈 것은 나를 외면한다』 『국수로 수국 꽃 피우기』. 대한민국문학상 편운문학상 한국시문학상 한국시인협회상 등 수상. 현재 한국시인협회 이사, 한양대 명예교수

소박한 기도

주여
하루하루를
순리 따라 살게 하소서

내일을 생각하다
오늘을 놓치지 않게 하시고
먼 곳을 바라보다
이웃을 놓치지 않게 하소서

광활한 대지만 바라보지 않게 하시고
가까운 발아래
여린 꽃다지 하나에도
겸허히 눈길 주게 하소서

흐르면 흐르는 대로
보이면 보이는 대로
모두가 다 놀라운 기적인 것을

작은 일 하나에도 정성을 다하는
그런 소박한 마음
그것이 곧 순리임을 알게 하소서

休安 이석구

충남 논산 출생, 이학박사, 2019 《상상의 힘》 신인문학상 등단, 시집 『초승달에 걸터앉아』, 『서두르지 않아도 돼요』, 『흐뭇한 삶』

아내의 귓밥 이야기

지나가는 바람들이 풀밭에선 뭐라고 수런거려요
멀고 먼 먼 전설로 남아서
풀꽃 위에서 향기를 실타래처럼 아주 조금씩 뽑아내고
아이가 작은 풀꽃들을 한아름 꺾어 가슴에 안고 엄마를 쳐다보듯
아내의 귓속에선 멀고 먼 소녀쩍부터 처녀쩍 별별 소문들이
아마 풀밭속에 오래 남아서 숲을 휘감으며 머무르는 바람처럼
보이지않는 빛처럼 귓속에 귀지로 덧쌓여있겠지요
나는 아내 얼굴을 내 무릎위에 뉘이고 귓밥을 파줍니다
아내의 귓속에 머문 그 오래된 소문들이 귓속에서
혹은 숲속 바람처럼 연연히 스며있을지도 모르는 사연들
귓밥으로 남아있을 것을 생각하며
아마 아내의 첫사랑이 머물고 있을지도 모르겠다는 마음으로
귓밥을 파서 확 멀리 불어버립니다
아, 요즘엔 아내와 산행을 하며
둘레길 자연속 숲길 걷는 횟수가 많아서
귓속에 작은 벌레 한 마리 아내의 귓속에 들어간들
나는 별 걱정도 하지않습니다.
설령 귓밥이 귓속에서 스스로 각질을 생성하고
아내의 처녀쩍 소문 걱정이 이제는 전혀 없어져서
오히려 쓸데없는 세상의 나쁜 소리들을
잘 막아낼 터이니 말입니다

이선열

경향신문, 동아일보 신춘문예 당선(1972), 문학세계 문학평론 대상(2024)
국립한국체육대, 경복대, 호원대 겸임교수 역임
한국시인협회, 한국문인협회, 한국아동문학협회, 국제PEN문학회이사, 문학의집서울, 문교부장관상, 서울대, 동국대, 원광대 등 10여 곳 당선, 장원, 입선
현재 사회복지 Leader & Design컨설턴트, 21C한국시니어라이프연구소장

심지가 들어있다

호남고속도로 하행선 질주하는 차량에게
비켜 가라고 돌아가라고 길을 안내하는
마네킹 저 사내,

순한 얼굴에 미소가 어려있지만
땡볕에 흙먼지 삼키며 온종일
흔들어대는 깃발 속에 심지가 들어 있다

하루종일 같은 동작으로 깃발을 흔들어대며
치밀어 오르는 응어리를 풀어내고 있으리
언제 잘릴지 모를 일용직이라고
최저 생계비에도 미치지 못한다고

먼지바람 일으키며 일인시위 하는 저 사내,
목청을 높여보지만 엔진 소리에 묻혀버리고

따뜻한 저녁 밥상에 둘러앉은
해맑고 천진스러운 아이들의 얼굴이
자꾸만 눈에 밟힌다

이 섬

1995년 국민일보 주관 2천만 원 고료 국민문학상
한국시 문학상, 기독 시문학상, 김장생 문학상 수상
『향기 나는 소리』 외 7권의 시집과 2권의 수필집 출간
한국 문인협회 계룡시지부장 역임

술 도락(道樂)

고독이 못살게 굴면
허름한 술집 구석 자리 웅크리고
허기진 창자에 세척제로
술을 붓는다

살아 온 세월만큼
피곤이 짓누르면
지나간 시간 뒤척여
눈앞에 되돌려 앉히고
필연 인 오늘과 대작을 한다

휘두를 주먹도 없는데
세월은 온종일 나를 구타한다
가슴 팍 치밀던 서름 덩이
콧잔등 타고 술잔에 맴돌면
헹굼 질 하던 하루 주섬주섬 건져들고

비틀 뒤뚱 갈지(之)자 걸음
내가 아니고 싶어
거리 어둠에 나를 버린다.

석엽(汐葉) 이성남

1990년 봄호. 시대문학 등단
한국문협 문인저작권옹호 위원.국제펜문학회원. 농민문학이사.문경문협 회원
시집: 새벽창가에서다('91). 비몽('02). 귀촌일기('19)등 6권
에세이: 사는까닭('20- 청어)
앙친(仰親)문학서실 운영(문경)

미시령을 넘다

오래된 기억은 매번 숨처럼 되살아나
본능의 영역
어느 쪽이든, 시도 때도 없이
물이 엎질러지듯
본능과 욕망이 이성의 그릇에서 넘쳐나듯
나의 꿈을 지배했다
틈은 매번 허공을 가르는 상처처럼 열렸다

저미도록 그리워했던 풍경 속으로
걸음을 옮겼다

과거의 사람과 같은 모습들
말을 눈으로 볼 수 있다면, 저 말은
오래된 책갈피 속에서 말려 뒀던
빛바랜 꽃잎이 떨어지는 모습이었을 것이다
나그네의 짧은 발음 속에서
깊은 향수가 느껴졌다

꿈은 여전히 늙지 않고
나는, 오늘도 미시령을 넘고 있다

月影 이순옥

2004년 월간모던포엠 시부문 당선. 한국문인협회회원
경기광주문인협회원. 계간현대문학사조 수석부회장
저서 : 월영가 하월가 상월가 개기일식.

보리밭

힘겨워
눕고 싶어지면

언 땅 파릇하게
수놓는 들판을 본다

내게
눈보라 몰아치면

무거운 눈
이겨내고

보릿고개
생명을 건져낸

밟혀도 일어서는
그 여린 싹을 생각 한다

이순자(순천)

순천에서 태어나고 순천대학교에서 공부
『순천문학』(1999) 신인추천. 백일장 다수 당선
시집 :『홀씨 되어 나비 되어』. 공동시집 다수

엄마의 옛노래

천상에 계신 엄마만의 노래
가슴 시린 노래
엄마가 그리워 이 밤
옛날을 흥얼거린다

"당신은 은낙새 둥둥 그 뒤에는 꾀꼬리 둥둥
잘난 너는 앙기 속에서 앙기 당기 춤추세
앙기 당기 다라 다라 내 사랑아"

가락 맞출 생각조차 없이
긴 밭고랑을 돌고 돌며
노랫가락 캐어내고
가난도 묻으셨다

지금은 어디에서도
들려오지 않는 노래
그리움에 엄마하고 불러본다

*은낙새: 엄마의 새

일주 이순재

2022년 詩歌흐르는 서울 신인상, 詩歌흐르는 서울 월간문학상 선정위원, 詩歌흐르는 서울 동인, 카네기홀 시 낭송 콘서트 공로 대상, 대한민국 문화예술 대상, 한국문인협회 회원, 청시회 회원, 시원회 회원, 문화체육관광부 장관상, 전국 스피치 경기도지사 최우수상, 전국대전 시 창작 대상, 詩歌흐르는 서울 문학상 수상. 저서: [어쩌면 좋아] [월간문학] 계간지, 동인지 외 다수

꽃잠 언덕

꽃봉들이 밤새 아우성을
쌓아
언덕은
겉잠 깬 눈꺼풀이다

그가 눈을 떠 비바람이 지난다
그가 향기 내 벌나비가 찾았고
그가 마음 줘 씨뿌리며 살았다

기도가
꿈틀대는 침묵으로
하늘을 날고

설렘이
시끄러운 잔치처럼
언덕을 돋운다

어느 때일런가
어찌하오리까
꽃잠 그리운 언덕
내 연인이여

이숭규

2020년 순수문학 등단
미술학 석사. 크리스천. 한국문인협회 시분과 회원. 한국기독낭송협회 회원. 현, Everline Co. 대표.

그리워한다는 건

누군가를 그리워한다는 건
이젠 촌스런 감정이려니
애써 말려 비벼서
후우, 하고 불어 버렸는데

외려
바람 타고 밤하늘 가득
은하수로 아름답게 수를 놓네

누군가를 가슴에 둔다는 건
이젠 사치스런 생각이려니
억지로 누르고 눌러
쭈욱, 짜서 뭉개버렸는데

외려
산으로 하늘로 메아리 되어
걷잡을 수 없이 번져만 가네

이승룡

제주 출생. 건국대학원 행정학 석사. 2018년 서울문학 시부문 등단. (현) 서울문학문인회 회장
한국문학협회 회원. 시집 : 〈어느날 절망을 메고〉 〈시를 멈추다〉

그 여름, 남해에서

날아가고 있었다
남으로 남으로 향한 우리의 비행은
무모해서 무모한 만큼 더 아름다웠다
우린 거대한 사막 한복판
모래 속을 지나는 빗방울로 달아올랐다
배낭마다 하고 싶은 말들로 불룩했다
남해 고속도로, 제한속도를 넘나들다 얼떨결에
멈춰선 거기
무박이일 빠듯한 일정을 짐작했다는 듯
미리 상륙해 기다려준 바다
누가 저 바다에 칸나 꽃을 던졌을까
어렴풋이 붉은 기가 번지는 물 언저리
우린 스무 살 적 푸른 바람이 되어 흰 속살 잘록한
해안선의 허리를 끌어안으려다 자지러졌다
비명을 지르는 파도처럼
여름 해시계 위에 도드라지는 발자국 소리에도
잠이 달아 반짝 행복했던 우리
창마다 발갛게 상기된 기차가 무임승차한
추억 일행을 모르는 척 태우고 달아나준
그 여름, 남해에서

이승필

춘천 출생. 서울대학교 사범대학 영문과 졸업. 월간 〈문학정신(文學精神)〉 신인상으로 등단 (1988)
한국문인협회 회원, 한국시인협회 회원, 한국가톨릭문인협회 회원
시집 〈불신의 서정(1961)〉 외 5권

떠돌이 바다와 아버지

파도보다 높은 가슴에
대못을 박고
끓는 바다보다 더 끓고 계신 아버지
밀물은 미련으로 썰물이 되고
바라보다
미처 다 바라보지 못하고
갯벌처럼 되어버린
하루 같은 인생이여
아버지의 눈은
더 먼 곳을 향하고
큰 발걸음은
세월을 잃고
비우면 비워지고
쏟으면 쏟아지는

바다에 서면
아버지가 오십니다

이애정

2005년 문학시대 등단. 국제 펜 한국본부 사무국장, 한국문인협회 이사, 시집 〈다른 쪽의 그대〉〈이 시대의 사랑 법〉. 2019년 문체부장관상 수상, 한국작가회의 작은서점 선정 위원 역임. 녹색문학상 추천위원. 한국문화예술저작권 위원회 전자책선정 심사위원. 서울시 지하철 스크린도어 심사위원

어느 여름날

터널 위에 둥지를 튼 담쟁이 덩굴이
허공을 향해 기지개를 켠다
밤새 내린 여름비가 물기를 거두고
터널 틈새로 긴 다리를 쭉쭉 뻗으며 몸을 말리는 햇살
하늘이 푸른빛을 덧칠하는
이 시간은 놀랍게도 경건하다
태양이 터널 아래까지 내려와
담쟁이 덩굴이 길어지는 사이,
먼 길을 날던 새 한 마리
햇살을 비껴 앉아 여독을 푼다
볼 빨간 여름이 스르륵
한 뼘 더 익어간다.

이영란

인천 출생.
가톨릭대학교 가정관리학과 졸업
월간 〈문학세계〉 신인상(2000년)으로 등단
한국문인협회 회원, 한국시인협회 회원

사랑한다는 건

사랑한다는 건
가슴에 보물섬 하나
갖고 사는 것

비바람이 쳐도
눈보라가 휘날려도
계절엔 상관없이
가슴에 봄꽃이 피는 것.
아이스크림 같은 사랑이지만

사랑한다는 건 세상을 다 얻은 기분,
이렇게 온통 마음이 설렌다,

이영순

시인/수필가, 현:담쟁이문학회 회장. 현:한국 문인 협회 육성교류위원(이사). 현:한국 현대 시인협회 (이사). 현:국제 PEN 한국본부(이사). 현: 계간문예 (기획위원). 현:(문추 고문). 시집(민들레 홀씨 되어 외, 6집.). 개인 수필집 (李榮順 에세이, 외 3집). 사화집 동인지 계간지등 다수.

당신도 소싯적에

외손자
폐렴증상
큰 병원 입원했다

가족이
꼼짝달싹
병간호 해야 한다

혈관에
바늘을 꽂아
수액대에 걸친다

한밤중
일어나서
할부지 똥마려워

팔뚝에
줄을 조심
링거대를 이동하여

화장실
허리굽혀
똥꼬를 닦아준다

개구리

올챙이 적을
잊고 사는 세상사

소싯적
허기진 배
밥대신 술찌개미

당신은
굶주려도
똥구멍 닦아주던

할머님
애틋한 사랑
눈시울이 뜨겁다

加林 이영철

2018 시집등단 고양예총회장상
13회 역동시조신인상 시집 미련의 멀미 한국문인협회 한국시조협회 고양문인협회 산림문학회원

작년과 명년 사이

오늘까지는 팔팔한 나이었소만
옥포 대첩로 정상에서
바다 끝 노을꽃 피운 하늘에서
해를 받아먹는
섣달 그믐의 바다를 보고
나도 팔팔한 나를 버리고
한 살 먹어버렸소

그래서 나는 팔구팔구요
어느 상가 전화번호 끝자리처럼
많이 팔아야 한다고
나도 올해는 무엇을 많이 팔아야 하오
장사하기 딱 좋은 나이요

좁은 길로 들어가려면
왕관같은 사슴의 뿔도
아낌없이 잘라 팔아야 하오
팔리지 않으면 그냥 버려도 좋소
몇 광년을 비추던 태양도
바다에 빠질 때가 있더이다
하물며 하루살이 같은 인생이겠소

이옥금

1913.공무원문학 시 등단 육군간호사관학교졸업 (육군병원간호장교) / 한국문협 경북문협 공무원문협 지필문학 연금문학 / 시상: 경북작가상 공무원문학상 지필문학 대상 전국여성문학대전 시부문 최우수상 / 저서: 제1시집『노을꽃』제2시집『해질녘 강가에서』제3시집『고엽에 맺힌 이슬』

김소월 시인님께

오늘
초봄의 한 낮
유난히 고이 바람이 일고
서울의 남산공원 올라
시비의
산유화 시를 읊었습니다.
1902년 출생 - 1934년 작고
생전 32년의 그 세월동안……
나라를 일본에 빼앗겨……
시인님!
초등학교 일학년쯤 되셨겠습니다.
일본국 경찰은
붉은 띠를 두른 모자를 쓰고
옆구리에 총을 차고
길거리를 활보하며
아이들이 무서워……
일제 식민지 시대에만 사시다
해방이 되기 전 작고하신
시인님!
얼마나 힘든 삶을 사시다 가셨습니까?
영원히 두고두고 다시 읊어 보아도
길이길이 후손에게 남을 아름다운 시
많이 남겨 주셨습니다.
편히 쉬소서.

이옥희 해금(海琴)

2012년 6월, 등단지 : 격월간 『한국문인』
이옥희李玉姬 1949~ 시인. 경남 남해 출생. 호 해금(海琴).
서울과학기술대학교 문예창작학과 졸업(문학사),
체신부(공무원),한국전기통신공사 (현 KT) 30년6개월재직, 명예퇴직.

강물을 파다

창문너머 강물 위에는
내가 애써 가꾼 정원이 있다
때로는 한없는 절망으로 뿌린 씨앗이 있고
때로는 끝없는 두려움으로 쌓은 울타리 속
더러는 벅찬 환희의 눈물로 다독이던 나무도 있다
그러나 계절이 아무리 바뀌어도
강물위의 내 정원에는
향기 높은 꽃이 피는 식물이나
탐스러운 과일이 달리는 나무가 없다
출렁이는 물결위의 내 정원은
오랜 날 내게서 떠내려간 수많은 시간들의 퇴적층
먼 훗날을 생각하며 가꾼 것이 아니다
너무 깊게 심었거나 함부로 가지를 자른 게 아닐까
진정 내가 바라던 것은 무엇이었을까
끝내 떠오르지 않는 수면水面을 돌아서면
웃음 가득 쓸쓸한 내가 서 있다

李玉熙(용산)

부산 여 중고 부산대학교 졸업 57년〈학원문학 주최〉전국학생문예 콩쿨에서 시〈점유〉당선 76년〈현대문학〉등단 미당 서정주 서문 첫 시집〈햇살이 엉켜 흐르듯〉출간으로 시집:〈들판을 서성이는 바람이어라〉외7권 수필집:〈내안의 영원한 꽃빛〉외 논문 등 제17회 조연현 문학상 팬 문학상 영랑 문학상 김기림 문학상 외 한국 여성 문학인회 회장 역임. 현)국제 펜 한국본부이사(편집위원) 한국문인협회 자문위원

무늬

사람과 나무는
기름진 흙과 햇빛
적당한 물기와 사랑이
촘촘한 세월과 한 몸이 되어
이쪽저쪽 밀고 당기고 엇갈리며
비로소 곱고 단단한 제 무늬가 된다

아프고 뒤틀리는 절망의 순간도
돌아보면 아름다운 무늬가 되고
옹이진 상처조차 고운 결이 된다
톱날의 세월이 제 살을 저미며
깊은 상처를 남길 때 사람과 나무는
향기로운 저만의 무늬로 말을 한다

이용섭

경북 의성출생, 격월간 '문학세계' 로 등단(1991)
시집 〈탑에게 길을 묻다〉, 〈물소리를 듣다〉 외
경상북도 문학상(2011)과 문화상(2021) 수상
의성문협, 경북문협, 가톨릭안동교구 문인회 회원
제28대 한국문인협회 서정시연구위원회 위원장

바보가 될래요

나는
'바보'가 될래요,

'바' 라보면 볼수록 더욱
'보'고 싶은 사람.

나는 당신의
'바보'가 될래요.

사랑하는 사람이여,

우리 서로 바라보면서
웃고 또 웃으며 살아가요,
오래오래 끝없이, 한없이!

叡松 이용수

2004년 '전쟁문학' 겨울호 등단. 예비역육군소장. 화랑무공훈장,삼일장,천수장,대통령표창 수훈
전쟁문학회 본상 수상, 부회장 역임. 국보문학 대상 2회 수상. 국보문학회 고문 역임

우리의 선조들께서는

옛날 가난했어도 정 많은 이웃이 있었다
하루 끼니가 없어도 나눔이 있었다
서로 바라보는 눈이 정스럽고
헐벗고 추워도 서로 돕는 훈훈한 마음이 있었고
삭풍이 몰아치는 애달픈 삶 속에서도
내것과 네것의 구별 없이 따뜻한 사랑으로
군자의 도를 지키었다

나라의 운명이 풍전등화(風前燈火) 같은 위기에도 재산과 몸을 아낌없이 드려서
목숨 걸고 죽음으로 이 땅을 지키었다
우리의 선조들은 후손을 이웃을 나라를 지키었다

지금 우리는 사리사욕과 이기를 위해서
정도 눈물도 희생도 없고…
안하무인(眼下無人)이 되어서
형제도 이웃도 조국도 눈에 보이는게 없이
막무가네로 사고뭉치로 살고있는 세상이 된 것이다

인간이 삶의 원칙을 잃으면 본질을 무시하면
마소와 다를게 없는 것이다
그보다 더 큰 이유는 세상을 창조하신
그분이 삶의 질서를 우리에게 주셨다

인간의 공존하는 본질을 가르쳐 주신 것이다
네 부모를 공경하라 네 이웃을 사랑하라
열방을 향하여는 평화하라고 하셨다

智堂 이용자

2016년 3월호(통권 306호) 월간 한맥문학 등단. 칼빈대학교 졸업. (사)한국문인협회 회원. (사)국제펜클럽한국본부 회원. (현)한맥문학동인회 부회장. 시집 3권(빛이시라, 사랑이시라, 소망이시라 그 분은) 출판

조롱 5가

'조롱5가' 꽃신 사러가는
일곱살 보람이
지하철 기둥잡고 눈만 깜박입니다
업을 수도 안을수도 없는 보람이
모두들 모른 체 눈감고 있습니다
개봉 · 구로 · 신도림 · 영등포…
지하철 구간 읽곤 선하품만 합니다
비온 뒤 깡충 큰 해바라기
당국화. 무궁화 꽃도 볼수 없습니다
영등포 역에서 눈빛 반짝이더니
쪼르르 달려가 빈자리에 올라 앉습니다
노량진 역에서 63빌딩도 보고
한강 지날 땐 유람선을 본 보람이는
신이났습니다 남영역에서 졸더니
서울역 와서는 잠자는 공주가 되었습니다.
'조롱5가' 에서는 내자리 찾아서
잠꼬대를 합니다
지하철 나오는 보람이
전동차 앉았던 제 자리를 자꾸 뒤돌아 봅니다

＊종로 5가를 조롱5가로 발음하는 보람이 말

시절인연 이우정

1956년생 1995년 계간 자유문학 18호 겨울호 등단 시와 산문사 신인상 수상
시집: 합천 간이역 동인지 회원 서울 거주

소중한 선물

하나님이 주신 소중한 선물
가족들의 사랑을 먹고 곱게 피어난다
엄마 아빠 말씀도 잘 듣고
학업에 열중하고 친구들과도 잘 지낸다고
엄마의 딸 자랑이 외갓집을 가득 채운다
외할머니 좋아라 졸졸 어깨도 주물러주고
슬쩍 외할아버지도 살펴주고
개구쟁이 동생도 돌봐주고
외삼촌 지갑이 저절로 열린다
공손히 내민 외손녀의 두 손이 미소 짓는다
심성이 곱고 착해 수줍어하는 너의 모습이
아침 햇살을 머금고 빛나는 이슬 같구나
선물은 잘 지내고 있대요 바람이 달려오고
선물은 언제와요 구름은 가던 길 멈추고
밤이면 별빛이 쏟아져 너를 궁금해한다
달빛을 걸으니 우리 외손녀가 아른아른
하나님이 허락하신 소중한 선물
네가 온다는 소식에 옥수수가 바삐 여물고
외할머니 엉덩이가 실룩샐룩
어깨가 덩실덩실 손발이 신바람 났다
그래 어서와, 네가 많이 보고 싶었어
엄마 아빠 이쁜 딸로 태어나줘서 고맙고
외할머니 외할아버지를 사랑해줘서 고맙구나
우리 외손녀가 최고야 그럼그럼 ^.^

이운선

신문예,시,소설등단, 한국수필가협회수필등단
한국문인협회, 한국수필가협회 회원 등
환경신문 문학공모전 수상, 신문예문학상등
시집: 먼산바라기, 해 있어 오늘이 아름답다 외
사화집: 문협)한국시인대표작 외 다수

시집의 향기

생각의 조각들이
하얀 종이 위로 시집을 가네

글자들은 꽃이기에
꽃잎에게 향기를 전해 주듯
소리 없는 미소가 숨을 쉬듯
침묵의 숨소리가 빛나네

페이지는
별처럼 반짝이는 글자들의 정원

글자들은 마음의 숲에 내리는 이슬방울
사랑도 명예도 꿈으로 새겨지는 여정
침묵으로 말하는 생각의 조각들이 줄서기하네

시인은 죽어도 시는 죽지 않기에
시집은 글자들의 여행길

시집은 산이요, 바다요, 강이요
새싹들이 자라는 꿈속의 푸른 들녘이요

세월이 흘러도 자리를 지키는 글자들의 놀이터

이원용

2006년 5월 한맥문학등단. 한국문협시분과 회원. 경기문협임원. 포천문인협회장 역임. 현 황야문학운영위원장. 대통령훈장 2회. 한국문학신문문학상 최우수상, 스토리문학상, 백교문학상, DMZ문학상 등 51회 수상. 시집 "날지 않는 나비", "달빛문신", "섬과산의 소묘" 출간. 문학 블로그 날지않는 나비 운영. 2000여편의 문학작품 창작. 문학지 기고 100여회

아버지

음력 삼월 삼짇날
병상에서 아흔 다섯번 째 생신을 맞은 아버지가
생신떡을 챙겨 먼 길을 떠나시자
거짓말처럼 정신이 맑아지신 어머니는
49제를 시작하는 첫 제사를 올린 후
자식들 등에 업혀
물에 잠긴 고향의 뒷동산에 올라
지아비의 묘석을 쓰다듬는데
따스한 햇살이 뼛속까지 스며 들었다
사랑하고 미워하다 지친 우리는
이런 속정이 그리워
평생을 일렁일 수 밖에 없는 것이다
열흘만에 집으로 돌아오니
뒤집기를 하던 손주는 힘껏 배를 밀며 기어왔고
아버지는 홀연히 꿈결에 나타나
숱한 이들이 오가고
숱한 열흘이 지나가는 생의 어느 길목에서
비릿한 바람을 타고
인동꽃 향기로 떠돌다 가신거라고
너희들도 그럴것이니
아등바등 움켜쥘 것이 하나도 없는거라고
남겨진 우리들은 떠난이의 빈 집에 촛불을 밝힌다
옛마실을 다녀 오시는건가
아득한 발자국 소리가 풍경처럼 울린다

이장정숙

필명 이장정숙/미주시인(현 미주시학 2008년),계간 자유문학(2009년)으로 등단. 시집 〈공룡의 발자국을 따라가다 〉,〈돌고래의 잠〉,영시집 〈Spring Days in Peril〉. 한.아세안 포럼 시부문 해외문학상 , 제 3회 배정웅 문학상 , 제 6회 해외풀꽃시인상,도서출판 지식공감문학 시부문 문학상 을 수상. 미주시학,재미시인협회,한국문인협회 회원으로 활동.

철쭉

더불어 사는 세상

한평생
홀로 있기 너무
외로워

고운 빛깔로
오손도손
무리 지어 핍니다.

이재귀

지구문학 등단(2022)신인상(시등단)회원. 한국문인협회 회원. 한국문인협회구로지부(구로문학) 회원
계간시원 회원. (현)서울수정교회 안수집사

해탈

가족들 웃음속에
울고 나왔지만
떠날때는
그들 울음속에
웃고 갈 수 있다면…

이재성신

2002년 한맥문학
한맥문학 자문
연천문인협회 회원
조양농장 경영

작은 연못의 아기물고기

파란 빛 보다
투명함
보여주고 싶은
그 하늘
바람타고
살며시 내려앉는다.

하늘 내려앉음에
높은 산
아랫동네
내려다보니
작은 연못의
맑은 물속
아기물고기들

어디로
수다 떨러 가는지

延堂 이재옥

해동문학 1998년 등단.
(전) 한국문인협회 포천지부 회장, (전) 포천문화원 부원장,
(현)한국문인협회 문인저작권 옹호위원, (현)경기도 문인협회 이사,
(현) 포천예술인 협회 자문위원

여름 강변

아침 강변에는
머리를 치켜드는 지렁이
말라서 작은 나뭇가지가 된 지렁이
꿈틀거리는 지렁이
지렁이처럼 꿈틀대는 사람들
살아보겠다고 방향도 모르면서 촉각을 곤두세우는
지렁이를 풀 가지로 풀 사이로 옮기는 사람과
그 사이를 걸어가는 사람과
바라보는 사람 사이로는 바람이
어디서 불어온 지 모르는 바람이
지나가고 까치가 우는 소리가
머리 끝에서 부딪치는 아침으로
새로 기어나온 지렁이와
말라버린 지렁이의 다양한 형태를
길 위에 말리는 철없는 햇살
햇살을 저벅저벅 밟다가 훨훨
날아가는 왜가리

이점선

등단연도 2004 등단지 〈시와 세계〉 시집 『안개기법』 2016

비상을 꿈꾸는 연

연과 연이
광활한 쪽빛에서
얼레 빗금 목젖 붙들고
닥나무 마음 껍질을 차고 간다

풍향의 숨길 삿대로
빛살 가르는 송골매

돛대치기 부포놀이에
실핏줄 이지러진 과춤

연과 연
마음에 방패를 찬 가오리
땅에 눈을 뜨고
하늘에 비상을 꿈꾼다.

이정혜

2000년 문학시대 시 등단. 저서『아파서 피우는 꽃』『Mea Culpa-내 탓이로소이다』『꽃여울의 합창』외 공저 다수. 상벌『샘터 신춘문예 우수상. 서울시후원 한용운 문학우수상. 국민행복문학 시 대상.『경력 : 한국기독교문인협회 이사/한국문인협회회원/샘문그룹 문학 자문위원.문화체육관광부 예술인 등재.

목련 지다

고요
그 상처에서
피가 번지어
물결 없이도
상어들이 몰리다

고독이 고압으로 흐르는
시퍼런
해연

흐름을 뜯으려는
흰 이빨은 무슨 악기일까
먼 데서 번지어 오는
생명
그 진동

잠시 모여 있다
돌연 흩어지는 지느러미들

이정화(李貞和)

1952년 경남 통영 출생. 1974년 숙명여대 문리대 국문과 졸업. 1991년 〈시와시학〉 가을호 신인상 등단. 시집 『포도주를 뜨며』(1993), 『목조미륵보살반가사유상과 나비』(2011), 『그늘의 사랑이여 나를 물어라』(2022). 한국문인협회 한국시인협회 대구시인협회 대구문인협회 시와시학회 숙대문인회 회원

형이라는 이름

구부정한 몸으로 힘없이 걷고 있는 당신은
눈에서 빛이 스러지며
어깨는 처져 내렸다.

나는 보았네, 그 아픔의 병을,
아무리 힘들어도 등 돌리지 못하고
고래 힘줄보다 더 질기게 달라붙던
불치(不治)의 영광.

형이라는 이름 위에
쌓아 올린 세월의 무게는
이제 굽은 등이 되어 흘러내린다.

암담한 세월의 힘겨움을
누구도 헤아려 주는 이 없지만
아름답게 꽃피우는
삶을 바라보는 그대여.
비로소 운명의 주인이 되어
죽음을 어루만지며
홀로 반석 위에 섰구나.

남경 이종열

1998년 '순수수필' 등단
2021년 순수수필 시부분 등단(332회)
국제펜클럽 회원
한국 문인협회 회원. 한국 여성문학회 회원. 완도 문인협회 회원

매미와의 동거

나는 매미가
한여름 나무 위에서나
풀숲에서만 우는 줄 알았다

어느 날
길 잃은 매미가
귀속으로 들어와
매암매암 맴맴 맴 울고 있다

때로는
바람도 친구인 양 몰고 다니며
귀속에서 윙윙 소리 낸다

이제 나이 들어 세월의 무상함에
힘없이 무너지는 나는
오늘 그 소리가 힘들어
애써 밀어내는 중이다

이종자

2022년 계간문예 등단
한국문인협회 회원
원주문인협회 회원
원주미술협회 회원

돌멩이들

고향엔 날 기다리는 돌멩이들
아직 살아있다
고삐 풀린 수소처럼 들길 산길 따라
동심으로 쌓아올린 돌탑을 찾아가면
아직도 깨지게 반기는 그 돌멩이들
그 촌뜨기들이 시루떡에 박힌 팥처럼
땅거미 스멀대는 산허리에 살고 있다
식솔 거두기에 지친 어미 돌멩이들은
세월에 씻겨 허벅지가 드러나 있고
땡고추처럼 매운 아비 돌멩이들은
이끼가 두텁게 낀 세월을 세면서
가족을 지키려는 가쁜 숨소리
시나브로 들려온다.

이종호

1993년 계간 삶터문학 및 시세계 등단
경남 진주 출생 부산대학교 교육대학원(영어전공)졸업
초중등교원 및 해외 파견교사로 퇴임
시집 오륙도에 시(詩)캐러 가다 외 다수
오륙도 문학상. 이육사 문학상(한국시연구협회)

아버지와 핸드폰

윙. 윙. 윙
진동으로 바꿔놓은 핸드폰
뒤집혀진 풍뎅이처럼 방바닥을 뒹굴었다
또, 캥거루족 자식 놈일까?
아버지의 몸은 지난일로 땀에 흠뻑 젖어 있다
떨리는 손으로 뛰는 가슴 움켜쥐듯 폰을 열었다
안전 안내 문자다 긴장이 풀려 안도의 한숨을 내 쉰다

까꿍. 까꿍. 까꿍
중풍환자처럼 방바닥을 맴도는 핸드폰
또, 뭐지?
혹, 그리운 죽마고우(竹馬故友) 소식이 아닐까?
가려운 몸 부위에 손이 가듯 폰을 쥐었다
아쉽다, 보험회사 광고안내 문구였다.

욱. 욱. 욱
팽이처럼 방바닥을 맴돌고 있는 핸드폰
고래심줄 같은 쌈짓돈만 갉아먹는,
계륵(鷄肋)같은 물건, 해약해 버릴까!
이러지도 저러지도 못하는 알쏭달쏭한 아버지의 마음
무슨 소식을 가다리기에 아삼륙처럼 곁에만 놓아두고 계신다.

이주랑

본명:이선호. 시인. 소설가. 등단일:2011년 창작문학(시) 2020년 한국문인(소설)
방송통신대학교 국어국문학과 졸업. 중앙대학교 예술대학원 문창과 전문인 과정 수료
명지대학교 대학원 기독교교육과 수료. 국가유공자(대통령 포장)

쥐구멍에도 볕 들 날 있다

가난을 밥처럼 먹고 살 던 시절
순이는 팔 남매 맏이였지
부모님 안 계시고 등에는 어린 동생
옆에는 작은 동생들이
자석처럼 붙어 있고
순이의 어린 시절은 달도 없는 밤 길
눈물과 구미공단은 팔 남매 밥 줄이었지
이젠 칠 남매들 정성이 햇빛처럼 다가 오고
밤 하늘 별을 헤며 엄마를 불러 본다

이주현

(본명 이태욱) 2016년 계간(문파) 신인상 시 부문 등단
수상:표암문학 문학상,불교문학 문학상,창작문학 대상
저서: 가고 오네, 기쁨도 슬픔도 내 것인 것을

비탈길에 서면

오르기가
두렵고
내딛기가
힘들다

그렇게 덜덜 떨다가
내 선택이라는 사실을
인지하지 못한 채
상황만을 힘겨워했다

한 발 디디고
두 발 올려
내딛는다

실려오는 무게가
비탈을 타고
엉겨 붙는다

비로소 지나온 길
스치는
바람은
은총이었다

이준실

2010년 5월 월간문예사조 등단. 문예사조 시부문 등단. 시울림동인회 사무국장. 한국문인협회회원. 3P 자기경영연구소 마스터. 한국에니어그램상담사. 화성시일자리센터근무. (현)화성시청 직업상담사

詩에 대하여

詩는
언어로 말한다
인기가 없어도
누가 읽지 않아도
시를 쓰는 손길에
잔잔한 미소가 걸리고
따뜻한 사랑이 피어난다
외로움을 말하고
눈물이 가슴을 적시고
피어오르는 정열을 이룬다
시는 절제된 언어의 춤사위
나 혼자만의 만족감.

이준재

순수문학 등단. 한국문인협회 발전위원장. 순수문인협회 이사. 필동인. 제31회 순수문학상 대상. 시집 『간이역』, 『새벽을 여는 사람』, 『詩는 절제된 언어의 춤사위』, 『더 나은 비상을 꿈꾸며』 외 다수
한국문인협회 한국문협 작가상 수상

참회

내 어린 새들을 내가 놓아 보냈다
내 사랑하는 친구들에게 손을 흔들어 주지 못했다
이제는 다시 흘러간 너에게 사랑한다고 말할 수 있을까?
빠르게 달려가던 너에게 사랑한다고 말하고 싶었다
이제 와서 말해도 될까?

내 사랑이 끝났기에 내 청춘도 끝났는 줄 알았다
그럼에도 이 굴레 속에서도 주님은 함께하신단다
차라리 나를 必殺해 다오

산불이고 지랄이고 다 필요 없는 이야기
리비도고 본능이고 다 필요 없는 이야기
가슴속 불꽃 혹은 누군가 가슴의 민들레 홀씨처럼
어린애들 놀이 같은
사랑만이
너와 나만이
그것만이 전부인 것을

이준정

2021년, 1집 '아가페' 출간으로 등단. 경희의대 졸. 고신대 의학박사. 가정의학과 전문의. 1집 아가페, 2집 에로스 북랩 출간. 3집 스토르게, 4집 필로스 북랩 출간.

세월

유유히 변하는 듯
변하지 않는 듯
옷깃을 스쳐 흐르는 계절

조각조각 부서지는
햇살 같던
아가의 웃음도
어느새 대찬 신록처럼
푸른 향기를 뿌린다

이제 나를 되돌아보니
이미 익숙해져 버린
세월의 주름살

하루 한날을 매양
진실의 알참으로
보낼 일이다

언젠가 맞이할 황혼에

소전 이창범

월간한올문학 발행인.주간
사단법인 한올문학가협회. 이사장

침묵 속으로

깡마른 살구 나무가지가
봄 햇살 속에서 화려한 꽃을 피운다
겨우내 침묵하다 깬 살구꽃이 얼마나 황홀한가

사실 사랑은 말 보다 침묵 속에 더 많다
아버지가 늘 침묵 속에서 나를 사랑했던 것 처럼

눈 내리는 날 귀가 더 밝아지고
고요하기에 눈 오는 소리는 아름다운 거다
눈 오는 풍경은 말을 잃은 사진 한 장이 되어서 벽에 걸려 있다

소리 없는 영혼도 종 속에 산다
종소리를 내며 자신이 침묵하고 있음을 알릴 뿐

밤이 되면
하늘가에는 창문 크기만큼 별이 뜨고
내 마음의 창 크기만큼 고요 속의 별빛을 바라본다
침묵 속에 너의 영혼의 소리를 듣는 거다
이제 내 안의 소음들을 다 비우고 침묵으로 돌아가자

다시 태초의 고요 속으로 돌아가
사랑의 몸살을 해야 한다
그래서 찬란한 꽃이 되고 싶다
그대를 울리는 시가 되고 싶다

이창봉

1997년 현대시학 등단. 중앙대,동예술대학원 문학예술학과 시 전공 졸업
2023 영랑문학상 대상 수상
미국 시카고 문인회 시 지도교수. 현,중앙대 예술대학원 겸임교수(시창작과 예술론 등 강의)
시집:2006년〈헤리리노을〉,2019년〈낙타와 편백나무〉,2023년〈위로〉

산수유 산수유

부황든 산모는 배가 고팠다
핏덩이로 버려진 방깐집 앞에
늦은 밤 퇴근길에 주워 안고 돌아온
호적계 김주사 뒤따라오며
추워 배고픈 소리로 울어주는 새는

고아원 기록으로 얼룩진 호적 명부에
시절이 눈에 밟혀 산수유만 노랗게 피고
시간을 알리는 밤에만 배고파 우는 소리새
호적계 김주사 생을 마감하는 날
동네 이장에게 남기고간 애절한 출생의 비밀

산수유 산수유 피어날 때에
호로로 호로로 울며 매달리는 핏덩이
다가와 낯선 손짓으로 불러보는 엄마라는 말
자꾸만 점으로 찍혀 피어나는 아린기억은
노오랗게 산수유 색으로 묻혀 가고…

홍소 이창한

시민신문 신춘문예 시부문 당선(2009). 영강 지상백일장 시부문 당선 (2010)
월간 문예사조신인상 시 당선 (2010). 월간 문예사조신인상 수필 당선 (2011. 2.)
월간 문예사조문학상 본상 수상 (2012. 2. 17.)
한국문인협회 회원, 경북문협회원, 경북펜클럽회원, 상주문협 부회장

연

깨지는 것이 두려워
부딪히지 않고 살아왔던 날들
피한다고 깨지지 않는 것이 아니란 걸
훌쩍 커버린 뒤에 알았거니와
부딪히면 깨진다는 발상의 오류를 인지하기까지
얼마나 많이 부딪히며 살아왔던가
부딪히고 깨지면서 강해진다는 허튼 말들이
허공을 떠돌다 내 어깨를 누르며 조롱하던 그때,
바람을 온몸으로 맞서며 솟아오르는
방패연의 늠름함에 고개를 떨구었다
원을 그리며 뱅글뱅글 돌면서도 꼬리를 힘차게 흔들며
더 높이, 푸른 창공으로 오르는 가오리연의 집념에
하얀 눈 속에 내 뜨거운 낯을 숨기고 싶던 그때,
바람을 피하지 않는 연처럼 살겠노라고
바람이 거세질수록 더 높이 올라 우주로 향할 거라고
바람을 등지지 않는 한 추락하지 않는 연처럼
이겨내지 못할 바람이 어디 있겠느냐고 곱씹으며
눈을 뜬다 고개를 세운다 바람을 새긴다

炫昌 이태범

《국제문학》 신인작가상(시 2015) 전남대학교대학원 국어국문학과 현대시 석사졸업, 박사수료. 저서.
『청개구리 시험지』(2020), 논문: 「송수권의 시세계 연구」(2019). 공동저서 『푸른동산의 꿈』(2021),
『싱그러운 계절』(2022), 『우리들의 시와 이야기』(2023). 한국문인협회 회원, 전남문인협회 편집국장,
전남시인협회 이사, 영광문인협회 사무국장. 국제문학호남지회장, 국제문학 작품상 우수상(2018), 제3
회 한반도통일문학상 대상(2019), 제4회 호남문학상(2022)

초승달

밤하늘에 떠 있는 초승달은
사람마다 다른 모습으로 보이는가 봐요
어떤 사람은 입술 같다고 하는데
눈썹 같다고 하는 사람도 있더군요
누군가는 나뭇잎 한 장 같다는데
깎아서 버린 손톱 같다는 사람도 있고
빈 접시 같다는 이도 있어요

허기진 사람에게는 빈 접시,
버림받은 사람에게는 손톱 같은 걸까요
외로운 사람에게는 나뭇잎 한 장,
미모지상주의자에게는 눈썹 같지만
실연한 이는 입술로 보이나 봐요
초승달은 사람에 따라 다른 달이더군요
마음이 거울이라 그럴는지요

초승달을 바라보면 왠지 나는
비워낸 마음이 다시 차오르는 것 같고
내려놓은 것들을 떠오르게도 해요
지나온 길과 갈 길을 들여다보게 하고
나를 일으켜 세워주기도 해요

이태수

1974년《현대문학》으로 등단. 시집 「먼 여로」, 「유리벽 안팎」, 「나를 찾아가다」, 「담박하게 정갈하게」, 「꿈꾸는 나라로」, 「유리창 이쪽」, 「내가 나에게」, 「거울이 나를 본다」, 「따뜻한 적막」 등 21권, 시선집 「먼 불빛」, 「잠깐 꾸는 꿈같이」, 육필시집 「유등연지」. 시론집 「대구 현대시의 지형도」, 「여성시의 표정」, 「성찰과 동경」, 「응시와 관조」, 「현실과 초월」, 「예지와 관용」 등. 매일신문 논설주간, 대구한의대 겸임교수 회장 등 지냄.

감정(感情)

여보세요
왜?
아니!

그럴 리가
알았어
그래!?

생각해 봐야겠는데!
암
그래야지

그렇고 말고
그렇구나
그러네

알아서 해야지
다신 그럴 일 없어야지
알았다니까

하하 하
사랑해~

이학덕

2024.01.(사)한국공무원문학협회 '公友' 제36회 '시 부문' 신인문학상 수상등단 ('빈객의 자리' 2013 문경출판사). 경북대학교/영남대학교 교육대학원 졸업 (교육학 석사). 공립중등학교 교사로 정년퇴직 (2005.02.홍조근정훈장 수상). (현재) (사)한국문인협회 시분과 회원

새벽시장

겨울
새벽도 깨기 전
육거리 도깨비 시장

불빛 눈빛 뒤섞여 번쩍번쩍
팔고 사는 숨소리 뛰고
오고 가는 걸음에 긴장하며
몸을 밀고 당기고 부딪히는 건
까치발로 북적 거린다

골목 선술집
얼큰한 콩나물국 탁주 한 잔
시끄러운 안주가 향기 짙다

장작 난로에 추위를 녹이며
커피 한 잔에 비탈길 눕히며
발을 모으는 꿈이 따뜻하다

이한우

충북 청주 출생. 서예작가, 시낭송가. 한국작가 시 등단. 경희대국문과 졸업. 한국문인, 작가협회 회원. 한국문화예술협회 부이사장. 한국한석봉서예협회 부회장. 충경신문 논설위원. 충북흥사단시낭송문학회 자문위원. 꽃구름문학회 회장. 저서 고독의 계단 외 다수

사색으로 만든 향연

고요의 적막이
나만의 공간을 메울 때면
어김없이 찾아든 그리움 하나

그 속엔 애잔함과 독백어린 사색이
갖가지 형상화 된 언어가 되어
수채화로, 유화가 되었다가
한 폭의 동양화로 거듭나기도 한다

때로는 산새와 강줄기가 있고
환한 달 가슴이 별을 품고 앉아
내 영혼을 흔들어 깨운다

그럴 때면
쓸쓸함의 적막이
낮달 되어 빛나다
황홀한 날개 깃으로 세상을 휘접는
나만의 독백을 그려본다

이한희

2020년 문예사랑 신춘문예 당선으로 등단
한국문인협회, 국제펜한국본부, 밀레니엄문학회 회원
시집 ; 내 영혼의 조각들, 삶의 길목에서, 노을 빛에 타오르는 청춘
수상 ; 밀레니엄문학상

거침없이 부드러운

변하고도 넘치는 강산에서
세월이 담그는 술을 마시면

방탕에 취하지 아니하고
진실은 녹아 내린다

바람 숭숭 뼈 바늘에 실을 꿰어
찢어진 살에 살로
이불을 지으면

너는 내 아들이라

언제 그렇게 사무치는 미움이던가

어느새
결고운 나무가 되어

거침없이 부드러운
사랑이 되리

이행자

1994년 문예한국 등단
한국문인협회 국제펜한국본부 기독교문협 이사
시집;손대지않은돌 외 다수
시선집;나는그렇게계절을세척한다
수상;펜문학상 영랑문학상 포에트리문학상 외

압해도 애기동백

붉은 향기가 첫눈을 맞고 있었다
뭍에서 건너온 버스가 숨을 고르는 터미널 뒷골목
자물쇠를 잠그는 아주머니를 졸라 밥상을 받았다
고등어 지짐 바닥에 추억같이 졸여진 무청 시래기가 입맛을 돋우었다.
어디를 가시려고 벌써 문을 닫아요?
아~따! 우리 아그 보러 가려 안 하요? 언능 드시오!

동백꽃 향기는 온 섬을 휩싸고 함박눈은 꽃송이같이 날렸다.
날마다 해름 참 전에 꼭 온디, 오늘은 첫눈이 오지게 옹께로 빨리 오고자왔제!
송공산 가파른 오르막 눈길에도 온통 새빨간 애기동백꽃
차~암 볼만 하지라 나, 여그 올라 아들 이름 몇 번 크게 불러제껴야 속이 차분해진
당께! 이래 내, 섬을 못 떠나!
일렁이는 어깨의 외침 따라 동박새 한 마리 희뿌연 바다 쪽으로 날아갔다.

보따리에 싸준 엽삭젓은 폭 삭았는데
나와 갑장이라는 동백 밥상 아주머니
슬픔이 붉게 물들인 시간에 밀려온 그날은
뭍에도 눈발이 날리더니 꽃이 피었다

이현숙

2023년 〈월간문학〉 12월 (658호) 시 신인상 등단. 2023년 〈인간과 문학〉 겨울호(44호) 수필 신인상 등단. HIS University Ph. D in Family Ministry. HIS University 겸임교수 역임. H·O·M·E International 광주대표 역임. [한국문인협회]회원, [인간과 문학회] 회원

뒷바퀴

강제된 선택으로 시작된 길이기에
끓어오르는 욕망을 억제하며
묵묵히 생(生)을 지탱하고 있다

한 번도 앞에 갈 수 없었다
아무리 발버둥쳐도 벗어날 수 없었고
어쩌다 앞서갈라치면
감시의 눈초리가 매서웠다

누가 알랴 그 설움을
당장이라도 앞서고 싶지만
스스로 위로하며 달랠 수밖에

험한 곳을 지날 때에도
하루하루를 견디고 버티면서
치환(置換)의 꿈을 꾸며 달린다

허운 이현용

아호 허운(虛雲), 충남 홍성 출생. 남서울대 경영학 석사. 순천향대 대학원 박사(수료). 국제문단(2014) 등단. 한빛문학 신인상, 국제문단문학상, 한빛문학상, 시와창작문학상, 문예빛단문학상, 통일부장관상 수상. 계간『시원』운영이사, 계간『문예빛단』편집장. 한국문인협회, 국제문단문인협회, 성암문학회, 한국문예학술저작권협회. 시집: 살며 사랑하며, 사는 이유, 바람개비. 공저: 하루, 한빛동산, 나의 고향 나의 어머니.

들꽃 연정

저렇게 많은
황혼 길손 중에서

들꽃 한송이가
나를 유심히 쳐다봅니다

조금도 때 묻지 않고
그 누구에게도 손탄 일 없는
들꽃 한 송이가 -

나 또한 긴 여행길
너무도 지쳐 있을 때
그 들꽃의 그윽한 시선에
넋을 잃었고

들꽃 눈웃음 날 붙잡곤
내게 엄청난 활력을
불어넣었습니다

그래서 난
가던 길 잠시 멈추고
들꽃과 어울려 수많은 밀어
소근거리기에 온 정신
다 팔려 있습니다

마치 가던 여행길 깜빡해
여기가 바로 거기인 듯
내가 멈춰야할 그 곳인 듯

이현채

대구 출생. 월간 순수문학 등단. 호산대 졸.
호산대학 동문회장 역임. 퇴계이황학회 임원 역임.
담수회 여성회원. 동네의 서예와 시화전 등.

흘린 술이 반이다

그 인사동 포장마차 술자리의 화두는
'흘린 술이 반이다'

연속극 보며 훌쩍이는 내 눈, 턱 밑에 와서
"우리 애기 또 우네" 일삼아 놀리던 그이
요즘 들어 누가 슬픈 얘기만 해도 눈물 그렁그렁
오늘도 퇴근길에 라디오 들으며 울다가 달려 왔노라고,

찬바람 눈바람 아픈 깃에 품고 애가 타던,
어둔 밤 지새며 함께 걸어온 날들
구름에 실려 가버린 꽃다운 순간들

비로소 바람 고요한 길 위의 시간
새끼제비 날아간 저녁밥상에 희끗한 머리칼
서로 측은히 건네다 본다

흘린 술이 반이기 때문일까
함께 마셔야 할 술이 아직은
반쯤 남았다고 믿고 싶은 눈짓일까
속을 알 수 없는 생명의 술병 속에,

이혜선

경남함안 출생. 1981년 『시문학』 추천. 시인, 문학평론가. 한국여성문학인회 이사장. 시집 『흘린 술이 반이다』 『새소리 택배』(2016.세종우수도서)등. 저서 『이혜선의 시가 있는 저녁』 『아버지의 교육법』 『문학과 꿈의 변용』 등. 윤동주문학상, 한국예총예술문화대상등. 동국대 외래교수, 한국문인협회 부이사장, 문체부 문학진흥정책위원 역임. 유튜브: 이혜선시인 TV

자주색 달개비꽃

이른 아침 집을 나서다가
거울 앞에서 깜짝 놀랐지
보아 달라 소리치지도 않고
그저 묵묵히 나름의 빛깔로
꽃을 피우고 있던 너희 모습

탁한 공기 씻어주는 식물이라고
나눔 받아 세 줄기 심은 화분에서
긴 팔 내밀듯 자라고 있던 너희를
한동안 잊고 무심결에 지나쳤는데

이름도 모르고 그냥 잡초라고
꽃이 필 줄은 더더욱 몰랐는데
대나무 같은 줄기에 꽃을 피워
수줍은 듯 웃으며 떠오르는 이름
달개비, 달개비, 자주색 달개비꽃

송이송이 피어나는 소망을
자주색 달개비 청초한 꽃술에
고명처럼 선명하게 올리고 있었어
거울은 부끄러이 내 모습을 비추는데

이호연

월간 『문예사조』 등단(1993년)
문학박사 / 한국문인협회, 별곡문학동인회 회원 / 한국공무원문인협회 부회장
시집 《산호빛 대화》(1995) 외 4권
공무원문학상 수상(2012)

흰 눈을 못 그리니 시라도 써 보는데

연이어 내린 눈이 나무가지마다 무겁게 달려있다
키 작은 소나무의 팔뚝은 부러질 듯 휘어져 있다
산꼭대기에서 흘러내린 백색의 설레임이바라만 보는
내 눈망울을 헤집고 들어와 꿈틀거린다.
깨끗하고 순결한 것들은, 바라만 봐도 그리운 것을
발보다 좀더 커보이는 세무구두만 바라보다 떠나간
계집애의 들썩이던 어깨와, 살고 싶어 발버둥치다
지치고 지쳐, 마른 잎을 닫아버린 형의 슬픈 눈망울과
분골이 되어 내 곁에 올 때까지, 아픈 척 하지 않던
샌님 내친구의 청아한 노랫소리가 뭉쳐져, "우르르르"
산을 쏟아져 내려온다
하얀 눈이 내려온다.
눈과 함께 잃어버린 내 그리움이 찾아온다.
그리움을 올라타고, 나의 작은 꿈들이 몰려온다.

이훈강

(본명 이규종) 한국시문학대상 수상, 동국대학교 문예창작학과 시문학 석사
시집 「사랑보다 더 먼 곳에 있는 아픔」외
시선집 「전하지 못한 부고」외, - 소설 「타잔과 백수」외
시론 시의 부활(개정판)「공간 시학과 시 창작 치료」외

외연도

시집간 딸이 보고 싶어서
손가락 펼쳐 한 뼘도 못 되는
그 섬에
뱃멀미 토해가며
몇 날을 갔네

그림 같은 동백꽃 숲속의
천년 전설이 마중 나와
내 딸과 동네 사람 기쁜 소식
먼저 전해주네

손주 딸년이 갖고 놀던 장난감같이
귀엽고 예쁜 섬

봉화터에 오르니 침묵으로 다문 돌
몇백 년이 흘렀어도 식지를 않았네
이제라도
그 뜨건 돌에 불 댕겨 보고싶다

활화산처럼 늘상 타오르는 너의
불꽃을 보며
다시는 딸의 안부로 밤잠 설치지는 않으리

五범 이희영

충남 보령 출생
『문예사조』수필부문 등단(2012년), 시부문 등단(2013년)
문예사조문인협회. 한국문인협회. 충남시인협회 회원
보령에세이아카데미 회원
시집: 『얼굴』『숨어 사는 그리움』『혼밥』외 4권

새싹이 나고 있어요

심어왔던 마음이 텅비어 가네요 하지만 새싹이 자라고 있어요
사라지는 마음에 새싹이 돋아요 점점 마음을 복돋우네요
전처럼 살지 말라고 삐져나온 새싹이 풀밭을 만드네요
풀밭은 수줍은 산책로를 만들고 주변의 민들레들이 고개를 드미네요

마음이 두근두근 꽃이 피네요
하지만 비가 오자 꽃들은 모두 떨어져 썩어져가요
산을 메우고 있던 진달래도 자꾸 숨어서 없어져요
맨발로 산행을 하며 질척한 땅에서 발자국들이 선명해져서
발자국을 밟으며 걸어갔어요 산은 점점 단단해져서 돌들은 모두 도망가고
죽은 꽃들만 길을 만들고 있네요

신발을 양손에 들고 씩씩하게 갔어요 산에서 내려오니 마음에 꽃이피고 있었어요
새싹이 자라 꽃을 피웠어요 마음이 웃어요 새싹은 나무가 되고 나무는 꽃이되어
새들이 날라와 먹이를 쪼아댔어요

시간은 멈춰있었어요 산을 타고 내려오니 시간은 제자리에 있었어요
시간은 축축했어요 새싹이 재빠르게 나무가 되어 마음에 꽃을 피웠어요
이젠 새로운 내가 되었어요 새싹이 자라 꽃들이 되어 시냇가의 왜가리에도
별이 떨어졌어요

이젠 마음이 웃어요 아픔은 다 꽃과 함께 다 쓰러져갔어요
마음에 새싹은 나의 소망이예요

임경원

1971년 서울출생. 이화여자대학교 영문과 중퇴. Coleg Glan Hafren College In U.K 어학공부. 2002년 월간「조선문학」신인상으로 등단. 2019년 조선문학 조선시문학상 수상. [문학과 예술] 제4회 최우수 시인상 당선. [시와 예술] 신춘문예 문학대상 수상. 시집-「키작은 사과나무」「무희없는 무대」「희망을 부르는 그리움」. 한영대역시집「식어가는 검은 입술-My Black Lip Cooling Far More」외 다수의 공저가 있다. 〈한국문인협회〉〈조선문학문인회〉〈한국기독시인협회〉회원. 〈창조문학〉이사〈크리스찬문학나무〉운영이사.

문門

전두엽으로*이어지는 미로에
낡은 여닫이 문짝 하나가 달려 있다
축을 지키기 위하여 돌쩌귀는
세월을 조이며 관절을 앓고 있다
문살의 짜임새가
지금보다 야무지고 촘촘했던 시절에는
문받이에 턱이 없어도
닫고 여는 일이 대수롭지 않았다
인지의 틈이 헐거워진 즈음부터 드나듦은
당길 문으로 진화를 시작하게 되었다
버벅거리는 말과 헛웃음이 서로 나무라며
문고리와 실랑이를 벌여도
가두지 못한 기억은 숯덩이가 되어
분별력마저 놓아버린 채 원인을 믿지 않는다
귀로 들어와 눈으로 감지하는
두드림의 소리만 간간이 스칠 뿐,
안으로 열리지 않는 문간엔
가까운 것이 더더욱 까맣게 퇴색되어가는
안타까움으로 두리번거리고 있다.

* 대뇌 반구의 일부로 중심구보다 앞쪽에 있는 부분.
  기억과 사고 판단 따위의 고도의 정신작용을 관장.

임규택

2008년 한국작가(시) 등단
발간시집: 빨간 우체통, 고향이 보이는 창, 산방일기, 주어진 날들이 물처럼 흘러 가기를 등.

내 안의 산

세상에 오르기 힘든 산
누구는 태산을 말하고
누구는 히말라야 14좌를 말하지만
어디, 내 안의 산만큼 험하랴

육 척 채 안 되는 키
그 안에 솟은 산이련만
어찌 이리 힘겨운가
나를 넘는 일

수없이 작정하고 도전했건만
번번이 넘어지고 미끄러졌네
새들도 넘으려다 날개 접었네

이 산을 어이할꼬
예서 그만 주저앉으면
정말 분하지 않은가
나 아직 젊지 않은가

임문혁

1983년 한국일보 신춘문예 시 당선 등단
시집 : 귀눈입코, 반가운 엽서 등
한국현대시인상, 시와함께 작품상 수상
한국현대시인협회 부이사장

박인환문학관

만나고 싶은 사람,
박인환 시인이
인제리 숲길에서 기다리고 있었다

강원도 인제군
물 맑은 산야에
머물러 있는 세월

그 눈동자, 입술
가슴 속 이름
어찌 잊을 수 있으랴

시인의 생애가
풀과 나무, 꽃으로
바람으로 살아 있었다

아, 푸른 강물로
유정하게 흐르는 노래
'세월이 가면', '목마와 숙녀' 여

박인환 시인이
사람들과 어울려
웃으며 이야기하고 있었다

임병호

1965년 《화홍시단》으로 등단.
한국경기시인협회 이사장. 한국문인협회·국제PEN 한국본부 자문위원. 시 문예지 《한국시학》 발행인. 시집 『幻生』(1975) 등 27권.

비탈 위의 시간

하늘 문이 열리고 구름이 걷히자
비탈 위의 시간 속에 나의 생애를 조회(照會)한다
시간의 굴절과 역행으로
나의 사랑과 증오의 역사는 수시로 뒤바뀌었다
그 또한 복잡한 인생 여로이기도 했다
시간은 철저하게 일탈하며 앞서 갔다

시간과 역사의 거리는 항상 반비례하였다
그 틈에서 지혜의 무게를 찾기 어려웠다
늘 진공 속에 가려져 있어서
혼돈 속을 헤매이며 열심히 찾았다
그래도 나의 시간의 역사는 실패이지만
인류는 시간의 혁명을 통해 지혜의 길을 찾아냈다

임상덕

용인 출생, 연세대 졸, 서울신문 16기 기자, 1996년 한맥문학, 문예사조 신인상/시집=둘또는 세 개의 달이 있는 마을, 태종대, 만리장성, 시간을 끌고 가는 바퀴, 비탈 위의 시간 등 5권,

시골집

공주시 사곡면 해월리 산수골 42
나의 시골집은 내 노후 삶의 종합선물이다

종교와 철학
숨결과 명상
반성과 성찰의 수련원

건강과 치유
자유와 행복
평화와 기쁨이 가득한
마음둘레 꽃향기 가득한 곳

새벽잠 깬 새들 하루종일 자유롭고
산등성이 넘어온 바람 슬며시 불어와
꽃과 나무 간질이며 내는 바람소리 가득한 곳

온갖 벌레와 달팽이 느릿느릿 기어다니고
나비와 벌 분주함으로 내 눈 항상 즐거운 곳
많은 잡초 다투어 솟고 뽑히는 생존의 터전

거짓 없는 흙과 끊임없이 흘리는 땀의 길목
종합선물 한아름 안고 들고
단 물맛 음미하며 이승의 흘린 땀을 씻는다

임승천

월간시지 「심상」 신인상으로 등단(1985년 1월호). 한국시인협회, 한국문인협회, 한국기독교문인협회, 충남시인협회. 구로문인협회 공주문인협회, 심상시인회, 한국예술가곡협회 회원. 한국기독교문학상, 월간문학상 수상. 시집 「노들레 흰들레」 외 6권. 한국예술가곡 작시 독집 음반 「그리운 사람아」 외 4장

울 엄니 감나무

엉덩이 드러내고 뛰놀던
순수 시절
돌담 옆에는 감나무 졸고,

몰래 피던 감꽃
봄바람에 튀밥처럼 흩날리네.
꽃지짐 웃음 울 엄니.

꽃 똥 주워 입에 물고
색실에 꿰어 목에 걸다가
입 안에 가득 에고 떫어라.

햇볕에 데어 떨어진
꽃자리마다
똬리감은 전설처럼 열리고,

천둥에 놀라 떨어진
꽃자리마다
황톳빛 웃음 울 엄니.

임웅수

1991년, 문학예술신인상. 한국문인협회자문위원. 한국문인협회 '월간문학상' 수상. 시집 '아파도 웃는 나라' 외 다수.

벚꽃이 질 때면

핑크빛의 벚꽃들
삼일이 지나니 흰 꽃잎으로
터널 만들고 하늘을 덮는다

피었다 지는 꽃
봄비에 영혼 적시며
모두가 바람인 꽃잎

묻어버리고 싶은 사랑
그리움 밀려오면
꽃향기에 비틀거려도
흩어지면서 꽃잎은 사라진다

보듬는 봄날
맑은 미소로 손을 잡아주고
군항제 행진에 나팔소리 들리면

벚꽃이 질 때까지 만이라도
행복한시간 추억의 동행을
간직하고 싶다

장경옥

2017년(국보문학) 등단
한국경기 시민협회 회원
수원 문인협회 이사
저서: 시집 파꽃
수상이력 : 2021년 수원 문학 시인마을 문학상 수상

Dark Day(전쟁)

고요한 언덕길 사슴이 객사하고
피다만 꽃봉오리 목이 꺾였네
저마다 잘린 몸 봄을 하직하고
홀연 눈뜬 자 길 잃은 기러기 신세

졸막졸막한 평온을 내 쫓아
길 위 무덤 가득하고
달빛마저 거뭇해
담담히 봄을 맞으려 해도
천신만고 마른 땅 햇살도 없이
세상을 표랑하는 피난민 되어
천지 참담함이 슬픔으로 가득하니
어찌 온몸으로 살라 하는가

어제의 죄가 고통을 기억하듯
영혼을 덮고 죽음을 겨누는
정의로운 불꽃은 없으리
피 흘린 영혼의 무리가
역사의 페이지에 달라붙어
미래의 시간을 걸어가네

장계숙

2015년 [문학세계] 시 〈열등감〉으로 등단. [명인명시특선시인선] [한국문학인 대사전] [한국시 대사전] [이육사 시맥 문학상 수상집] 공저. 저서 [보이는 것 너머] 동인지 [동해문학] [내마음의 풍경] [살아 있다는 것이 봄날] 외 다수. 한국문학 신인상. 한국문학 작가상/시인상. 한국문인협회. 대한문인협회. 동해문인협회. 정회원.

첫사랑에게

그때 그렇게
스치듯 헤어지길 잘 했다.

윤곽도
매력의 향기도
그쯤에서 아쉽길 잘 했다.

애매하던 그 미소도 목소리도
어렴풋하길 잘 했다.

이토록 오랜 세월을
가슴에 못을 박아 새기고
이름을 기억하게 될 줄을
그땐 몰랐지만.

눈을 감으면 떠오르고
가끔씩 꿈속에서 나누는
혼자만의 애틋한 시간이라니.

들을 수 없는 소식이
근황이 궁금할수록
그렇게
아련히 되뇌일 수 있는
추억으로 남아주길 참 잘했다.

내 또 하나의
자화상 우상으로써
그것으로 족하다.

장동권

2003년 표현문학 으로 등단. 군산 출생.
시집 2009년 내안 깊은 곳의 너, 2016년 님과 神 에게. 한국 문인협회. 제주 문인협회 회원

그림자

희미한 가로등 밑에
나만 한 꼭 나를 닮은 그림자 하나가
한낮 낯 서른 인연으로 만났으나
오랜 세월을 같이 한 영원한 연인사이 같다

젊은 날 솔로였을 때도
항상 곁에서 뚜엣으로 따라다니고
한 나뭇가지에 두 영혼으로 핀
이 세상 기쁨과 슬픔을 함께 공유하는
언제나 나와 동고동락을 같이하는 반려자구나

늘 푸른 잉걸불 속에
크고 작은 두 개의 꽃송이가 변함없고
찬바람에도 향기 잃지 않은 채
인생길 동반자로 외롭지 않게 따라 다닌다

붉은 배반의 장미처럼
이 세상 배신이 죽 끓듯 할지라도
절대로 버릴 수 없는 영원불멸한 그림자
언젠가 내가 이승을 떠나갈 때
무슨 명목으로 날 따라올는지 모르겠구나

장동석

2003년 월간「한국시」詩 부문 신인상수상 등단. 세계시문학상 대상, 한국창작문학상 대상, 구로문학상, 한중문학교류 대상, 대한민국 녹조근정훈장(대통령) 수훈, 한국문인협회 구로지부 회장 역임, 한국산림문학회 이사, 문학人신문기자, 한국예총 서울시연합회 구로구지회장 시집 :「구로동 수채화」「허수아비의 찬가」등 12권. 수필집 :「태양이 있는 밤에」外 多數

노년의 미학

노년은 지혜와 결실을 맺는시기
삶의 여정을 거쳐온 황혼기이므로
아름다움을 물들이는 미학이지요

노년의 깊은 주름과 미소는
삶의 흔적을 담고 있으며
마음은 평온과 관용의 공간이지요

인생의 굴곡을 겪으며 얻은 지혜와
어려움을 극복해온 인내는
삶의 가치를 깊이 이해하고
모든이에게 영감과 교훈을 줄 수 있는 명약이지요

작은것에도 감사하고 매 순간을 소중히 여기면서
삶의 아름다움을 느끼며
각자 삶의 그림책을 흩어보며 감사한 마음으로
되돌아 보는 삶이어라

삶의 마지막장을
황혼의 아름다움으로 물들이며
매 순간을 즐기며 모든 풍경을 감상하면서
행복한 노년을 보내기를 바랄뿐이어라

野村 장동수

2013년 지구문학 등단. 서울상대 졸업. 前 조흥은행 미주본부장
대한전기협회 상근부회장. 지구문학 명예고문. 한국문인협회 회원
시집 『황혼에 푸른날개』, 『덧셈과 뺄셈의 삶』

언어의 집

사유의 공간 속에
희로애락의 안식처인
시제 하나 주우려
영혼의 뜰을 거닌다

새들이 둥지를 짓기 위해
나뭇가지나 짚을 물어 오듯
언어의 파편들로 무지개 빛
향기로운 시를 엮고 싶어라

불꽃 같은 열망의 계절이 지난
황혼의 겨울 뜨락에서
아직도 못 버린 욕망
시의 방에서 언어의 향기로
삶을 물 들이고 싶다

장문영

2003년 한국 문인 등단, 시집: 가을 편지, 숲속의 푸른 언어, 소금의 눈, 공저 다수. 문학상: 문학 공간 상 본상 수상 김기림 문학상 본상 수상 동두천 문학상 수상. 문학 경력:한국 문인협회 정화위원 국제 펜 클럽 한국본부 이사. (시)한국 시인연대 부회장 역임 한국 문화 예술연대 이사

민들레 보는 마음

끝 모르게 되뇌인 간절함은
가슴에 스며든 지고의 염원
몸과 맘을 애태워 손에 쥔 땀
소매 끝에 맺힌 염력의 인연
천상의 감동은 봄꽃을 피웠다

시샘인 듯 야속한 비가 내린다
버겁고 약약한 비에 젖은 꽃잎
시앗을 본 여인처럼 매정한 봄비
빗방울 눈물에 고개 숙인 봉오리
아름다운 꽃이 무슨 죄가 있을까

흰옷 입은 지사의 깊은 번뇌가
힘겨운 꽃잎 속에 깊게 이울면
눈물에 실루엣 된 나라의 운명
꽃은 떨어져서 열매를 맺지만
민들레 홀씨처럼 먼 길을 떠난
떨어진 꽃잎에 새겨진 국운.

장성구

호 : 인재. 2014년 문학시대 등단. 경희대학교 명예교수. 경희대학교병원 원장. 대한의학회 회장. 대한민국의학한림원 종신회원. 녹조근정 훈장.

아내의 머리를 염색하며

가녀린 자리옷의 아내가 더듬이를 잃었다

까맣던 머리도 밀려오는 파도에
하얗게 부유하는 거품인가

어느덧
아내의 그 곱던 머릿결은
세월의 깊이가 너무 아득하여
마른 못 속에 젊음을 놓아버렸다
아내의 깃털을 뽑아 염색약을
촘촘히 발라간다

그 가늘고 조촐한 가난을
소중히 품고 살아온 빛바랜 시간들
다소곳이 앉아있는 아내는
목주름과 견골이 깊이 패였다

겨우내 산구릉 휘감던 회한의 눈나비 같이
하얀 엉클어짐을 염색약이 까맣게 물들인다

어느새 하늬바람이 푸스스 날아와
깃털로 쪼아놓은 머리에 세월을 심는다
나의 빛바랜 침묵을 탕진하는 날에
아내의 까만 머리는 다시 둥지를 틀었다

장수현

2005년 월간신문예 등단
(사)한국시인협회 회원 , (사)한국현대시인협회 회원
(사)국제PEN클럽 한국본부회원 , 은평문인협회 회원
(사)한국문인협회 제25대, 제28대 감사
계간문예작가회 중앙위원 , 착각의시학 기획위원장

아버지의 발자국

내 유년의 아버지는
산이나 들에 나가실때
지게에 낫과 괭이
그리고
삽을 챙기셨다

어린 마음에
그냥 걷기도 힘이 버거우실 텐데

왜
등에 지게를 지고 가실까
내심 생각 했었다

산으로 가시면
지게가 넘치도록 나무를 담아 오셨고

들에 가시면
누렁이 쇠풀을 가득실어
산마큼
지게에 실어 나르시곤 했다

아버지의 삶은
달팽이 처럼
늘 무거운 짐을 지고 살아 오셨었다

가장 이라는 책임 이라기 보다는
내 마누라
내 새끼를 무한 사랑 으로
보듬고 챙겨야 한다는 생각이
우선시 되었기에

힘든일들을 감내 하셨으리라

아버지의 손과 발은
늘 쉴틈 없으셨다

나무를 내리면
톱과 도끼가 기다리고 있었고

꼴을 풀면
커다란 쇠죽 가마솥이 기다리고 있었다

하늘 같이 드높은 사랑과
당신의 고된 육신을

헌신과 사랑으로 치유하시는
아버지의 은혜를 알게 되었을때

이미 많은 시간이 흐른 뒤였다

비 내리는 날
눈 내리는 날
바람 부는 날 가리지 않고
지게는 늘
휘어지신
아버지 등위에 매달려 있었다

그림자를 떼어 놓을수 없듯
그렇게 아버지의
분신 처럼 함께 했다

눈 길속에 첫 발자국
그앞에
아버지의 손 도장 처럼 찍혀있는
지팡이 자국

산 으로 들 로 향 하는 발자국 두개
집 으로 향 하는 발자국 두개

그 속에 모든 아버지의 삶의 애환이
담겨있었다
올 곧은 발자국

시대의 표상이다
존경의 의미를 간직 하고 있다

복잡한
삶의 방정식을
사랑과 헌신과 포용으로 답 하셨다

가슴 울리는 오케스트라의
합주곡 처럼

아버지의 발자국은 마음 속에
울림이 있다

먹먹한 가슴에 바위가 얹혀 있듯
아버지의 지게 짊어지신 뒷 모습이
눈 앞에 아른거려

뿌리는 비는 마음을 적시고 있다
아버지 사랑 합니다
아버지 존경 합니다
아버지 고맙 습니다

장윤숙

경북 예천 상리면 두성 출생. 시인 / 교수 / 수필가 / 시낭송가 / 스피치 / 전문청능사(오디올로지스트).
한국문인협회정회원. 중구문인협회 이사. 신임당 문학회 회원. 문인협회 군포지부회원
한국시사문단 2005년도 (자목련외4편) 시 등단. 2014년도 아세아문예 (어떤선물) 수필 등단.

막스 프리쉬와의 대화
― 과천 93미술대전 大賞작 앞에 서서

철제 의자위에 걸친 의상(衣裳)의 깊은 주름
이를 모디파이하는 돌받침과
뾰족한 화강암(石塔)은 마치 오베리스크

드디어 일체를 가려주고 보듬는 하늘
그 왕성한 의욕과 투지 못지않는 견고한 조형물이
과천(果川) 국립현대미술관 뜰로―
태고의 정적을 숨쉬게하리라,
세기적 행위예술가 백남준이 말했다

"예술은 사기(詐欺)다"라는―.

장윤우

1963.1.1. 서울신문 신춘문예시〈겨울동양화〉당선, 시집〈겨울동양화〉,〈그림자들의무도회〉,〈오자인생〉,〈이름없는것들을 생각한다?,〈종이로만든 여자〉등 13권, 산문집-장윤우예술시평집.화실주변,중학교미술교과서-中1,2,3,外다수. 1965-현,서울신문당선290-작가 회장 년회지 43호발행중, 서울시문화상,대한민국황조근정훈장수상- 현,성신여대명예교수(박물관장,대학원장,산업미술연구소장역임),한국문인협회 시분과회장,부이사장,자문위원역임,국제PEN고문,

살아있음에 축복이네

그제 비가 온 뒤 개어서인지
하늘이 몹시 푸르고 화창하네.
만개한 벚꽃이
살짝 부는 바람에도
나비인양 사르르 사르르 춤추며 내려앉네.
유모차를 타고 가던 아기가
그 모습을 보고 우-와 하고 함박웃음을 웃네.
꽃잎 날리는 것도 아름답지만
귀여운 아가가 환호하는 그 모습 또한 어여쁘네.
지는 꽃잎을 보며
피우면 반드시 지는 순간이 온다는 것
어쩌면 우리네 인생이 아닐까싶네.
오늘이 될지
내일이 어떨지
아무도 알 수 없는 생을 살아가야 하니
안타깝거나 불안할 필요는 없지만
그래도
꽃박람회 축제 같은 우리공원의 꽃들
백목련, 자목련, 진달래, 철쭉, 산수유, 라일락…
수많은 꽃들 속에 산책하는 이 행복
살아있음에 축복임을 감사하네.

장인숙

월간 순수문학 시 부문 신인상 등단 (2005년). 대한민국 서화 아카데미 미술전(기로전) 삼체상 서예부문 금상 (2010년). (사)세계문인협회 특별상 순애보상 수상. 대한민국 문인화 초대작가. 월간 문학세계 한국 문학을 빛낸 100인 선정 (2015년 2016년 2019년). '해마다 가을이 되면' (2015년) 등 다수의 시집과 서간집 '당신 이름을 부르며' (2017년). 에세이집 '천상으로 보내는 음악편지' (2019년) 등

수요일은 물 묻은 바람이 불었다

순간은 되돌아갈 수 없는 유일한 기록이다
한 계절은 많은 오늘이 모여
꽃으로 녹음으로 남는다

낙엽은 레코드 음반을 잊지 못한다
합환목은 자귀나무의 또 다른 이름인 것을
처음 알았다

수요일은 물 묻은 바람이 불었다

풍경을 대화로 나누던 찻집에서
의견이 일치되지 않은 건
시각의 차이일까
청각의 차이일까

사과가 삐뚤게 캔버스에 자리 잡는 순간
당황한 말도 뒤틀려 버렸다

초점을 붙들려는 방향은
서로 각자의 하늘을 바라보면서

무디어가는 감각을 다시 닦으면
아쉬움으로 남는 흔적이 사라지려나

장정순

2016년 월간 「시문학」으로 시 등단. 대구교육대학교 졸업, 영남대학교 교육대학원 국어교육 석사. 초등학교 교사 역임. 〈한국시문학문인회〉, 〈한국현대시인협회〉, 〈한국문인협회〉, 〈한국문학비평가협회〉 회원. 수상 : '한국문학비평가협회상' '백운 문학상' '한국힐링문학상' '한국힐링문인협회상'. 시집 「드디어 맑음」, 「그믐밤을 이기다」

디딤돌

고향 집
 뜰방에서 마루로
 오르내리던 디딤돌

할머니께서
지심 매고 오시다가
주워 이고 왔다는 오석

알맞게 두툼한 돌
장정도 짊어지고 오기에
버거웠을 터인데

가족 위한 헌신적 사랑
엎드린 등허리만 같아
조심 조심

어려운 세상살이
받쳐주면서 더불어 살라는
귀에 박힌 가르침

장태윤

1990년 한국시 등단
한국문인협회, 한국시인협회, 국제 펜클럽 한국본부, 전북문인협회 등 회원.
해양문학상, 전북예술상 외 다수 수상.
시집 (난꽃 바람꽃 하늘꽃) 외 14권

달꽃

석양이 산등성이에서 넘어가
어둠을 이끌고
방긋 웃으며 밤하늘을 부른다

초롱초롱한 별이 빛을 발하면
동그란 인 꽃은
그들에게 시선이 멈춘다

밝은 달이 휘영청 꽃피면
소녀들은 그를 우러러
사색 잠기는 묵(墨)향에 취한다

때론 토끼가 방아를 찧고
까치발을 떼고 웃으면
달 꽃은 밤을 환하게 피워낸다.

연화당 장하영

2019년 서울 문학 시 등단
2019년 문학 고을 수필등단
2020년 종합 문예 유성 시. 수필등단
(현) 꽃가람 시 순수 문학 대표

말 많은 세상

말은 많은데 믿을 말이 없고
말이, 말을 먹는 세상

겉만 번지르르 속은 알맹이가 없고
말이, 사치스런 세상

말이, 말이 아닌
요망한 말들이 춤추는 세상

진실이 무엇인지 따져봐야
말이, 말이 되는 세상

대변인이 다시 말해야
말이, 말을 믿는 세상

말이, 말을 타고 진실 찾아
지금도 헤매고 있다

장형주

충남 공주 출생. 공주교육대학교 졸업, 공주대학교 대학원 졸업. 교사, 장학사, 교감, 장학관, 교장, 교육장. 시집 「울림」「내 마음의 안경」「외로움이 더하면 그리움이 된다」「산다는 것은 아프다는 것이다」「먼 훗날의 기억」. 한내문학상, 세계문학상 수상. 한내문학회원, 현대작가회원, 시인연대회원, 한국문인협회원

해바라기

태어나 매일
해를 바라보았다
그를 닮아내어
빛나는 꽃이 될 때까지

온전히 닮았을까
밤이 짧아질 무렵
큰 자람으로 우뚝 서
너른 들의 숨소리와
강물의 박동을 들으며
소나무 무리들에 어울린
새들을 바라보았다

잊지 않았다는
머물 수 없는 부끄러움과
탈색되어 버린 헌신은
되돌아오지 않는 내일
그에게서 바싹 말라
이제는 우두커니
이제는 시커먼 껍질로

붉게 저물어 가는 해가
뼈 가죽을 태우듯이
끝까지 비집고 들어오고 있다

전관표

아시아문예 신인상(2014). 동강문학회 회원
한국가곡작사가협회 회원. 한국문인협회 회원
시집: 다시 길을 걷자

청보리

산들산들 봄바람 넘실대는
파이란 청보리 물결
연녹의 꽃수염도
철 잊은 여인의 마음을 간지럽히네

싱그런 연한 순
손대면 톡 부러질 듯
꺾이지 않는 자태
봄 처녀 순결 같네

옛 동무 생각 나
하늘바라기 순 꺾어
그리움 실어
보리피리 불어본다.

전덕희

안산지부 회원. 저서: "내 안에 머물 그대". 시낭송분과위원장(현). 국회의원상. 당산문학상(2023년)
동남 보건대(평.교)시낭송지도사 과정수료. 코스모스문학상(2017년)
코스모스문학 등단. 신인상(2014년)

어머니 텃밭에서

틈만 나면 손 익은
호미 들고, 어머니
사랑채 딸린 텃밭 쭈그려 앉아
가솔처럼 보살폈네

상추, 고추, 시금치, 가지, 솔
오순도순 끼니 상에 오를
반찬거리를 심어
풀매고 벌레 잡고 흙살 골라 주고

하루치 짜투리 시간
텃밭 흙속에 쏟아 부으면서
남몰래 가슴속에 쌓인
삶의 응어리
흥얼흥얼 풀어냈네

어머니 땀 향기 스민
반찬거리들
혀끝 입맛으로 박혀
스러지지 않는 그리움으로 살아 있네

전석홍

전남 영암 출생
'시와시학'으로 등단(2006)
시집: '내 이름과 수작을 걸다' 등

희망 찬가

아무런 값도 없이 빛은 천지를 밝히고
숨 쉴 산소 마실 물 내려주고
거저 목숨을 살리는 축복을 보라
전능 창조주는 세상을 이처럼 사랑하사
독생자를 주셨으니 그를 믿는 자마다
멸망치 않고 영생을 얻게 하려 하심이라

일천구백칠십칠년 일월 십일일 열한시
성전에서 무릎 꿇고 잘못한 죄 회개하자
한없이 펑펑 쏟아지는 눈물
홀연히 급하고 강한 바람 소리 환한 빛발
번쩍 푸른 불의 혀가 왼쪽 눈을 강타하더니
밀려오는 환희와 평안함은 원수도 사랑하고파라
덩실덩실 춤을 추는 이 황홀이여

궁궐 미인들 거느리고 금은 보배 호화 누리던
높은 명예 지식과 지혜의 왕 솔로몬은
모든 게 헛되고 헛되도다 절규하는 허무의 절망이다
걱정도 아픔도 죽음도 없는 영원한 생명의 나라
오직 구원하는 만유의 주인만 경외하라 외친다

나는 저 수평선 강림하는 희망의 흰구름
십자가에서 흐르는 붉은 피 얼굴에 바르고
영생처럼 부활하는 큰 나팔 소리를 기다린다

전우용

문학지〈1971〉월간시문학지(1974) 시 추천으로 문단 데뷔. 시집 : 불바다, 서울의 천사, 꽃보다 더 빛나는 눈빛. 수필집 : 당신에게 드리는 단풍 출간. 경기도 문화상, 교육부장관 표창 2회, 황조 근정 훈장. 평택 기독교 성결 교회 명예장로. 전 평택교육청 장학사, 원로장학관, 전 오성초등학교 교장. 순천사범학교, 한국방송통신대학교 졸업. 한국 문인 협회, 국제 펜클럽 한국 본부, 시문학 문인회 회원.

어머니 옹알이

기억이 조금씩
무너져 내리는
당신의 방이 있다

아무도 찾지 않고
아무도 묻지 않는 방

'별일 없제' 하시는
당신 신호에
익숙해진 나는
밤이면 당신과 함께 분주해진다

봄인지 여름인지
낮인지 밤인지
아무것도 모르시면서

아흔다섯이신 어머니
옹알이로 바쁘시다

큰 그림자 일렁이면
나를 부르시며
혼자 끄덕이시다

짬짬이 중얼대는
어머니의 옹알이

전지명

2006년 문학세계 등단, 시인, 논설위원, 석좌 교수
한국문인협회 자문위원, 계간문예 편집위원
칼빈대학교 부총장
김좌진장군기념사업회 이사장
한국문학비평가협회 작가상 수상

인생은 자연과 같은 것

인생은 자연과 같은 것
거센 바람이 불 때는 흔들리며 살고
소나기가 올 때 피할 수 없으면 맞아야 하고
눈이 내려 쌓이면 쌓인 눈을 헤치며 걸어가는 것

폭풍우 몰아치는 날에는 한껏 움츠리면서
따뜻한 봄을 기다리는 꿈을 꾸자.
인생은 자연과 같은 것
구름 낀 날이 지나가면 환한 햇살이 비치리라

인생은 자연과 같은 것
거친 세파에 누구나 흔들리며 살아가지만
중심을 잃지 않고 항해하는 커다란 배처럼
언제나 따뜻한 맘을 갖고
정의를 향해 몸부림치며 살아가야 하는 것.

전한구

2017년 청계문학 등단. 아호는 홍천(弘天). 경북 영주 출생.
영남대학교 졸업
청계문학 시 수필부문 신인상 수상
현)영주시청 근무

신호등에 그리고 신호등에

신호등에 그리고 신호등에 움직이는 신호가 있다. 신호등에
그리고 신호등에 바쁜 마음이 있다. 바라봄에 서서 스친 것은
무슨 인연의 끈이 있을 것인가를 말할 수는 없지만 믿었다
가는 발걸음 사이에는 거미줄 같은 인연의 실타래가 모여있다
전생에 어떤 인연으로 이어진 빛이었을까 생각한다
보이는 것 그것이 전부는 아니겠지만 함부로 말할 수 없는
마음이 혈관 속으로 모아진다
도시 숲의 자리에서 거대한 행성처럼 빛으로 반짝이는
하루다. 아스팔트 위로 그림자는 지나가고 있다
마음의 새는 날아서 가겠지만 걸어가는 발자국은 힘이 든다
어떤 날은 순간 속에서 연민을 깨우치며 이 세상에 왔다는 것을 알겠지만
때로는 괄호처럼 안과 밖을 구별한다
오늘이 별이 되어 하늘로 올라가면 또 하나의 내일이 필요할 것이다
신호등이 바뀌어 파랗게 밝아지면 다시 걸으며 웃는다. 걸어서 숨을 쉬며 바라보고
다시 걸어갈 수 있는 눈물이 있다
거기에는 보이는 점과 선의 형태가 꽃이 여백을 채우고 있다
그곳에 시선을 녹일 수 있는 얼굴이 있다
서로 잡고 걸어서 걸어서 가는 손이 있다

정관웅

월간 「문예사조」 시 등단(2007), 제2회 현구문학상, 전영택문학상, 이동주문학상, 등 수상. 사)한국문인협회 전라남도지회장, 광주전남아동문학, 전남수필문학, 울림시낭송초대 회장 역임. 저서 : 시집 『잔꽃풀도 흔들리고』 외 5권. 저서 『삶을 가꾸는 요가 산책』, 공저 『스마트폰 활용 지도사 2급』 외 2권.

웃는 얼굴

널 보고 있으면
기분이 좋아지네

눈꼬리 내려오고
입꼬리 올라가네

사랑이 그윽하고
선한 말이 모여들어
눈 감고 있어도
웃는 모습 그려지네

여전히 웃고 있는
그대 따라 나도 웃네

정다겸

2012년 국보문학 신인상
경기문학인협회 자문위원
한국문예협회 시낭송회장
시집 『무지개 웃음』 『웃음 한 조각』 외
2023년 경기문학인대상

유월의 장미

마음 데겠다
너의 뜨거운 사랑의 불꽃
불꽃을 피우는 빨간 향기에 이끌려
입술을 데었다

한낮에 햇덩이는 더욱 이글거리고

정대구

경기화성출생(1936) 〈대한일보〉신춘문예로 등단(1972) 문학박사(숭실대)
시집 「흙의 노래」 「칼이 되어」 「만날 수 있을까」 「그대로 멈춰 섯」 외

사랑

안개 덮은 수심(愁心)들추어
발 냄새나는 근심걱정 빨아
따듯한 햇볕에 말려주는 일이다.

마음속의 웃음 꺼내
꽃피우고 열매 맺도록
정성 다해 물주고 가꾸는 일이다.

희생된 상처에 이기심 뿌리 뽑아
곪지 말고 잘 낫도록
붕대 겹겹 말아주는 일이다.

일이다 와 일이다 사이
질긴 인연 끈 맺어
죽도록 함께하는 일이다.

정도경

본명:충영. 2001년월간 문학세계, 시 등단 ,춘풍매화 외 시집7권 출간. 세계행촌문화예술아카데미 문학박사학위 외 11. 한국문인협회 현대문학100주년기념 위원회 위원. 강원문인회 이사, 춘천문인 회원. 한국문예춘추문인협회 3-4대 회장역임 현 고문. 한국육필문학보존협회 회장 5년역임 현 고문

물왕호

호수야
가슴 활짝 연
물왕호야

반짝이는 햇살 피어나고

산 그림자 드리운 수면
늘어진 실버들 사이로
물결 타는 청둥오리 가마우지

물왕호야
갈대숲 속삭이는 호수야
긴 의자에 걸터앉은 나는 가슴이 저려라

큰 호수 얼굴

눈 감으면 수면에 떠오는
어른거리는 보고픈 사람아
그리워라 혼자 그리워라

달밤 별밤에도
마음 맑은 사람아

헤매노라

찾아 헤매노라

정도병

월간 순수문학 등단. 한국문인협회, 필동인, 순수문학인협회 이사로 활동. 순수문학상 본상 수상. 시집 『내 안에 출렁이는 빛』 외 다수. 제주체신청장과 정보통신윤리위원회 사무총장 역임.

작약

찰나를 살아도 붉게
금빛 순수 염원으로
우러르는 사랑의 넋
봄날 화사한 그리움

비에 젖어 흔들려도
새색시 치마폭같은
붉은 꽃잎 날리고
왕관을 쓰고 선 꽃

새들도 집을 지키는
유리창 너머 세상에
붉은 마음 어쩌라고
비는 달게도 내리네

동산 정미애

국제 치유코칭문화원 원장(Director of the KUKJEA International Healing Coaching Cultural Center) 문학치유사, 낭송가, LBA 법률중개사 & 공인중개사. 아시아문예 등단 (2016년). 시화집 [하쿠나마타타-동산] , [감나무 아래서} 외 다수

컵라면

구불구불 구겨진 삶들이
모여 사는 세상에서
한때 열정을 부어 끓이던 젊음이
식어버린 시간 속에서
바삭 굳어있다
잠들지 못한 생각들이
건져 올린 시간 속에서
존재의 이유를 묻는 까닭이
굳어버린 삶에
뜨거운 까닭을 붓는다
짜디짠 세상사에
옮기지 못한 상념을
끝내 놓지못한 체념을
양념 스프로 넣고
들어다 보면
뜨거운 삶의 이유가 된다

정민욱

서울 출생. 조선문학 신인상으로 등단(1995). 한국문인협회. 한국 현대시인협회 회원. 서울 성동문인협회 회원. 보리수 시낭송모임회원 (1982~2012). 시집: 비밀의 화원(2000년). 바람이 그리는 꽃향기 (2011). 동인지: 청무우(1985). 숯굽는 마을(1998). 저마다 목소리는 강물따라(2012). 지하철 시집 (2015)

배우며 감사하며

늘
제자리 지키는
그 우직함이 좋아 산에 오르니
발 아래 개미세상 포용심을 가르쳐주더군요

늘
깊고 파란 마음
변함없음이 좋아 바다 찾으니
망망대해 일엽편주 겸손함을 가르쳐주더군요

곡절 많은
세상살이 짐작이나 해보려고
재래시장 이웃들 찾으니
우리네 삶의 현장 거기에 있더군요

산과 바다도 고맙지만
시장터 이웃들 그들이 스승이었어요
부대끼며 살아남는 감투정신을
나약한 갈대에게 가르쳐주었습니다

이제야 알겠네요
오늘의 나 있는 것은 여러분의 덕분인 것을

鶴里 정병운

2019 계간 문학愛 시부문 등단
백석대 법정학부 교수(전문경력), 홍조근정훈장 수훈
시집 : 빛나지는 않지만 사랑이라네(1), 먼저 다가오면 안되니(2)

몸보다 먼저 가 있는 마음

이제는
철들은 나이
72인가

옷에다
칠하고 다니는
75인가

칠칠 맞게
사는
77인가

시간은 빨리 가고
걸음은 늦어지는
나이인가

靑鶴 鄭三一

충북 영동 출생. 서울과학기술대학교 졸업. 핏빛(1969년), 시문학(1971년), 삶터문학(1997년), 시도반 동인. 국제PEN한국본부 이사. 한국문인협회 문단윤리위원, 감사(전). 한국현대시인협회 이사, 중앙위원회 위원장(전), 윤리위원회 위원장. 대구PEN감사(전), 이사, 수석부회장. 농민문학 감사(전), 격월간 코스모스문학 10년간 주간(전). 대한민국 제3호 낭송인, 한국농민문학상, 다산문학상 대상, 거랑문학상, 한국예초문학상 대상, 불교문학상 대상, 송강문학예술상 본상, 매헌 윤봉길 문학상 대상, 국제펜창립100주년기념 특별공로상, 제22회 대구펜문학상 수상. 저서 시집 『바람도 깨지 않게』1992년 외 다수

좋은 나무 좋은 사람

나무는 나무라
나무답게 자라는 나무는
잎과 꽃 열매와 자태로 지켜간다.
사람도 이랬으면 좋으련만

사람다운 사람
과정보다 결과를 바라는
애씀에 발끈하는 사람들 아니라
나무처럼 순수함이 좋으리

멋진 사람이란
어떤 사람이 되려나 보다
좋은 직업에 우쭐대는 생각보다
멋진 인생관이면 좋으리

좋은 사람이면
좋은 나무 좋은 열매 맺듯
아름다운 마음으로 선행을 하면
좋은 사람 멋진 사람이라

月村 鄭相文

月村 鄭相文 (金堤市 月村人.) 국신문학 창립 초대회장
아멘스코프문학대상(1989) 크리스챤신문 문학상수상(1987)
세계문학상수상(2022) 문예세상문학상수상(2023)
목양문학회 등단 (1990) 수도국제대학원목회대학원장(현)
행정학.상담심리치료전공 철학박사. 사단법인 착한사람 대표

동백꽃

저 빨간 동백꽃 누나야
망울망울 삐진 날에 한시름
빨간 피눈물로 울어 살았던
서러운 누나 꽃

북녘 어느 고을 꽃망울로
남기고 시집간 누나야 하루해는
왜 그리 길었는지

어메잃고 초롱불같이
반딧불 같이 울어 살았던 날
동백꽃으로 살았던 누나야

바라보면 먼 산 아버지
동백은 왜 그리 혼신의 넋으로
소리 없이 울어 피었는지

하얀 설국이 만발할 때면
잠재울 동백 서름의 꽃 그리운
눈물이 물들여간 자국

매정한 꽃 누나야 매년
이맘때 더 빨간 동백꽃 울어 필 때
우리는 만나야 한다.

정 선

2008년 자유문예, 문학춘추 등단
한국문협, 광주시협, 전남문협, 국제PEN, 자유문예, 문학춘추회원
서은, 시향, 시와창작회원, 전남시협이사. 광주문협부회장
수상: 영 호남문학상.
저서: 심상 수채화 외5권.

행복한 사람

어느 날
꿈 앤 카페서 만난
소엽 국화꽃님
꺾어 방에 두고 보기엔
여리고 앙증맞아
그대로 두고 왔다
뭇 사람들에게 행복한
미소 나눔이가 되기를 바라며
나는
먼저 섬기고 아끼며 내려놓고
포기하며 희생하는
예수 사랑 흉내 내며
먼 곳에서 그저 보기만 하리라
귀여운 소엽 국화꽃님이
맘껏 홀로 꽃 피우게 하는 것
그것 또한
행복한 사람이리라

정수영

충북 옥천 출생. 명지대 영어영문학. 옥천군청 지방사무관. 둔산제일감리교회 장로. 전 상록수 문학회 이사. 2015, 05월 등단. 시집: 시가 하늘길 열었다. 한국아동청소년문학협회 이사. 쉴만한물가작가회 부회장겸운영이사. 세계문학회 회원. 국제문학회편집이사. 한국문인협회 회원. 쉴만한물가작가우수상. 세계문학회 시창작 대상. 태극기선양문학회 우수 작품상. 세계문학상. 쉴만한물가 작가 우수상. 세계문학회 그리스도인의 자랑스러운 선행상 수상. 충북도지사 표창 (6회). 사회정화의원장 표창 (1회). 내부부장관 표창 (2회). 부총리겸 경제기획원장관 표창 (1회)

징검돌다리

겨울바람에 쌩쌩 소릴 내며
괴롭게 흔들리던 늙은 나뭇가지에
맑고 환한 꽃이 피는
봄날
얼음이 녹아 흐르는 요단강 징검돌다리를
육신의 욕망으로 건너다간
헛것을 짚어
꺼지지 않는 불속에 빠진다는 걸
비렁뱅이를 만나 참 빛을 듣고
십자가의 사랑이 흘리는 피에 젖어
믿고 새 생명을 얻으니
영육이 해맑아 가뿐하게 천국으로 건너가네

정순영

하동출생. 1974년 〈풀과 별〉 추천완료. 시집; "시는 꽃인가" "침묵보다 더 낮은 목소리" "조선 징소리" "사랑" 외 7권. 부산시인협회 회장, 한국자유문인협회 회장, 국제pen한국본부 부이사장, 동명대학교 총장, 세종대학교 석좌교수 등 역임. 부산문학상, 한국시학상, 세종문화예술대상, 한국문예대상, 외 다수 수상. 〈4인시〉〈셋〉동인.

도담도담

명함 내밀 일 없는 시인이
간판 없는 맛집
지붕 없는 맛에
도담도담 웃겨서 우네

텃밭에 하이얀 단추만한
민들레 등 하나 켜놓았으니
입맛에 맞는 꽃냄새나
듣다¹⁾ 가시게
도담도담

1) [옛말] 냄새를 맡다

정연국

계詩誌《풀과 별》1974년 데뷔 〈대한민국문학예술대상〉〈세계문학상 대상〉〈세종문화예술대상〉〈모던포엠문학상〉〈서정주문예대상〉〈이육사문학상〉외 다수 수상. 시집『살맛나는 세상 만들기』『꽃등 혜유미』『꽃등』『집시의 계절』『까발레로』『침묵의 밀어』『거울이 먼저 웃다』『마음이 헛헛할 때 도담도담』『바다에 도장을 찍다』등 다수 . 국제PEN(영국) 정회원. 세계문인협회 이사. 한국현대시인협회 이사. 한국문인협회 재정위원. 명예문학박사. 건국대학교 행정대학원 총동문회 부회장

달의 뒷면에서 보내는 편지

아버지, 제가 당신에 이르렀습니다
당신의 주름, 당신의 흰머리, 당신의 한숨까지

아버지, 제가 당신에 이르렀습니다
무슨 폭포에 선 것처럼 내리사랑

아버지, 제가 당신에 이르렀습니다
아낌없이 주고도 미안하다던 말씀

아버지, 제가 당신에 이르렀습니다
거울 앞에서 종종 당신을 만나 소스라치게 놀랍니다

아버지, 제가 당신에 이르렀습니다
이만하면 됐다, 할 만큼 했다던 의미를 알 것도 같습니다

아버지, 제가 당신에 이르렀습니다
참으로.

정연수

문학박사, 『다층』 등단, 시집 『여기가 막장이다』, 『한국탄광시전집』, 산문집 『탄광촌 풍속 이야기』, 『노보리와 동발』, 『석탄산업유산 현황과 세계유산화 방안』, 『한국탄광사: 광부의 절규』 등, 24회 영랑문학상 평론 대상 수상.

느낌(感)은 상대적이다

서쪽 하늘
붉게 불타는 노을을 보면서

매미 한 마리
여치에게 하는 말
하루해가 왜 이다지도 짧은 고

옆에서 곁 듣던 하루살이
그런 말 하지 마 오

누구에겐 그 하루가
길고도 지루한 일생이 된 다 오

問道 정용규

2017년 좋은문학 시부문 등단

연 날리기

입동 하늘에 바람이 일면
내 손에 쥐인 낯선 얼굴이 낯익다
잊혔던 그대를 누구라고 부를까.

매화 꽃향에 눈뜨고는
상사화 잎새 푸르도록
그대를 잊었다가
서릿발 언덕에 선다.

꿈길에 닿았다가
계절의 끝으로 사라진 그대
곤두박질치다가 기어이 하늘로 올라갔지.

오늘도 내 손을 떠나
바람길 타고 오르는 그대
매 겨울
새 얼굴의 그대를 난 누구라 부를까.

다시 낯익힌 그대를 보내네
길게길게 실 늘여 그대를 잡고서.

정원철

2003년 월간 『문학21』 등단. 서해시창작아카데미 대표. 시흥양명학연구회 회장. 기전역사문화서포터즈 이사장. 월곶문학회 회원. (전)시흥문화원장

얄팍한 겉옷에 적시는 비지땀

한 손에 이끌리어
두근거리던 가슴에 꿈나무 심어지면

싸늘한 봄의 정기를 맞이하고
따가운 한여름 햇살을 맞이한다

동무들과 옹기종기
부푼 가슴 안고

출렁거리는
산과 바다를 향해 웅성웅성

오곡백과 넘실거리는
가을 운동회 계절

모교 운동장에서 휘날리는 혈기에
온통 먼지를 덮어쓰고

꽁꽁 얼어붙는 한겨울 추위 속에서
얄팍한 겉옷에 비지땀 적신다.

호성 정위영

강원 강릉 (주문진읍)출생. 호 호성. 부산 화신 사이버대 사회복지학과 수료. 2024' 한국 문학예술진흥원 명예문학박사 학위 수여. 2019' 〈종합문예유성〉 시 〈새싹〉 등단. 2023' 〈한비문학〉 수필 〈부엉이, 새장에 알을 낳다〉 등단. 시집 [은둔의 문] [은둔의 문 2] [은둔으 문 3] 등이 있다. (사)한국문인협회/한국작가협회 회원 외 다수. (사)종합유성 행사관리협회 상임위원. (재)노벨문학신문 강릉지회장. (사)문학사랑 문학 회 전략운영위원장. 시인과 바다 공리, 이원욱 전 국회의원 문화예술 특보.

신전리 이팝나무에서

계절을 지키는 나무가 지은 집 하나 살았다

하이얀 앞치마 두르고 봄을 맞는 당신 앞에
버선발로 반겼다

이팝 향기 오래도록 마음에 남아
푸른 지붕, 낮은 담장에도 눈꽃가루 내려

온종일 당신을 만나면 따듯함이 물든다
바가지 한가득 시주하던 어머니 야윈 손잔등

쌀꽃 나붓나붓한 날이면 나부끼는 밥알갱이
쓸쓸하지 않도록 어깨춤 절로 들썩인다

이팝 미소 오래도록 곁에 머물러
저녁이면 돌아갈 내 집처럼 환한 웃음 열렸다

정의현

2016년 《문장》시 부문 신인상 등단. 한국문인협회, 한국문인협회 양산지부 회원, 경남문인협회 회원, 문장인문학회 회원. 논술 강사.

빙정(氷程)

여지없는 얼음 조각에
가려진 달빛 곱아 휘어지면
아무래도 2월은 더 사랑스럽다
두려움에 마주 서는
봄의 기원이 죄가 될 수 없으려니
향기 없는 시샘에 아랑곳없이
시린 전류가 흐르며 푸닥거리는 세월에
맞이해야 할 몸짓 가여이

백설 곁에서 봄을 부르는
붉은 무희의 춤사위

안 보면 후회할 것 같아
박제된 월훈(月暈)에 꽃을 비춰주고서야
미친 듯이 고드름 녹지 않는다고 해도
봄을 잊지 않았더라니
어두운 곳에서 피운 꽃이 아름다울까
바램은 어느 때고 의심하지 않는다

잎 먼저 피어나야 새싹 돋을 수 있다며
매화는 그렇게 밤새
언 길 녹여서 달빛을 살려내었더라지

정이담

이담 정항석 박사(1964). 영국클레어홀(Clare Hall) 평생회원이며 전북대 신입생신춘문예(1984) 이후 최근 〈이루지 못한 삶이어도 아프지 않을 사랑을 I.II.III(2020)〉, 〈정이담 시서집: 착한 체하는 약한 영웅들의 노래(2020)〉, 〈코리아날리즘(2020)〉, 〈Die Reinheit Eden(뮌헨 Literareon 2020〉, 대하평전소설 10권「눈개 애기씨」(2021.11) 외 다수와 뮌헨 도서관의 도서 전시(2020)/ 프랑크푸르트 도서 박람회 전시(2021/2023)/ 라이프치히 도서전시(2024)

세상사는 맛

춤추는 축제
황홀한 몰락의 축제
자유가 흔들 리우는
거리마다
크게 웃어주는 바람

하루살이
잠꼬대가
때 묻은 시간을 씻어 내고
옹이진
삶의 비탈에서
허공을 아귀로 휘어잡아
바늘구멍을 넘나드는 나그네

삐걱거리는
세상 이야기
느낌표로 왔다가
물음표로 다시 시작되는
마늘쪽같이
톡, 쏘는 세상살이

물레 정인관

1987, 한국예총 〈예술계〉 시 등단.
〈물레야 물레야〉외 시집 12권. 수필 2권
윤동주 문학상 수상, 한국문인협회 편집위원장
전, '셋이서 문학관장'. 누에실문학회 전임강사.

낙엽 한 장

파란 하늘 속으로 깊어 가는 가을
붉은 낙엽 한 장을 받아 왔다

가만 들여다본다
핏기 온전한 얼굴을 쓰다듬어 본다

가벼운 몸에서
찬란했던 태양이 아직 따스하고
비바람 치고 천둥소리 요란했던
지난 계절이 보인다
군데군데 검버섯과 자잘한 주름
내 얼굴이 들어있다

장하구나
향기는 있는 듯 없는 듯
이제 말라 가겠구나
바람 속으로 흩어져
나보다 먼저 흙이 되겠구나.

정재황

2008년 지구문학 등단
1954년 생
충남 청양에서 낳고 부여에서 자람
천안에서 약국 경영 중인 약사
시집 '당신은 꽃'외 2편 출간

풀과 모래

풀은 발자국을
지우며 생존하는
약한 듯 강한
내강외유(內剛外柔)이고

강에서 바다에서
다른 모습으로
만날 수 있는
강한 듯 약한 모래는
외유내강(外柔內剛)이다

발자국을 지우며 사는 풀
발자국을 남기는 모래
내강외유(內剛外柔)
외유내강(外柔內剛)

나는 어느 쪽일까

예초 정정순

아호: 예초, 서울 중랑구 출생. 문학공간 등단(1998년) (사)한국문인협회 28대 문학지 육성교류위원회 위원장, 불교문학 발행인 및 명예회장, 중랑 문인협회 고문, 수상: 허난설헌문학상 금상, 일봉 문학상 대상, 문학공간 본상, 글사랑문학 본상, 다산문학 대상, 에피포토문학 대상, 한울문학 대상, 국제문화예술 대상, 중랑문학 대상. 17권의 시집. 맑은 하늘에 점하나 찍었어 등

도봉산 오봉 능선

도봉산 다섯 형제 봉우리
우이령 건너뛰어
영봉에 쉬다 말다
아기를 업은 형상 부아악 인수봉
그 기운 빠져가는 걸 막기 위해
6호선 버티역 자리엔 순라가 지키었다
다섯 오봉 사이사이
가슴 깊이 낙엽에 파묻혀
헤치며 오르고 내려서
막내 등을 올라타 석굴암에 도달하니
5분대기조 군인 총을 들이대고 손을 들라
바위를 탈 때는 위험하니 바라만 봤는데
특수부대 출신이냐며 묻는다
86아시안게임 전이다
1968년 김신조 일당 침투 후
민간인 미개방 지역이란다
이젠 허리 무릎 발목 성치 않아
20년 다닌 정형외과 의사가
그 좋은 산 옆에 두고
어찌 참고 사세요?
약 올려도
눈으로만 몇 번이고 오른다

정종배

1957년 전남 함평 출생, 한국문인협회, 한국시인협회, 가톨릭문인협회 회원, (사)구상선생기념사업회 운영위원, 망우역사문화공원 해설사 및 소설가 최학송 묘지 관리인, 시인 영랑 김윤식 부부 묘지를 망우역사문화공원으로 재이장을 주도하고 있음

고려 청자

고요를 흔들어 깨우는 숨소리
호수처럼 반짝이는 결 고운 비취색 하늘 눈부시다

흰구름 뭉게뭉게 꽃처럼 피어나고
땅을 박차고 일제히 날아오르는 우아한 학들의
힘찬 날갯짓에 눈길 멎는다

사색思索에 취해 블랙홀처럼 도자기 속으로 빨려들어
사방팔방 두리번거린다
서로 생김새가 닮은 사람들 걸어다니고
언어가 같은 한 핏줄인 이웃들의 웃음소리
마냥 정겹다

눈길 닿는 곳마다 꽃은 지천으로 피고 지고
또 피어나고 떨어지는 세상에

달빛 흐르듯 아리따운 여인의 부드러운 자태로 비취빛
휘감고 고고하게 태어난 그대는
오직 세상에서 질줄 모르는 신비로운 꽃

천년 만년 뿜어져 나오는 그윽한 향기여라

정진덕

충남 천안 출생. 월간 "한맥문학"등단. 노원문학상. 세종문학상. 한글문학상.
육당 최남선 문학대상 수상. 한국문인협회. 한맥문학동인회 회원.
문학신문문인회 이사역임. 한국시인연대 부회장. 현대작가작회 이사.
시집 "별을 캐다가" "보랏빛 하늘" "소파 들어온 날". /공저:"한국을 빛낸 문인" 외 다수.

청계천 왜가리, 한 번의 결심

기다림은
슬픔바라기

늪으로
갈 수 없는 새를 본다

피라미 그림자 따라

햇살 닮힌
꽃 같은
욕망의 자태

우아하게

외발로 서서
흘러가는 물결에
포만감 느끼다가

내려앉는 눈빛
그 짧은 여운을 밟고

고통이 되는
한 번의 결심

돌을 쪼는 부리

사는 시간
항상
기쁠 수는 없다

정진선

2013년, 시집 『그대 누구였던가』 상재로 등단
한국 문인협회 회원
시집 『꽃불놀이』 (공저, 2008), 그대 누구였던가 (나눔사, 2013)
『솔꽃』 (공저, 2018), 『나뭇가지에 걸린 연』 (현대시학, 2022)

등짐 진 인생

인생이란 등짐을 지고
산을 오르는 것이다

내 등에 짐이 없었다면
성실하지도 바르지도
사랑과 용서는 물론
겸손과 기쁨도 몰랐을 것이다

내 등에 짐이 없었다면
소박함도 용기도
의지도 책임감도
도전과 결단은 물론
보람과 성공의 길라잡이도 없었을 것이다

하여,
내겐 가족과 사회
국가와 민족에 대한 등짐이
보람이고 의무이며
내가 감당해야 할 숙명이고 운명이더라

정찬우

한국문인협회, 국제펜한국본부, 한국현대시인협회, 자문위원, 밀레니엄문학회 회장.
시집 ; 꽃으로 선 당신, 하늘은 내게, 달빛에 띄운 연정, 회상의 날개, 등 한영대역시집 10권
수상 ; 한국민족문학상, 탐미문학상, 부원문학상, 문학21문학상 등

등대

어둠이 내려
수많은 별들
반짝반짝 말 하네요

지금 세상은
캄캄해 아무것도
보이지 않을 거라고

하지만 당당하게
우뚝선 밝은 빛하나
저 멀리 깜박 입니다

별보다 더 찬란하게
빛 발하고
생명길 인도하네

잠시 흔들리는 마음
비틀거리지 않게
희망의길 비추어 줍니다

정춘미

2019년 크리스천 문학나무 등단. 2014-2016년 의정부시문예지 당선. 2019년 안산시 전국백일장 장려상. 2020년전국 꽃시화전 서울시의장상. 2021년경인일보 손편지공모 행복상. 2023년한국을빛낸사회발전 문화예술 대상

사랑의 멜로디

고독하고 허무한 삶
험하고 낯선 길 걸어야 하는
서러움을 이겨내려는 열망
고요히 들려오는 천상의 목소리

생을 위해 거친 숨소리
미련과 허공 속으로 날려
절개로 찌긴 야망의 감동
혼을 부르는 천 년의 사랑 이 여

긴 여정을 보내는 여인
묵묵한 침묵의 그 날
바람 따라 낙 향의 애절한 아픔
벌판에 실어 날린 사랑의 멜로디

松岩 정형균

1959~ 시인. 경기도 양평 출생. 호 송암 松岩. 독학. 2009년 월간 『한울문학』에 시 『세월』 외 3편 신인상 당선으로 등단. 주요 작품은 『올해는』 『나는 가야지』 『조화로운 세상』 『가을의 정취』 『공허』 『봄의 애상』 『두물머리』 『목련과 개나리꽃』 『만추』 등. 저서로는 동인 사화집 『하늘빛 풍경』이 있음. 한울문학상 수상. 현재 사)한국문인협회와 한울문학 작가회 회원으로 여러 문예지에 작품을 발표하며 문학 활동을 하고 있음.

보름 나물

술 익은 누룩 냄새가 방안에서 새어 나오고
푸 성 귀 마른 나물 삶아내는 뿌연 김이 부엌 천정 자욱하게
골짜기의 구름처럼 서성이던 고향 집
부엌 문턱 문지방을 넘어온 나물 내음에
외양간 늙은 암소 벌떡 일어나서
긴 혀를 낼 름 낼 름 휑 한 콧구멍을 핥아가며 안달이 났던
정월 대보름 오곡밥에 보름 나물 맛있게 먹어가며
보름 날 아침에는 괴 눈 같이 맑은 귀 밝기 술도 한 모금 씩 마시고
호두 밤 땅콩을 깨물어 일 년의 건강을 기원 했던
그 숨결 들 이 고수란 이 지금껏 마음 한 복판을 강물처럼 흐르는데
그때 나물 삶고 헹구고 무쳐서 그들 먹 하게
푸짐한 밥상을 차려주시던
그 푸 성 귀 같던 거친 어머니의 손 맛을 여지 것
두고 두고 잊 질 못하는데
세월 따라 구름 따라 가버린 세월의 저 편
허공을 가로지르며 무심히 지나가는 大明 둥근 보름달은
고 금 억 조 창 생 들 의 마음을 모두 담고도 남아
밝은 빛은 그리운 이의 마음과 마음의 다리가 되니
아주까리 잎을 따서 말리던
그 고향의 뜰을 거닐던 고고한 달 빛 이어!
달은 예와 다름 없이 높은 천정 가득 맑고 밝은데
마음은 어이 달빛이 서러움 되어
허공에 서리는 별빛 같은 먼 먼 그리움 이어!

정홍성

현대 문학 부설 ,문예 대학 시 창작과 수료.1996년 월간 한국 시 등단. 한하운,이육사,박재삼,정공채,조지훈,하이네 6개 문학 상 대상 수상.문학 세계 문학 상 본 상 수상.한국시인연대중앙위원 역임. 월 간 한국 시,한국록색시인협회,한국 민족 문학 회,한국 시 연구 협회 이사 역임. 현대 한국 인물 사(史)에 등 재, 한국 시 대 사전 1.2 등 재. 한국 문학을 빛낸 100인에 선정(2019, 2021).월간한국시에15개월 장편 연 작 시 연재.저서~한강의 꿈 외 4편. 공 저 70여 편. 남양 주 신우 가든 아파트 운영 위원 회장, 동래정씨대호군공파 검은 공 종 중 종친 회장,한국 시인 대표작 1 에 수록. 창작시 4,000 여편

친구가 보낸 편지

진짜 장수는
자신과 씨름 하고

미인은
마음에도 분을 바르고

된 사람은
오를수록 고개 숙이고

장수(長壽) 하는 사람은
배고플수록 가려서 먹는다네.

조갑문

충남 아산 출생. 한국 침례신학대학교 신학과 졸업
시집 어머니와 소쩍새 외 5권 발간. 상록수 문학 신인상 수상 등단 (2019년)
한국 문인협회 시 분과 회원. 한국 아동 문학회 이사

웃음과 포옹의 신비

서러웁더냐
억울하고 분하더냐
눈물이 자꾸 앞을 가리더냐

멀리서 걸어와 지쳤더냐
가슴이 텅빈듯 아프더냐
내 몸이 병통에 저물고 있더냐

부르는 노래가 안나오더냐
내사랑이 떠나가 미치겠더냐
오늘 하루를 영원히 잊고 싶더냐

이런때 약이있다
광활한 우주속을 뚫고 달려와
우리를 안아주는 아침햇살같이
우리도 서로 다가가 안아주면 된다
아픈 마음을 치료하는 약은
서로안고 다독이는 포옹이 최고다
그런데도 모른채 지나 가거든
인사하면서 웃어주어라
그 웃음속에는 사랑과 화해와 용서와
감사함이 들어있다
저렇게 별이웃듯 바람이웃듯 꽃들이 웃듯 웃자.
나를위해 웃고, 당신을 위해웃자
그때, 우리의 모든 병통은 사라진다
오 - 이웃음은
하늘이 주는 최후의 약이다

조경훈

아원(兒園) 1939~ 전북순창출생. 서라벌예대 문창과 중앙대예대 미술과 졸업
1990 시집(종소리)발간으로 등단. 시집 : 울려라 당신의 종소리 외 다수
한국 예조 문학회,청록 산수화가 회장

접시가 깨졌다

쨍그랑!

파편으로 흩어진
마음의 사금파리
몇 조각인지 셀 수가 없다

지난 세월의
어두운 그림자를
원망하듯
날을 세워 앙탈을 부린다

홧홧하게 다가왔던 함께한 세월
얼마나 힘들었기에
그리 산산이 찢기었는지
헤아릴 수가 없다

미처 깨닫지 못한 고마움
회개하는 마음으로
두 손가락 모두어
기도하듯 마음의 파편을 줍는다

이제 네 갈 길 잘 가거라

추억을 버렸다
조각조각 깨어진 내 맘도 지워버렸다

조경희

2023년 165회 월간문학 시 부문 등단. 직업상담사
아름다운 이야기 할머니. 한국문인협회 회원
은평문화재단 '문학 예술인'.
저서: 수필 [삼하리 라이프] 외 2권, 시집 [Before 詩]

고맙소 · 아름다운 때

여보, 테이블 위
배꽃 하얀 꽃가지에서
꽃잎 눈이 순하게 내려
연초록 숲을 만나네요

자손들에게
당신의 미덕을 밝혀
맑디맑은 새 날을 맞은 오늘이에요

노란 후리지아 꽃다발을 안겨준
막내사위 덕분에
나는 상상 속에서
피로를 잊고 웃는 당신과
꽃길을 따라 걸었어요

배경이 멋진
고통 모두 씻어주는 향기로(香氣路)
새로운 하루가 늘 기도에 의지해요.

조구자

1982년 「현대시학」 등단
시집, 「꿈의바다」 외 5집
7집 출간 예정

여인

여인 하나 갖고 싶다

서양 동냥아치 같은 겉멋에
이발난초로 홀랑 까진 여자 아니고

온 마을
봄 익을 때

놋요강에도 소리 없이
소피볼 줄 아는 여인

청치마 단속곳마냥
이파리 깊은 곳에

다소곳이 숨어 피는
감꽃 같은 사람

그런 꽃 하나 깨물어보고 싶다

조기호

1989년 계간 우리문학지 등단. 전주문인협회 3 .4 대 회장 역임. 시집 -〈고조선의 달〉외 25권 발간. 장편소설 〈색〉1 .2권 발간. 동시집 -〈오월은 푸르구나〉외1권 발간. 수필집 - 〈구시렁거리는 소리〉 발간. 수상 - 〈한국문학 백년상〉 ,후광문학상〉〈목정문화상〉 외 다수 수상

천방산

집 앞 멀리
천방산은 늘 그렇게 크고 묵직하게
버티어 서서
흰 구름 머물게 하다가
붉은 노을 물들게 하곤
산속 산 너머 신세계를 상상하게 한
나의 전설
나의 꿈꿈

아침을 맞아
눈을 뜨면 늘 마주하다가
해가 기울면 잊어 멀어지곤 하며
친숙해진 너
언젠가 만나러 가리라 다짐하다가
중학교에 들어가 결국
널 찾아가 전설의 장수 굴도 찾았지

그 장수 굴을 들어가
은밀한 너의 비밀도 알아차린 후
더 정겨워져
멀리 손까지 뻗어 너를 잡고
네 옷자락 같은 구름을 잡아보면
내 손 결에서 마냥 구름 꽃으로 피어 오던 너

언제까지 잊지 않고 생각하며
네 품에 안겼다가 그리로 돌아가고 싶어.

조대연

고려대 공학대학원(공학석사). 한국문인협회 이사. 현대시인협회 이사. 국제PEN 회원. 서울문학(시) 등단. 서울문학문인회 고문. 2003년 시선집 「삶의 수채화」 출간 이래 「내가 꽃이면 너도 꽃이야」, 「슬퍼도 숨지 마」 등 다수 출간. 통일부장관상, 영랑문학상 작가대상 수상.

별에게 물었다

그랬다.
그 밤에 맨발로 달려와
나를 기다리는 건
까만 하늘 무수한 별이었다
저 멀리서
다가서지도 못한 채
야무진 눈빛 고요한 숨결로
오롯이 그의 맥박 전하려고
아, 수만 광년
아니 더 천문학적 세월을 거슬러 왔다는
이 초월적 사랑을 어쩌면 좋을까
개미보다 더 무심하던 내게도
단 한 번 돌아선 적 없는 불변의 사랑이여
그대는, 충직한 그대는
선하고 찬란한 나의 밤 지기라오.

조덕혜

1996년 월간문학공간신인상 조병화시인추천. 시집 『비밀한 고독』, 『별에게 물었다』 외 공저 다수
월간문학공간본상, 경기PEN문학대상, 한국문학비평가협회상, 경기도문학상본상,
국제PEN한국본부이사, 국제PEN경기지역위원회부회장, 한국문화예술연대부이사장,
한국문학비평가협회부회장, 한국현대시인협회이사, 서울시인협회이사
한국경기시인협회이사, 한국문인협회회원, 수지문학회부회장, 『셋』 동인,

천상의 정원

옥천(沃川) 수생 식물원
천상의 향기 전국으로 날아
만인을 유혹하고
수선화 노란 원피스
춤을 추며 반긴다

거대한 면적의 학습원
수생식물과 야생화
넓은 잔디광장 푸른빛
대청호와 어우러진 비경은
산수화의 전시장으로
최고의 정원(庭園)이다

바위 정원 듬직하게
믿음을 선사하고
회색의 유럽 장식 건축물은
스위스 시옹성 여행인가
착각을 일으키는 배경(背景)이고

작은 교회당에서
희망의 교향곡 가슴가득
호수 위의 카페 향기 그윽하게
전망대에서
내려다보이는 풍광은
열광하는 예술의 무대이다.

노을 조동선

행정사, 명예 문학박사
2016년 대한문인협회 신인문학상 수상
(社)한국문인협회 정책개발위원회 위원
한국노벨재단 노벨문학 경기지회장
시인의 바다 회장 外 다수.

가을 엽서

돌아오지 않는
세월들이
쓸쓸한 뒷모습되어
슬금슬금
햇살로 다가온다

설레임으로 시작하고
뒤뚱거려도 최선을 다해
하루하루를 담아온 인생

손을 쭈욱 뻗어보아도
닿을 수 없는 그 순간들은
곱게 물든 단풍잎,
이리저리 몰고 다니는
바람이 되고

가을,
짧은 햇살은
또 한해를 그렇게
서서히
지워가고 있다

조민숙

1994년 '문학세계' 신인상 시 당선, 등단
2015년 '당신 마음 가는 곳에' 시집 발간
한국문인협회회원, 전북문인협회회원, 전북시인협회회원
한국문인협회전주지부회원

전등사 전설

옥 등잔
켜진 불빛
한가락씩
한가락씩
뽑아 놓고

업보의 선악
비쳐지는
업경대의
사자 한 쌍.

추녀 받쳐 든
옷 벗은 여인의
붉어진 얼굴

천고의
미움 때문에
부끄러움 가리고픈
속죄의 마음.

대웅전 법당
목탁소리
한 올 한 올 맞추어서

감싸고 싶은

여인의
소망이여.

조병무

호는 평리, 문학평론가, 시인,「현대문학」(63-65)으로 등단, 한국현대시인협회 회장, 「펜문학」주간, 동덕여대 문창과 교수 역임. 현대문학상, 국제펜문학상, 윤동주문학상본상, 녹색문학상 등 수상, 문학평론집「가설의 옹호」등, 시집「꿈 사설」「숲과의 만남」등, 수필집「내 마음 속의 숲」등, 「한국소설묘사사전 (전 6권)」등, 현 한국문인협회 고문, 국제펜클럽한국본부 고문, 한국현대시인협회 평의원, 한국산림문학회, 문학의 집. 서울 고문.

인생

빈손으로 왔다가
빈손으로 가는 몸
잃은 것도 얻은 것도 없어라

사는 동안
세끼 밥 먹을 수 있고
한 벌 옷 입을 수 있고
머리 둘 곳 있으면 만족하리라

하루치 공기 먹고
하루치 물을 먹고
하루치 햇볕 쪼이고
하루치 양식 먹으니
그 이상 챙기는 것은 욕심일 뿐이라

태어나는 것도
죽는 것도
내 마음 대로 안 되는 것이라

하루하루 살다가
마지막 그 날에
모든 사람이 가는 길로 가리라

백운 조복주

2018년 월간 문학세계(천우) 등단.
육군 소령 전역. 대한예수교 장로회(합동)에서 목사 안수 후 목회 사역.
필리핀 선교사로 파송 까비데주립대학교 대학원에서 교육학 전공(교육학 석사).
저서:성시집 "은혜의 단비" 출간(2022년) .공저:"한국을 빛낸 문인"(2021년)(천우)

지금, 봄

도촌동으로 이어지는 꽁꽁 언 여수천을 거닐다
버들가지 앞에 멈춰 선다
까칠한 줄기 내관의 소리는
냇가의 얼음 밑장 속 물소리와 닮았다

겨울이 녹고 봄이 기지개 켜는 버들가지의 소리를
듣다가
거친 줄기 껍질에서
소년 소녀의 탱글한 얼굴색 조짐을 미리 본다

아! 내 안
가려움증 호소도
이젠 끝이다

常夏 조선형

경기 포천 출생. 1993. 계간〈문학세계〉에서 낭승만 시인 추천 詩로 등단, 한국문인협회 회원, 성남탄천문학회 회장, 담쟁이문학 고문, 한국현대문학작가연대 회원. 시집: 『기차도 멈춘 호숫가에』오감도 간(1999). 2집, 『물꼬』 문예운동사(2010). 3집, 『The Waterway (물꼬-Ⅰ)』 문예운동사 간(2011). 4집, 『엄마의 강』 도서출판 생각나눔(2020). 산문집 『느티나무의 아침』 도서출판 생각나눔(2017), 장편소설 『둥지』생각나눔(2022). 〈허난설헌〉 문학상 본상 (2011), '2011 한국을 빛낸 사람들' 지역문화예술 발전 공로 대상, 윤봉길 문학상(2017) 수상.

천수답 무논 벼

잘 자란대궁은
아배 손톱에 낀 때
허우대가 멀쩡한 데
디딜방아 손잡이 메달아 놓고
쭈그러진 양재기는 무심히
구석퉁이에 자리 잡고 침묵한다

잠자리 겹눈은 공중으로
경비행기 궤적을 쫓아
익어 가는 논 자락에 안착하려나
누런 밥상보는 조각을 잇대었다

우금치 고개
무너미 재
성돌 없는 안시성
선혈이 찍힌 깃발은
흰옷자락 펄럭이더라

갈 디딜방아 찧는 어매
방아 공 앞에 쭈그리고 앉은 할매
청솔가지 타는 아궁이에
활활 속없이 무쇠 솥은
돌아올 아배 기다리는
김이 풀풀 난다.

조영래

2019년 12월 국보문학 등단
청송출신. 경북대 문리대 물리학과 졸업. 서울대 환경대학원 석사수료. 서울시인대학 동문회장역임
안양문인협회 회원. 스토리문학 회원

한 줄 해석

책 정리하다 눈에 띈
반 접힌 학원 시험지에

기다란 영어 문장 밑
나란한 한 줄 해석들

빈칸 없이 빽빽하게 쓴
너의 간절함을 외면한

쭉 그어진
아쉬운 빨간색 두 줄과

그 위에 쓰인
깐깐한 정답들

오늘도 곯아떨어진
새벽 두 시

고3 딸의 치열했던 손을
꼭 잡아 주었다.

조영철

〈순수문학〉 신인상 등단. 전북 장수 출생. 숭실대학교 경영학 석사. 천주교 레지오마리애 단원.

우울의 봄날에

바람 없는 세상 어디 있더냐
햇살은 기어이 넋을 놓고
각기 다른 상처의 아우성들이
쓰디쓴 독설들로 강을 이룬다

유난히 푸석거리는 세상살이는
좌초된 목선처럼
빛바랜 우울의 창살에 감금당하고

희망의 불면으로
짓이겨져 허기진 그리움이
산산조각 균열을 이루는 깡마른 나날들

그럼에도
오늘 난
순리를 아름답게 여길
구순한 세상의 봄을 기다린다.

조외남(인나)

2016년 한내문학 시부문 등단. 한국문인협회 제27대 서정문학연구위원회 위원
한내문학상 대상(2018)/ 대한민국 국제미술협회 추천작가 추대(2011)
대한민국 서예문인화협회 초대작가(2012). G20서울 정상회의 개최기념 특별전 특별상 수상

시래기

서슬이 퍼렇다
내세울 건 없으면서
자존심만 세더라는
소문이 맞는 듯

가을 끝자락 된서리에도
기세가 등등하고
처마 밑에 매달려
비바람에 시달려도
질긴 근성 버리지 못하더니

어쩌다
욕심도 내려놓고
겸손해 졌는지

조금만 삶아도
말캉말캉해진다

조정숙

2006 『서울문학』 겨울호 등단. 한국문인협회 회원, 강동문인협회 사무국장 역임, 한국디지털문인협회 회원, 성암문학 회원, 칼럼니스트. 시집 『그림자 놀이』 『화선지에 그리는 사랑』 공저 『시 作의 풍경』 『내 생애 첫 디카시 산책』 『고덕천 그림책』 외 다수

그리움

빗장 잠그고
문 기대니

그리움 먼저 들어와
가슴에 서리네

열어도 닫아도
경계 없는 그리움

曄演 조정자

2015년 등단지 월간 심상
국제 Pen문학 한국지부 회원. 심상문학.고양문학이사
계간문예이사. 계간 문예작가상

그림자

얼굴은 모른다
어두운 밤이나
비 오는 날은 지구 저편
아무도 없는 곳에 가 있다가
태양이 빛나는 밝은 날은
홀연히 날 찾아와
내가 구부리면 구부리고
자빠지면 자빠지고
혹시라도 춤을 추면 같이 춤춘다
혹시라도 남의 호주머니를 뒤지면
부끄럽게도 따라 한다
아무도 보지 않을 때 조심하란 말만
외우고 살았더니
이렇게 밝은 날 지근의 거리에
누가 따라다니고 있는 줄
모르고 살았다니

조종명

1992년 '농민문학' 신인상 등단, 산청, 경남, 한국문협 회원.
시집, 〈긴 길에서 만난다〉, 〈우루목 비가〉, 〈천년의자유〉 등.

임진강

임진강 푸른 물아!
너는 무심히 굽이 굽이쳐서
유구한 세월 그대로 흐르건만

어찌하여 긴긴 세월
이 땅은 강물조차 나뉘어
통한痛恨의 세월을 헤집어 겨누느냐

임진강 나루길아!
너는 칠백리길 황해로 흐르고
철새는 밤낮으로 날아 오가건만

어찌하여 긴긴 세월
보고파 목이 메여 혼절해도
저 물길을 자유로이 넘나들 수 없느냐

한 많은 임진강아!
너는 사연도 많이 싣고 흐르거늘
하늘빛만 우려낼 뿐 말이 없느냐

언제쯤이나 되어야 강물 하나 되어
나루길 분주히 열리고 아이들 미역 감듯이
희망 가득 안고 흐를거냐

조풍연

조풍연(趙豊衍) 메타빌드 대표/공학박사, 한국SW·ICT총연합회 회장, 제28회 영락문학상 수상, 시집 "화성에서 온 꿈나무 오름", 시 등단 2020년 서울문학 신인상당선작(세월, 옛집, 등불), 수필 등단 2023년 신인당선작(탱자 꽃, 꿈나무 오름), 서울문학문인회 회원, 순수문학문인회 이사, 한국문인협회 회원, 서울사진클럽 자문위원

사랑

아내가 시든 꽃처럼 고장 났다
일곱 날의 빛 속으로 데려가면 고쳐질까
푸른 밤을 밝히는 열두 촛대 앞에 서면 고쳐질까
지옥문 앞에서 꽃을 안고 울었다
모든 꼭대기를 바라보았으나 도움은 없었고
대신 큰 침묵만이 내려왔다
보라 여기 지금 너의 작은 예수를
모든 병든 자는 건강한자를 대신하여 병든 것이니
모든 죽음은 십자가에 참여함이니
사랑으로 치유되리라
그는 침묵의 말씀위에 핀 꽃을 안고 울었다
이다음에 천국 문에서 세상에서 무얼 했느냐 물으면
서슴없이 답하리라
한사람을 사랑했노라고
이다음에 천국 문에서 왜 사랑했느냐 물으면
대신해서 병들고
대신하여 죽었으니

조현명

1997년 《포항문학》, 2014 《시경》 신인상으로 작품활동, 푸른시 동인, 시집 《저녁나무》, 《모리라는 말》

까치가 운다

까치 울음에
짓누르던 바위
끝없이 굴러 간다

구르는 자국마다
보란 듯 피는 꽃
주름 삼킨 열락에
아침노을 설렌다

갈피갈피 숨긴
긴 한숨 몰아내고
흘린 땀방울들이
보석 되어 빛이 난다

눈빛 도화지에
그려지는 웃음소리
상상도 못 해본 세상이야기
팔불출이 되기 싫어 입을 다문다.

조혜자

2020년, 문학시대 등단, 한국문인협회 회원
경남문인협회 회원, 통영문인협회 회원
UPLI-KC 회원, 무크지≪0과1의 빛살≫회원
≪0과1의 문학≫회원, 시집「웃었다, 비둘기 때문에」

동백꽃

죽어도 못 잊을 그리움
핏빛 사랑으로 영글어
긴 겨울도 품어 안고
천고의 꿈을 꾸고 있는
그대 동백꽃이여
겨울 바다 앞에서 의연한
그대 모습 거룩하구나

주광일

1992년 시집 '저녁노을 속의 종소리'로 시작 활동.
국제 PEN한국본부 회원, 변호사(한국 · 미국 워싱턴 D.C.)
법학박사, 전 국민고충처리 위원장,
전 서울고등검찰청 검사장, 전 세종대 석좌교수.
서울법대 문우회 회장, 순수 문학상 대상 수상

늙은 느티나무

숨소리보다 작은 침묵
잠시 나무 아래 기대어 서면
내가 나무가 되고, 나무는 내가 된다

서로의 나이가 그러하듯
한 육십 년이 지나도
더하여 팔십 년이 지나도

묵은 껍질은 떨어진다
젊음이 늙음을 따르듯

바람도 지나간다
구름도 지나간다

더러는 가지가 벋고, 열매가 맺었다
느티나무를 닮은 내 삶과 같이
시절 지난 나뭇잎이 떨어진다

주봉구

1979년 『시와의식』 신인상으로 등단
시집 『머슴새』, 『황토 한 줌』, 『잠들지 않는 바다』, 『길 떠나는 바람』 외 4권
시선집 『떠도는 자를 위하여』, 『숲길을 가다』
수필집 『그 겨울 대바람 소리』, 『바람의 흔적』, 『그때 못한 말』
전북문학상, 전북예술상, 전북시인상, 여산문화상 등 수상

산을 내려오며

산을 오른 이는 알리라
오르기보다
내려오는 것이
더 어려운 일임을
눈 덮인 겨울 산을 내려오며
나는 알았네

길을 막던 눈보라며
매운바람보다
내 허욕의 비늘들이
발아래 벼랑이며
나를 가두는 덫임을

한 마리 짐승처럼
그 무엇인가를 좇아
헤매며 오른 산정에서
욕망의 끝은 한낱 부질없음을
비움으로써 가벼워짐을
나는 알았네

마침내 내려와서 바라보면
마치 아무 일도 없었다는 듯
그지없이 평온한
겨울 산의 얼굴

주영욱

1976년 『시문학』으로 등단. 시집 『마른 풀』 『동박새 생각』 『가끔은』 『네 생각이 났다』, 산문집 『그리움 속으로 걸어가다』 『솔바람 속을 걷다』 등. 경상북도문학상, 안동예술인상 등 수상.

벚꽃의 유언

따뜻한 엄마의 뱃속에서
꼼지락거리다
용케도 세상밖으로 나온 너

온몸 떨리는 꽃샘추위 속에서도
따스한 봄빛 부여잡고
살가운 춘풍으로 가슴 여미며
수줍은 향기로 시절을 덧칠하더니

간밤에 내린 봄비에
살며시 땅을 베고
하얗게 잠들어버린

올 때도
소리 없이 얼굴 내밀더니
갈 때도
투정도 원망도 없이
미소 머금은 채 눈 감은 너

자연의 섭리에 순응하며
오는 것도
머무는 것도
가는 것도
생의 편린이라며
길게 보다는 오히려

짧고 굵게 쿨함을 선택한

아직도 옅게 감도는
너의 내음에서
너만의
자주빛 유언을 훑어본다

주해봉

재한동포문인협회회원.
한국문인협회회원.
중국흑룡강성조선족작가협회회원
2017 년 계간지"문학의 강' 시 신인상 수상하며 한국문단에 등단
시, 수필 다수 발표

초생달 속의 탈

하얀 삼배옷의 등 굽은 광대의 손짓이
탈속의 혼을 부추기며 삶의 본능을 들쑤시어
해 저문 산속을 품은 초생 달과 어울려지고
어제와 오늘의 우리를 혼수상태로 만든다

탈을 벗기 위해 탈춤을 뿜어내면서
탈속의 천년을 흐느끼며
전설의 먼지를 털어낸다
태초의 신화를 마당가 모닥불에 불 지르며

몸은 하나 다리는 네 개
전설의 처용도 탈 안의 자유인
우리는 탈속에서 춤사위로 유영遊泳 하고
가면속의 또 다른 탈들의 신화를 꿈꾸면서

하얀 재 만 남은 탈의 형상은 허깨비
민생을 품어 안은 탈 할매 슬픈 곡선 어깨 위에
이승과 저승을 넘나드는 천년의 불 속은 타오르고
버들피리 하나물고 허상을 둘러메면서
오늘의 광대는
어디서 서러운 춤판을 흔들꼬

지명국

2022년 계간 시원詩苑 겨울호 등단
한국문인협회회원, 계간 시원회원, 계간 시원에 작품 시부문 다수 수록,
안동 '시인의 마을' 촌장

상장喪章을 가슴에 달고

슬픔을 한입 물고 대지를 뒤척이는
빗소리가 창가에 머물고
물결치는 향나무 가지 끝에
지친 날개를 접어 넋을 놓고 있는
나비 한 마리,
상여 따라 길을 재촉하는 나그네인가
저 앞산 넘어 밭고랑 매는
어매의 신음
날개에 스며들어 말없이
빗소리에 출렁이고 있다

'이놈아 내 죽으면 나비 같은
상장喪章을 가슴에 달고
굵어지는 빗소리 실컷 들려주려무나
네 인생은 네 것이요
내 것은 가난의 굴레를
짊어지는 것이니'

어매의 그윽한 삶의 피가
굵어지는 빗소리에
일락서산日落西山 되니
가지 끝에 매달린 나비,
발가락 세워 나그네의 길을 재촉하며
얼룩진 날개를 펴고 있다
훨훨 날개 짓하려……

지상규

2019년 5월호 월간문학저널 시 부문 당선, 시집 「강둑에 어깨를 기대어 두고」, 계간 시원詩苑 2022 작품상 수상, 한국문인협회회원, 문학저널 회원, 청시시인회 회원. 작품 수록: 「월간 문학저널」, 「계간 문학저널」, 「계간 시원詩苑」, 「청시聽詩 청송聽松시인회」 사화집, 「삶의 동반자」 등 작품 다수

삶이 고달픈 나무

푸른 꿈 찾아 날아 온
미루나무 한그루

높은 하늘 구름이 더 정겨운 건
키 큰 외로움 때문이다

하루에도 몇 번씩
뿜어내는 매연과 소음에
지쳐 늘어져도 참아낸다

주어진 소명이 있기에
눈앞에 아른거리는
두고 온 어린 혈육을 생각한다

미루나무 잎사귀에
밝은 햇살이 미소 짓고
사랑의 찬가가 들려 오는 날

아이야 앞산 철쭉꽃 꺾어
화관 만들어 머리에 쓰고
사랑 가득 꽃동산 거닐어 보자

지 순

부산광역시 출생. 이화여자대학교 졸업. 이화여자대학교 교육대학원졸업. 전 전문대 교수. 2021년 문예비전 시 등단. 문예비전 문인회 회원. 한국문인협회 회원. 도봉문인협회 회원. 울타리 문학 동인. 시집 "바다가 그리운 날"

그 부르시던

바람이었던가요

바다였던
먼먼 소리를

뒷동산
부르시던
그 언덕

바람이었던가요

진동규

전북대 국문과졸업
시와의식 등단 한국문협 부이사장 엮임 전북 시인협회 회장엮임 영랑문학상 대상수상
월간순수문학 고문

추풍령역

조개탄과 물로 달리는 증기 기관차
치익 칙 푸푸
기운 빠진 소리
60년대 경부선 중심지
추풍령 역에서 쉬고 있을 때
물 지게 진 할아버지
물탱크에 물 가득 채워지면
다시 기운을 얻어 기운차게 달리는 기차
생계를 위한 직업이지만
힘든 기차를 움직이게 만든 위대한 할아버지
추풍령 역의 역사로 남아
지금은 물 저장고 중심으로 공원이 된 곳
물 지게 진 할아버지를 생각하며
달리는 기차에 마냥 손을 흔든다

진숙자

충북 영동군 추풍령 출생. 2022년 한국문인협회 (수원지부)등단
한국 문인협회 회원. 경기 시인협회 회원. 아카데미 시인마을 회원

카프카의 슬픔

가뭄에 하늘 쳐다보듯 한
식솔들을 위하여
오가던 길 하루에도 수차례
다람쥐 쳇바퀴 도는
그레고르 잠자는
달무리 목에 걸고
현관을 들어선
그날 밤의 꿈
목 죄는 엽전 더미 속에서
하얀 신목(神木)을 보았는데
비 내리는 아침
몸뚱아리 솜털 구멍마다 솟은
가는 다리
허공을 휘젓는다
돈도 못 버는 꼴에
돈벌레가 되었다고
2평짜리 골방으로
추방된 뒤 감금되었다
식솔들은 주말여행을 떠났고
목 쉰 그레고르 잠자는
그리운 음성을 찾아 헤매다
수많은 다리들 모조리 부러져
파란 피 흘리며
푸하고 숨을 거두었다.

진춘석

1958년 경기도 평택 출생. 충남대 국어국문학교 졸업(1985). 고려대학교 교육대학원 졸업(2002). 한광고교(1985~1999), 한광여고(1999~2006), 한광여중(2006~2016) 교사, 명예퇴직(2016년,2월). 월간 시문학으로 등단(1992년). 한국문인협회회원. 한국문협 평택지부장 역임(2009~2012). 시집 〈카프카의 슬픔〉(1992), 〈난장이 마을〉(1997), 〈인동초〉(2005), 〈에코토피아〉(2013), 옥조근정훈장(2016)

시인

끊임없이 어둠을 뚫는
뿌리의 노래를 새기는
항상 씨앗의 꿈을 꾸는
해와 달을 부어 키운 시 나무로
세상의 아픔을 사르는
죽은 사람, 산 사람, 올 사람
모두 함께 천년만년
풀잎의 말로 속삭이며 춤추고 싶은
사람

때론
바람이다가 구름이다가 번개이다가
별이다가 냇물이다가 조약돌이다가
다람쥐이다가 나비이다가 귀뚜라미이다가
반딧불이다가 새이다가 겨울나무이다가

종내는
소리 없이 우는
풍경

차옥혜

1984년 『한국문학』 신인상으로 등단. 시집: 『깊고 먼 그 이름』, 『아름다운 독』, 『식물 글자로 시를 쓴다』 『숲 거울』, 『씨앗의 노래』, 『말의 순례자』, 『호밀의 노래』 외 7권 상재. 시선집 3권 출판. 수상: 경희문학상, 경기펜문학 대상, 산림문학상, 한국현대시인상, 이충이문학상.

그대는 이 땅의 별이니

오늘은 해가 지기 전에
달이 떠 있다
이 땅은 그대로인데
쫓기는 해와 쫓는 달
그 뒤를 또 따라가는 별
별 볼 일 있는 별들은 천강(天江)을 이루고
별 볼 일 없는 하늘의 별은
죄없어도 반짝하며 사라졌다

해와 달이 있어도 빛나는 별
푸른 하늘 늠름히 지키는 별
全州大護軍23世孫,陽鎬,潤鎬,예니,安淑賢과 손잡고
독수리같이 날개를 치고
노오피 노오피 더어 노오피
축복복의 장맛비를 맞을 때까지
해처럼 해처럼 빛나고 별처럼 별처럼 반짝여라
그대는 이 땅의 별이니,

포우 차주성

시인, 호는 鋪羽, 문예비전(시)으로 데뷔
한국문인협회 영주지회장(역) 문학상수상: 5회.
시집: 〈4권〉 외 공저 다수

풍경의 양지

처음 가본 거리일수록
살펴볼 그 무엇이 있는 것처럼
양지쪽으로 걸어야한다

잘못 걸어가다 보면
내 혈관에서도 그늘 냄새가
날 수도 있을 테니까

마른 낙엽을
바람이 음지로 데려온 날에는
긴 이별의 그림자가 더 얼씬거리지 않았던가

저녁연기가 달려 올 때
흔들리는 차창을 배경으로
간이역 처마에 걸린 나
낯선 풍경이 되리라

또 달려갈 길을 앞에 두고
반환점 없는 좌표가 되리라

채자경

대구 매일 신문 시니어 문학상 , 월간 순수문학 신인상 데뷔,
제24회 영랑 문학상 우수상. 제9회 한국문협 한국문학인상
한국문협. 국제펜크럽. 한국여성문학인
시집 목련꽃사다리

수호 가문

하느님.
지나온 세월일랑.
저 흐르는 강물에 묻어두고.
다시금.
마지막 빛을 보여주시옵소서.

이 끝나지 않을 것 같은
생각의 깊은 수령속에서.

이 나라 이 민족의 아픔을
기억하여 주시옵소서.

사명대사님이 발휘한
수호가문의 빛을.
잃어 버리지 않도록 지켜주시옵소서.

채종환

한국문학세상 설중매문학 신인상으로 등단.(2009년)
한국문학세상 나를 찾아 떠나는 여행 시집 발행.(2010년)
한국문인협회 회원

나비, 바라춤

중생들 눈여김으로는 유야무야한 화원이던가
그 꽃향은 또한 어디서 풍겨났기
가람 가운데로 홀연히 자태 드러낸 호접이로다
순백한 장삼에 붉은 가사 두르고
어찌하여 연두 진청 띳자락은 또 곱게도 드리웠나
아무려니 장주꿈 그 나비는 아닐시 분명한데
오호라
천지간의 한 둘레를 두 손 바라에 걸고
이리저리 버선발 뜬 구름섶 옮겨 딛는 춤사위로
축원 축수런가 쌍 반원을 포개었다가
둥글게 부딪혀 내는 제금소리
사천왕 헛기침으로 온 사방 일주문 경계를 넘는구나
현란하여라 주춤주춤 거침없는 날갯짓
욕계의 여섯 하늘 어느 하늘이 열리었다 닫힐까
가락으로 치면은 높고 낮은 파란만장 인생사
그 하늘 꼭지점을 고깔로 받쳐 쓰고
어루듯 달래듯 까닭을 채근하듯 번뇌를 사그려
시방세계 울리어라 장단을 놓던
법고 채 활짝 들어
활개를 펴거니 거두거니 장삼 자락에
일어나는 바람결 그대로 한말씀 법문이어라 나비여

최계식

1961년 시전문지 《시와 시론》 등단, 서라벌예술대학 (현 중앙대 예술대학) 문예창작과 졸업, 한국현대시인협회 (1975~) 현 지도위원, 한국문인협회(시분과)회원, 시집 「한뉘 영가」 「사랑한다는 말」 「꽃들의 여행」 등

해바라기 사랑

해바라기는 해만 바라보다
까맣게 눈이 먼다

눈이 멀어도 해만 바라본다

사랑은
하나만 바라보다가
눈이 머는 것이다
눈이 멀어도
하나만 바라보는 것이다

다른 눈을 뜨는 것이다

최규학

한국문인협회 부여지부장, 충남문협 부회장, 한국문협문학생활화위원회 위원
창조문학 시 등단(2016)
시집 〈꽃의 노래〉〈인생의 노래〉〈사랑의 노래〉 시조집 〈달그림자〉, 〈호수에 빠진 달〉
제6회 배기정 문학상, 대한민국예술문화공로상, 충남예술문화 대상

연희동

저 많은 꽃들 어디서 왔을까
어떤 물결이 마음에 들었을까
물어볼 수 없다
구멍구멍에서 꽃들이 피어난다

꽃인지 구멍인지 나는 힐끔거린다
장희빈이 먹었다는 우물가에서 젊은이들이 손을 씻는다

연희동
궁뜰 우물터 이야기 말고는

새끼 마담에게 테니스를 가르치던 의사 선생님의 낡아빠진 연애담 말고는
연대 앞의 울음 섞인 구호들이 방패를 뚫었다는 기사 말고는

최루탄 가스에
복개천 버드나무가 자라지 않는다던 택시기사의 이야기가
먼 곳 이야기처럼 아무렇지도 않은
지금은 물어볼 수 없는
예쁜 꽃들의 저녁
손 흔든다 구멍구멍에게

꽃들이 다시 피어나는 구멍구멍을 지나.

최금녀

1998년 문예운동
시집: 『기둥들은 모두 새가 되었다』외 7권
수상: 공초문학상, 펜문학상, 윤동주문학상, 외
여성문학인회이사장 역임, 문인협회자문

적막은 거칠게 지우고 싶은가보다

황톳길 언덕 아래 인적 끊긴 고요한 고택이
기울어져 금방이라도 쓰러질 듯 사뭇 위태롭다

마당 모퉁이에 자리 잡은 능소화는 애꿎은 담장에 화풀이하고
타는 가슴 부여잡고 슬픔과 아픔으로 지새웠나 보다

오랜 세월 묵묵히 지켜온 아이들이 놀았던 녹슨 그네는
흐트러짐 없이 소망을 안고 한줄기 회한의 눈물을 삼킨다
대들보를 칡넝쿨이 칭칭 동여매고 대청 마루판이 뜯겨
나간 자리에는 하얀 쑥부쟁이가 살짝 고개를 쳐들고
모진 풍파에 기울어진 대문 사이로 삐걱거리는 소리는
마치 전설의 고향 단막극에서나 나올 법한 소복 입은 여인이
금방이라도 뛰쳐나올 것 같아 을씨년스럽다.

외양간 처마에 걸려 있는 코뚜레와 워낭은 적막감이 흐르고
풍경소리는 소슬바람 따라 쓸쓸함을 휘감고 떠난 그대여!

지나온 세월이 눈물 떨어져 적실 것 같아 꾹꾹 눌러쓴
그리움의 편지처럼 세상 모든 허무를 껴안은 주인의 흔적
잎이 떨어져 볼품없는 개망초에 입 맞추고 고추잠자리는
입을 반쯤 빼죽 내밀고 기러기 떼 울음소리가 석양을 가로지른다.

최대락

월간한비문학 시. 수필 (2011), 계간현대작가 소설등단(2022). 제12회 대한민국 문학예술대상 수상, 한비문학상 수상. 볼프강 본 괴테 작가상수상, 어니스트 헤밍웨이 베스트작가대상 수상. 프랑스 파리 폴 발레리 작가 대상 수상,현대작가 소설신인상. 대한민국 시인 대전 순수시 대상 수상 , 한비문학협회 중부회장, 코로나 극복 공모전 최우수 문학상 수상, 경희대학교 경희문인회원. 한국문인협회 회원. 관악문협회 부회장. 동작문인협회원, 문학인 신문 기자 . 저서 : 《주옥같은 시를 나 그대에게》《아름다운 동행》

여의도의 고함소리

집단이기주의가 만연하였다
언제부터인가 망국의 길로
가는 외침이 하늘을 찌르니
어찌할꼬

공산독재 체제를 스스로 끓어 안고
몸부림치는 광경이
자유대한에서
누리는 복에 겨운 행동이리라
돌아오라 그대들이여
고함 소리에 눌려 가슴이 아프다

거리의 집단행동이 얼마나
무익했는지 알리 없겠지만
변하여 자유를 누리는 이웃의
벗이 되어 주기를
오늘도 바라보았노라

최돈애

월간 문예사조 시 등단
2003 동아일보 OP 수필 당선
송파문인협회 부회장
(사)통일부소속/통일문인협회 이사
저서: 그대그리움 삶이되어

여의도 축제

무지개 피어나는 황금섬 여의도
찬연한 교향악이 강나루에 흐르네
모두같이 노래하네 너와 나의 승리를
얼씨구 좋다 배 띄워라 노들 강의 북소리
빌딩숲 거리마다 희망이 넘쳐 나니
하늘은 밝은 태양 여의도는 백화축제

황혼이 곱게 물든 꽃 대궐 여의도
땅거미 찾아드는 아리수를 바라보면
바람 이는 강물에는 날갯짓 물결 ^ 이네
얼씨구 좋다 노 저어라 여의나루 내 사랑
강 따라 뱃길 따라 역사의 사연 담아
하늘은 별빛 축제 여의도는 불꽃 축제

최동화 湖濟

성균관대학교 문과대학 졸. 서울대 행정대학원, 고려대 경영대학원
2015 한국문인으로 등단. 저서 『여로』 『여의도축제』 『송학의 벗』 등
4.19혁명 국가유공자(건국포장 수훈)
한국문인협회 회원, 한국산업인력공단 상임감사

맴

비 그친 후 깊어진 숲
여름이 성큼성큼 걸어나왔다
숨 고르기를 끝낸 나무들이
매미를 불러낸다

7년 간의 묵언수행을 마치고
단 한 음, "맴"을 얻은 매미
이제부터 여름내내 "맴 맴 맴…"
7년 동안 발효시킨 소리다
매미만의 소리다

나도 7년쯤 말을 묻고 살면
"맴" 같은 소리를 찾을 수 있을까
구구절절 허튼 소리 없는
득음 명창 될 수 있을까
구음으로 매미소리를 흉내내 본다

나에게 장단을 맞춰 주는 매미
"맴 맴 맴…"
나도 매미 따라 "맴 맴 맴…"
진짜 여름이다

최동희

1996년 〈시대문학〉 신인상으로 등단
한국문인협회 대외협력위원, 한국현대시인협회 이사
제12회 은평문학상 수상
(전)서울 선일여고 교장
시집: 풀밭의 철학

아! 동백

동백꽃 속 노란편지

가까이 가지 않았다면
알 수 없는 당신의 마음

못다한 이야기
노란 꽃 망울에담아

기도하며 써내려간
당신의 이야기

붉게 핀 동백꽃
손바닥에 놓고 보니

사랑한다는 말

햇살이 눈부셔
눈이 아프다

최득화

2008년 육필문학 [기다리는봄]으로 등단
한국문인협회회원
저서 : 강가에서면 [청어]

아부지 마음이었다

열무밭에 아부지 땀방울이 그윽히 고였다
땀에 발아한 작은 연둣빛 소망이 산고를 겪고
온몸을 뒤틀며 빛을 만나겠다고
어둠을 털어 내고 있다

작은 텃밭은 그야말로 축제 한마당
뻬죽이 고개 들고 먼저 일어서겠다고
서로 키를 다툰다

노안에 기쁨 들이마시는 숨소리
담배 한 모금 빨아들일 때 그 깊은 안도감이
흙 묻은 면장갑에서 발효되고 있었다

아부지 굵어진 손끝으로
한 톨 낙오 없이 달려나온 파릇한 감동 소나타
짬짬이 솎아낸 다섯 마디 돌림 노래로
식탁에 풍요로운 시간을 버무려
아부지 사랑을 차려낸다

탈이 많은 자식들도
텃밭에서 자란 열무들이었다

최명숙

한국문인협회 회원
2018년 계간 시원 신인상 등단
2022년 시집 『라온제나』
2022년 시원문학상 작품상 수상

몽유도원도 21C

심산유곡 울울창창 청록빛 신계(神界)
풀꽃 향기 청아한 꿈속의 고향
푸드득 날아오르는 백학의 날개짓
여명에 반짝이는 나뭇잎, 풀잎

"그림으로 그려 놓고 보니
참으로 좋을시고
한 천년 전해 봄직하지 않은가"
발문의 그 말씀

구비구비 흐른 세월 어느새 500여년
기리고 익히고 펼쳐보는
나의 푸른 꿈이여
손가락 마디마디 별을 헤이네

최승애

최승애(崔勝愛) 서라벌예술대학교 미술학과졸업(현 중앙대). 홍익대미술대학원 수료. 2015년 제34회 대한민국미술대전 최우수상(한국화비구상부문 대상). 2021년 남송미술관 "나는화가다" 참여작가. 2016,2017,2018 서울 예술의 전당 한가람미술관 한국미협임원초대전 심사위원 역임. 대한민국 미술대전, 대한민국 기독교 미술대전, 무등 미술대전 한국화 분과심사위원장 운영위원 역임. 2016 무등 미술대전, 대한민국 기독교 미술대전, 미술과 비평, 한국 전통문화예술연구진흥원. 2023년 LG화학, 한국 LH공사 본사 기획 초대 개인전. 2023년 뉴욕 포커스아트페어 참여 출품. 2023년 프랑스 루브르 박물관 제22회 카루젤 세계 아트박람회 참여출품 어워드상

돌담도 꽃을 피웁니다

돌담도 꽃을 피우는 걸 알았습니다
옹기종기 어깨동무하며
금잔디꽃 피워 올립니다

지난해보다
키를 한 풀 더 키워
온몸 내어 준 채
봄볕을 두르고
바람의 심장 소리를 들으며
모유 먹는 아이처럼
말똥말똥 진분홍 미소를 흘립니다

흰 눈 뒤집어쓰며
가슴으로 꼬옥 품어 키운 금잔디
세상 가장 말간 얼굴로
고개를 내민 아침
든든한 사랑입니다
봄날의 눈부신 외출입니다

최시영

2011년도 아시아문예등단

상고대

임진강변 안개지역
나목의 영혼이 수행修行 중이다

가슴으로 파고들면 칼바람
온몸으로 맞서다
다급해서 안았는데
깊게 패인 상흔
자신에게 날아온 돌이라고 아픔이라고
뱉지도 헤어나지도 못한 채
절제된 시간 속에 옹색하게 갇혀
제 몸을 빙점에서 피우는 꽃

신라 천년의 역사를 창연하게 품고
진흙에 묻혀서도 결코 물들지 않은
해자孩子 가시연의 씨앗처럼
묵묵히 견뎌온 인고의 시간

수많은 초록의 반란을 거쳐
정상에서 내려다보니
서리꽃의 의미와
짓누르던 어깨의 무게는
뿌리 깊은 나무로
큰 그늘을 내어주라는 담금질이었다.

최애자

국민대학교 중어중문학과 수학. 2007년 『한국문인』 등단
한국 문인협회 회원 , 시마을 회원
일성 문학회 회장역임
시집 : 『괄호 밖에서』. 동인지 공저 : 『시의 수채화』 『토씨』 『공간』 『용산 문학』 외 다수

찔레꽃

아무도 찾지 않는
돌 틈 사이를 비집고
초록 치마에 흰 적삼
곱게 피어 임 기다리는
애처로운 여인이시여
떠난 임 기별 조차 없는데
마냥 그렇게 서있네

춘궁기 보릿고개
굽이굽이 넘어 돌제
옷을 벗겨 입맞춤 하던
내 임은 떠나고 없어도
맺은 사랑 잊지 못해
오늘도 내일도 그 자리
목 놓아 울고 있어라

백파 최영윤

2019년 12월 한국문학정신 등단 및 신인문학상. 계간지 겨울 75호.
가톨릭선교사. 한국관광호텔등급심사위원(15년) 역임
1994년 - 2015년 회외선교 및 국내 교육선교. 2020년 2월 사단법인 한무리창조문인협회.
2023년 3월 사단법인 한국문인협회. 2023년 4월 사단법인 창작문학예술인협의회

그리움

그리움이란
눈물과 한숨으로
그저 막막히 하늘을 바라다 보는 것

새봄이 찾아와 꽃이 핀다 해도
가을 바람에 지는 낙엽처럼
한없이 쓸쓸하고 외로워 지는 것

세월이 흐른 뒤에도
출렁이는 파도 속에
온 몸을 뒤척이는 것

내 안에 가득 밀려오는 밀물처럼
내 그림자 되어 서성이는 그대여
별빛 흐르는 이밤 왜 내 곁에 그대는 없나요

최예찬

경기 평택 출생. 월간 순수문학 등단. 한국문인협회, 국제PEN 회원. 순수문학인협회 이사 역임. 필동인. 시집 『두메산골』 외 다수.

부러진 의자

끝이네
말이 끝나기 무섭게 등줄기에 긴장이 들어갔다
순간 내리 꼬꾸라지는 몸뚱이
많이 의지했나 보네
지지대 하나 의자에서 혼신이 무너졌다
잠든 사이 그 사람이 떠났고
발갛게 매운 볕에서 낱알을 말리는 날
턱에서 자라는 수염이 억세다 했는데
딱딱한 다리는 부러지고 만다
연령에 쓰러지는 언어
다시 해볼까
구시렁거리는 낱말을 짜 맞춘다
생각을 열 수 있다는 건 꿈을 뿌리는 힘이다
접착제를 불러오고 못을 기억하고 철밴드를 찾네
정형한 별빛
님께서 웃는 소리가 귀에서 고삐 죄이더니
활짝 기분이 갠다
다시 의자에 혼신을 싣는다

최외득

시인, 소설가, 문학평론가. 한국문협 사무총장. 한국소설가협회 이사. 시집 『껍질을 가진 나무는 얼지 않는다』, 『반듯한 보도블록』, 『행복한 하루 살기』 소설집 『월식 인간』 한국노총 위원장 표창. 행정안전부 장관 표창. 옥조근정훈장. 제15회 영랑문학상 우수상, 제10회 한국문협서울시문학상(소설부문), 2021 문학저널창작문학상(소설부문) 수상.

고엽제

체념한 하늘에서
하얀 비가 내린다
몸부림 끝에 쌓여가는 고통은
시달림에 말라비틀어진 나무젓가락

남은 20년 짧은 여생
황혼빛 받으며 소모해 온
시린 마음 주책같이 챙긴다

인생행로 바뀐 선물 고이 들고
덧씌운 우리를
누가 고엽제 피해자라 했는가?
바쁜 세월에 묻혀간다

상관 없는 불청객
하얀 비가 내린다.

頭松 최우상문

서울공대, 고려대, 경영대학원, US,시카고 IIT공과대학수료. 이봉서 상공부장관상. 과천, 중앙공무원 교육원강사, 삼척산업대학교, 인덕대학교강사. 83년 현대문학수필등단, '10년 아세아문예시등단. 독도의 꿈 두미도의 꿈. 외4편. 수필집:오 나의 두 어머니, 시집:독도의 꿈 두미도의 꿈외4권,*작사:내 고향 두미도, 해운대야, 도미도 사랑, 우리들의 사랑 이야기. 아세아문예, 심정문학, 글벗문학, 현대문학 회원.

아내의 정원

창문 열면 올망졸망
아내가 가꾼 작은 정원
긴 여름 내내 꽃을 피우네
푸름 잎 태양에 그을려도
등 기대며 피어난 꽃들
자태가 너무나 곱구나
조용히 나비 찾아 사뿐히 내려앉고
벌들 찾아 노래하니
외로움 없네
어쩌다 바람 한줄기 흐르면
이 진한 사랑의 향기를
어디로 보내려는가

최의용

경북 문경출신. 2003년 한맥문학 시등단 2020년 월간문학 수필 신인상 등단
문경문학 수필 작품상수상 수필집-고향의 청호반새. 한국문인협회 회원 부산문인협회 회원 부산시인협회 회원. 글쓰기 동아리 '활과 라라' 활동 중

아버지의 일기장

책장과 눈 맞춤하는 시간은
숨을 죽이고
글씨 머리끝에서 발끝까지 스캔하여
나를 발굴하고
죽어 버린 과거를 살려낸다

꿈틀거리는 시간 한가운데
나의 초상은 이지러져 있고
어깃장 놓은 뒷모습에서
구겨지는 그림자는 여운을 남긴다

책장의 실핏줄이 파랗게 떨리던 날
아버지의 음성은
확대된 동공 속으로 깊이 뛰어들어
나를 질책하고 성찰하게 한다

최장호

계간 문학생활 발행인. 편집위원장, 한국문학생활회 고문, 한국문인협회 문학생활화위원, 국제펜클럽 한국본부회원, 한국수필가협회 이사, 한국수필작가회 이사, 경영학박사. 전 한국문학생활회 회장, 단국대 경상대학장, 율곡도서관장. 시집: 불안한 존재, 아버지의 잔상, 수필집: 캠퍼스의 자화상, 생활과 환경, 시간의 밑그림, 아버지의 교훈 등.

판토 마임 · 4

밤이 온다
시나브로 지는 가로수 잎 밟으며
찬 이슬 머리에 이고
그녀가 온다

밤이 온다
梨文里 고갯길 너머
시름에 겨워
온다

포장마차 처마 끝에 별들이 죽어간다
失意의 말(言)들이
떨어지고
분별 없는 愛慾들은
빈 술잔 곁에 눕는다

소문처럼 닦아서는
失職의 그림자들

그녀가 온다, 梨文里 고갯길 너머
깨진 술잔에
온다

최정남

경상북도 김천 생
1997년 自由文學으로 등단 1998 시집〈침묵의 새는 어둠 속에 둥지를 튼다〉
2003년 시집〈沈默에게 묻다〉2007년 시집〈無言劇 속의 사랑〉
2021년 시집〈유리 안드에이비치의 肖像〉간행
한국 문인협회 회원 * 한국 문인협회 문인 복지위원

새봄에

다원(茶園)엔 새싹의 물결
멀리서 보아도
새순의 맑은 몸짓을 알 수 있다.

차나무는 가을 개화(開花)를 약속하며
만물이 소생하는 봄에 새잎만을 키운다.

봄철 낮 동안 부드러운 햇살 맞이하고
밤엔 속삭이는 별빛 받아 반기며
지상의 새벽 이슬, 바람이 주는 고운 노래와
숲이 선사하는 꽃비에도 젖어
차순(茶筍)은 날마다 자라고 있다.

다심(茶心)을 촉촉이 적셔줄
한없이 고마운 찻잎.

차 인생(茶人生) 여정에 추억 남길 햇차
어린 일창이기(一槍二旗)*로
녹빛차*의 따뜻한 사랑을 심는다.

계절이 주는 훈훈한 춘정 느끼며
차벗 떠올리는 환한 미소가
가슴 설레며 축복으로 다가온다.

주)1. 일창이기(一槍二旗)란, 한 싹(芽)에 두 잎(葉)이 달린 것.
　2. 녹빛차란, 녹차(綠茶)를 우아하게 이르는 말.

차샘 최정수

2006년『문예한국』시문학 신인상 등단
한국녹빛차문화진흥원장. 국제 다도 명장(제1호)
한국 근·현대 1세대 원로 선비 차인[茶士]
차문화 시인, 사)한국문인협회·대구문인협회 회원
사)국제문화예술명인명장협회 대구광역시 회장

아리랑의 꿈

아리랑 아리랑 아라리요
아리랑 고개로 넘어간다

굽이굽이 백두대간 가로질러
어느 가슴
어느 대지라도
상처 입은 영혼 감싸는
치유의 가락이 되고
모진 벌판의 바람 견뎌 온
풍요의 씨앗으로 자라
너른 우주 속
사랑의 리듬 되어
흘러가라.

최정숙

2012년 〈한국문학정신〉 시 계간지 47회 신인상수상으로 시인등단
서울출생 / 숙명여대 실버산업학 석사
한국문인협회 제도개선위원
민주평통강북구협의회 통일염원운영위원, 월곡차경석기념사업회 이사
시집 : 〈영혼, 그 아름다운 사랑〉, 〈아리랑의 꿈〉외 공저시집 다수

매미의 혼

어두운 땅속에서 보낸 인고의 세월에
혈맥을 타고 흐르던 흐릿한 기억이
조상님으로 부터 전해진
본능인지 혼인지
우리는 모릅니다

세상은 온통 천적들로 쌓여 있고
평화와 예술을 사랑하는
우리들이지만
천적을 피하기 어렵다는 것을
우리는 아무도 모릅니다

탈각의 아픔을 견디면서
요행히 살아남는다 해도
역시 살아남은 짝을 만나기가
참으로 어려움을
우리는 모릅니다

짝을 만나 사랑을 나눈 자 만이
먼 훗날 자손들에게
전설 같은 혼으로
전해지고 있다는 것도
우리는 아무도 모릅니다

최해동

2012년 문예시대 시 부문 등단
한국문인협회 부산문인협회 회원
한국가람문학회 회원
시집 : 내 인생의 전성시대

어머니

가슴 속 한 켠
차곡차곡 쌓아 놓은
별빛 닮은 유년의 조각들

동지섣달 긴긴밤
잠 못 들고 뒤척이면서
그 조각 하나 둘 꺼내보니
아련히 피어오른 얼굴

하얗게 쏟아지는
별빛 타고
그리움으로 찾아옵니다.

최형윤

국가유공자(월남참전 유공)
2016년 생활문학 등단
2020 한국생활문학상 수상
한국문인협회 회원
한국문인협회 강원고성지부 회원

사랑의 강
- 느보산에서

뜨거운 아침햇살 받으며 서쪽으로 남쪽으로 광활한 모래밭 사하라를 질주하는 대신, 첫여름 맑고 얕은 나일강물에 몸을 담가 성난 파도처럼 강이 넘쳐 혼비백산 온 마을이 쫓겨나던, 그러나 푸른 풀밭에 범람이 주는 의미를 씹고 되씹는다 칠 년 흉년에도 거덜나지 않은 알곡을 찾아, 잃었던 아들 요셉을 좇아, 야곱의 집안이 눌러앉아 백성을 이루더니, 노예살이 지긋지긋 이집트 땅 뒤로 하고, 홍해를 건너고 시나이산을 돌아 광야에서 사십 년 헤맨 끝에 모세가 앞장서서 마침내 이른 느보산 카이로에서 암몬으로 단숨에 날아 해발 칠백일십 미터 라스 시야가 봉우리 정상에 내가 섰다 핍박받던 백성들을 건져내어 여기까지 이른 모세에게 들려온 소리는 "이것이 내가 아브라함과 이사악과 야곱에게 맹세하여 그들의 후손에게 주겠다고 한 땅이다. 이렇게 너의 눈으로 보게는 해준다마는, 너는 저리로 건너가지 못한다." 그는 이곳 모압 땅에서 죽어 맞은편 골짜기에 묻혔다.

지난 세기 마지막 평화의 사도라던 보이티와 교황이 서서 바라본 자리, 구리뱀이 십자가에 걸려 모세를 불러오고 저 아래 들판, 서녘으로 멀리 강 건너 젖과 꿀이 흐르는 땅 있다던데 지금은 가자의 팔레스타인 사람들이, 헐벗은 아이들이 전란의 흙먼지 속에서 사투를 벌이고 있다는데 나 아홉 살 적 초등학교 삼학년 때 남녘에서 자랐으나 짧은 피란도 가고 퓨우 빵! 따발총 소리도 들어서 안다, 전쟁이 어떻게 생겼는지 세월이 흘러 흘러 한반도 허리 깊은 비무장지대 숲속에서는 아름드리나무들이 하늘 높은 줄을 모르는데 핵을 쥔 젊은이는 쓰레기 오물을 북풍에 실어 남쪽으로 던져버리고 똥오줌도 가릴 줄 모르는 고약한 정치는 금수강산 삼천리를 더럽히고 있구나

동서 양대 산맥이 핵을 안고 대서양에 진을 치던 쿠바사태 이후 '지상의 평화'를 걱정했음에도 세상 곳곳에 분쟁이 멈추지 않고, 우크라이나에 이어 중동에서 화약고가 터지고 말았구나 누구를 탓하랴, 실타래는 어디서부터 헝클어졌는가, 무덤의 사연은 그칠 줄을 모르고 언젠가는 건너야 할 강이 저기인데, 사랑이 흘러넘쳐 세상을 바꾼다면 죽음을 이길 수 있는 강, 높이 높이 하늘에 닿아 있구나

*보이티와 : 공산 치하 폴란드 출신 교황 성 요한 바오로 2세(1978-2005 재임)의 이름.

최홍준

1942년 경북 영천 출생. 1964년 고려대학교 정치외교학과 졸업 후 방송국 PD와 작가로 활동. 「한국현대시문학」 2009년 봄호에 시 다섯 편이 실린 후 「월간문학」 「한국문학인」 등 여러 문학지에 작품 발표. 한국문인협회 해외문학발전위원회 위원.

활주로 곁에서

활주로 끝에 꿰어진 해를 보십니까?
피가 내 벤 들바람의 아우성을 보십니까?

당신의 손이 빚어낸 질그릇을 매만질 때
손끝에서 번져오는 지극한 정감이 일깨워준
조용한 묵념.
그것이 실어온 다사로운 입김을.

무사기(無邪氣)한 유열(愉悅)을 미소로 담아놓은
안으로만 스미는 뜨거운 눈짓은,
활주로 곁에서
잠들기를 기다리는
벌레들의 작은 소삭임을 열어놓고

풀숲에서 키를 늘인 파도소리,
바람의 서걱임이 몰아 온,
나는 당신 곁에서 유형(流刑)하는 활주로.

새 떼들이 호득여 가는
서역(西域)의 하늘 끝에
당신의 피가 내 벤 들바람의 아우성.
그 목소리를 듣고 계십니까?

지금 하늘에는 가득한 묵도(默禱).

崔暉林

본명-崔仁洙
1961년 한국일보 신춘문예
의협신문 편집국장-주필
대한의사협회 홍보실장-기획연구실장-사무총장

안경

더 맑게 보이는 세상
그곳은 꿈의 세계

더 밝게
더 넓게
한 치의 오차도 없는 공간
그곳은 착각의 덫

허울을 벗어던진 현실
희뿌연 형체들
눈, 코, 입을 잃었다

현실과 꿈의 모호한 경계 속
갈등의 시간
어디에서 살아야 내가 보일까?

초점을 잃고 방황하는 동공의 세계
눈을 떠도 보이지 않는 현실
나는 표류 중이다.

추경희

〈문학공간〉 2000년도 등단
한국문인협회이사, 경기도문인협회부회장, 하남문인협회고문
문학공간상, 경기예술대상, 경기도문학상, 하남문학상 수상 외 다수
시집〈밤새산이 하얗다〉,〈내가 사는 집〉,〈비상, 그 아래〉외 다수

바다 안개

바다라 했다
아무것도 보이지 않는
하늘을 구름으로 덮고 푸른 물은 안개로 덮은
그의 존재가 흘러온 보이지 않는 눈물을
하염없이 보고 있다

바다라 했다
아무것도 보이지 않는
수없이 휘청대던 시간
단단히 버티던, 버겁던 순간을
맨발로 걸어온 수북한 상처와
허물의 자취를 흔적 없이 덮으려

형태도, 색채도없고 헤아릴 수도 없는
크고 넓은 깊이로
바다가 쉬도록
안개 밭에 엎드린 바다를 품고 있다
분명 바다라 했다

추정희

숭의여대 문예창작과 졸업
2008년 월간 순수문학 신인 상 등단
시민 창작시동상
서울 마포 신문사 여성 백일장 우수상
창포시동인지, 공간동인지 다수

골 깊어진 유월

초록 바람
나뭇 가지에 굳게 내려 앉는다

기억 가득한 이름위에
그리움이 따라왔다

산다는 것에 취해
언제 부턴가
유월이 되서 꺼내들게 하는
기억의 심술이던가

묻혀가는 시간들
심장의 끈을 당겨보지만

가까이 보라는
빛 바랜 사진
주소 없는 그리움만 가득하네

표회은

서정주님의 추천 '80 (느티나무밑)으로 글 쓰기시작 '90년 신원사(푸르른바람아)로 등단
한국문협회원, 국제펜 회원, 자유문학회원, 환경문학동인,수석문학동인
시집『푸르른 바람아』,『자연 그리고 너의소리』,『두고 온 날이 그렇게』외 공저시집3권
kbs sbs詩방송,출연등 기타 대통령표창외 장관표창4회

말의 업

말의 전쟁이 시작되었다
잘 해보겠다는 후보들의 언어가 무성한 계절을 겪는다

TV 화면 대담자 두 사람의 입에서 나오는
진실은 속도가 느리고, 거짓은 재빨랐다
허락 없이 들이닥친 말의 진의를 따지기 전에
또 다른 침범자가 있어
순하고 더딘 진실은 눈물이 난다
아무리 사정해도 거짓은 앞서 달려간다

*진실이 바지도 입기 전에 거짓은 이미 세상의 절반을 돌고 있다

때마침 뜨락의 나뭇가지 위에서 까치 떼가 이 말 저 말 쏟아낸다
감나무잎이 흔들거리며 그 말 다 받아적는다
하지만 그들에게는 지금 아무 일도 일어나지 않았다

전생에 지은 업이 감싸고 있는 줄 모르느냐고!
조계사 앞마당에 쏟아지는 법고 소리가 천둥이다.

* 영국의 정치가 저술가 웅변가 윈스턴 처칠이 한 말

하순명

1998년 《文藝思潮》등단. 시집 「물의 입, 바람의 입」「그늘에도 냄새가 있다」 등 5권, 교단에세이「연둣빛 소묘」 논문「辛夕汀詩硏究」「전국현장교육연구논문」 외. 한국시문학상, 한국문협서울시문학상, 진도명량문학상, 공무원문학상, 세계문학상, 허난설헌문학상, 서초문학상, 부총리 겸 교육부장관상 수상, 국제펜한국본부 이사, 중앙대문인회 부회장, 한국공무원문인협회 회장역임 한국여성문학인회 법정이사.

웅얼웅얼 찔레꽃 노래

어머니는
노래를 못 하시는 줄 알았다

한번도
노래하는 모습
뵌 적이 없었으므로

요양병원에 누워계실 때
망연히 혼자 웅얼웅얼 거리시던
찔레꽃 노래

아, 아 어머니는
정말 노래를 못 하시는 줄 알았다

세상에서 가장 아름답게 울려오던
웅얼웅얼 찔레꽃 노래
지금도 마음 저 깊은 곳, 떠돌고 있다.

하재롱

전북 남원 출신
서울대 문리대 졸업, 전북대 행정학 박사
월간 순수문학 등단(2020년), 순수문학상 작가대상(2021년) 수상
시집 『라일락 꽃 피면』 외 다수
현) 순수문학 이사, 필동인, 남원문인협회, 한국문인협회, 국제PEN 회원

낮잠

물속이 궁금한 새끼 새 한 마리
느린 비행 끝에 잠깐 물속에 들었다
비명을 지를 수도 없고
헤엄칠 수도 없는 절박한
물의 한 복판에 있을 때
물고기가 몰려들고 눈 깜짝할 새
죽음의 문턱을 넘기 직전이다

날지 못하는 물고기 다가와
울지 못하는 물고기에게
물었다 잠 잘 때
눈 감고 잔 일 있냐고 그리고
꿈은 다치지 않았냐고

졸고 있던 나뭇가지를 버리고
새는 푸른 숲으로 날아가고 있다

하태균

경남 함양출생
시사문단 179호(2018년) 등단
시와 숲 회원, 한국문협 회원
시화집 「날씬한 비만로봇 2021년」

상생을 위한 세미나

새로운 만남은 시간 속에 느끼는 보고 싶은 풍경처럼
가득스런 기다림으로 마음 잡아끕니다

상생의 감정은 카누 타고 오로라를 보며
밤 별들이 쏟아지는 사막에 초록 낙타 타고
지워지지 않을 발자국 남기는 것이요

망설임 앞에 약한 자들의 기웃거림의 의미는
살아있는 생명체에 대한 연민이요
그립고 아쉬울 오늘의 소중함이 끝없는 여정의
궤적이라는 것 알기에

높은 자리만 탐내는 삭막한 거리에서 상생이
모두의 기쁨임을 확신할 때
작은 배려는 차가운 눈빛 부드럽게 만들 수 있음이요

시간 거슬러 함께 다 옮기지 못한 행복과
이마에 그림같이 새겨놓은 상형문자와
작은 가슴속에 남겨 놓은 소중한 꿈도
너와 나를 위해 간직하고

무거운 짐 내려놓고 크고 둥근 생각으로 밝은 것만
스캔한다면 상생을 위한 세미나도 곧 종료.
될 일,

한기용

충남 서산 출생, 2018년 《착각의 시학》으로 등단, 한국문인협회, 충남문인협회, 공주문인협회 회원, 인문학 강사 외.

달 조각

밤하늘 공허한 듯 처량한 달 조각
여린 빛을 내던 별들이 떠나고
어둠만이 남은 이 곳

거리를 가득 채운 사람들은
조각난 달의 마음을 모르는 듯
술을 동여매고 춤만춘다.

버려진 그림자가 달을 따라
말라비틀어질 듯
선명하게 빛을 내도
그 바랜 자국은 흐릿하다

달 조각 하나만 밤하늘에
조각난 달이 밤하늘에…….

한민서

2019년도 월간 순수문학 등단
한림대학교 국어국문학과 졸업. 제47회 한민족통일문예제전 경기도지사상. 제33회 세계시인대회 고려문학상. 제50회 문예춘추 문학상. 영랑문학 우수상 수상. 필동인 회원. 한국문인협회 회원.

행상(行商)

잠을 뒤척이다 문득, 고무다라이 행상을 머리에 이고 길 따라 걸어가는
그녀의 모습이 떠오른다 가난한 여자의 유일한 행상
행상을이고 마을 지나 산 너머로 무한한 길을
고무신이 닳도록 걸었을 그녀

때론, 궂은비 가 내리는 날에는 그녀가 부르는 것 같은 빗소리
소싯적에는 소갈머리 없이 여느 때처럼 찢어진
문풍지 젖히고 어둠의 문 앞에서 그녀를 기다렸던 덧없이 서성이었던 밤

어둠이 짙게 내려앉은 시간, 싸늘한 밤공기를 가르며
느릿하게 걸어오는 그녀를 달빛이 안겨주는 밤
몸에 밴 비린내를 지우려 물동이에 물 푸는 소리

그 날처럼 어둠 속에서, 창문 사이로 날아든 흰나비 한 마리
식탁에 놓여진 투명한 유리 화병에 곱게 꽂아둔
하얀 속살 백합 주위를 부채 같은 날개로 나풀나풀 날며,
불공평한 세상 너그럽게 살그레이 라며
그녀의 그 메아리가 나를 흔들어 깨우고 있었다
삶이 저리고 겨웠던 그녀가

한 빈

본명 : 최한숙. 2016년 월간 〈문학공간〉 등단. (사) 한국문인협회 회원. 현대문학사조 문인협회 회원
시산맥 특별회원. 시집 〈별 헤는 밤〉, 〈기억이 꽃 피는 날〉

나 홀로 한 약속

돈도 안 된다는데 보는 사람 세상천지 누구 있다고
머리 싸맨 채 그까짓 놈의 시를 왜 쓰냐며
야멸치게 쏘아붙인 가시 돋친 책망의 말에 동공을 키운 눈빛은 움츠러든 마음 더
졸이는 듯 궂은 날 가면
마른 날도 올 거야 바짝 마른 기대로 목이 멘다
그 옛날 정겨웠던 시절엔 손에 시집詩集을 들고 있으면
빼어난 인격의 소유자처럼 선망의 대상으로 바라다본 사람들도 있었다 하더니만
요즘엔 당최 안 팔리는 책이 시집이란다
서점에서도 자리잡은 위치 또한
발길 닿지 않는 가장자리로 슬그머니 밀려날 때쯤
차지한 면적 그 마저도 덩달아 줄어든다니
시와 사랑을 언약한 내 가슴은 가무스름히 타 들어간다
난장 친 아우성에 겨우 한숨 짓고 있는데
마음 한껏 북돋우라고 산고의 계단에서 걸터듬은 시어들마다 일러준 한 마디가
이토록 먹먹한 명치끝을 후려치며 저며 오는지
환한 봄날 같은 시 한 편 아낌없이 남겨야겠다

한성근

2018년 《인간과문학》 시 등단. 시집 『발자국』 『부모님 전 상서』 『바람의 길』 『채워지지 않는 시간』 『또 하나의 그리움』 『떨려 온 아침 속으로 냅떠 달리다』 등이 있으며 더좋은문학상을 수상함.

옥수수꽃 이야기

옥수수꽃은요
다른 꽃들은 암 수가 다들 붙어 사는데 호박처럼 떨어져 있어요
떨어져 살면 정도 떨어진다지요
그래서 그들은 서로 외도를 많이 한답니다
아예 외도를 위해 그렇게 떨어져 산다는 말이 더 맞아요
애초부터 의도된 각방 쓰기지요

수놈들은 하늘 높이 솟아 화분을 사방으로 흩뿌립니다
누구라도 받으라는 것이지요
누가 받아도 좋다는 심뽀지요

암컷들도 웃겨요 끼가 다분해요
어느 것이든 닿기만 하면 다 받아들입니다
저항이나 거절은 없어요 수절 같은 건 옛이야기지요
허공을 떠돌다 다가오는 분을 받으려고 손마다 접착제도 바른답니다
옥수수 한 통이 한 번의 결합으로 되는 게 아니랍니다
그 낱알만큼 수많은 교잡이 있었답니다

바람둥이들이라고요?
그래서 바람이 중매를 해요

한재성

1995년 시와 시인지 등단.
한국방송통신대학교 국어국문과 졸업
전국공무원문예대전 시부문 입선
시집 바둑이야기 외 2 권
칠봉산자연농원 운영

물꽃

마을 숲으로 내려온 안개구름이
희끄무레 세상을 송두리째 지우더니
아침내 공중에서 휘둘리던 바람
복받쳤던 울음 터지듯 장대비를 쏟는다

지붕 위를 떠돌던 뒤숭숭한 소문들이
바닥으로 떨어져 알알이 터지고
아스팔트 딛고 무성히 올라오는 물꽃들
순식간에 피었다가, 흥건히 시든다

한바탕의 소란이 질척하게 잦아들면
배수구에서 내지르는 아우성들
입속에 악취를 물고 허우적거리다가
갯돌을 치덮고 밀려드는 개울물에
부연 탁류가 되어 거칠게 흥분을 한다

길에 잘박잘박 밟히는 시든 물꽃들
발등 위로 멀건 핏물을 튀기더니
한 무더기씩 고여 웅덩이에 갇혀 있다
먹구름 걷어내고 말갛게 벗갠 하늘
잠자리 날개를 펴고 바람이 날아간다

한정섭

2022년 '월간문학' 시 등단
2010년 '한국문인' 수필 등단
한국문인협회 회원, 노원문인협회 회원

홀로 된다는 것

허름한 쪽방촌 달셋방에
삶에 전부를 널어 놓고

방 한편 낡은 텔레비전 에서는
다른 세상 이야기 인 듯한
배부른 소식들이 차고 넘치지만
세상은 그들에게 신경 쓰지않는단다

문뜩
정신 들어보니 가족은 곁에 없고
세상에 홀로 남겨져 있었다는
어느 사연 많고 가난한 초로의 사내

죽음보다 더깊은 침묵에 갇혀
매일밤 일상이 된 고독한 시간은
너무 지독한 외로움 이라며

언젠가
아무도모르게 별 따라 갈 길이
너무 슬플 뿐이라는데

한종덕

한맥문학 등단. 한국문인협회, 국제PEN 한국본부 회원. 한국문인협회 구연동화위원회 위원장. 한맥문학동인회 부회장. 필동인 이사. 시집 『어제 그리고 내일』, 『가을 그리고 석양』 외 다수.

동토(凍土)

1.
싸늘한 강바람에
창밖이 스산한가

온실도 냉기서려
꽃님들 초라하다

저 넘어
돌이 누이는
어느품에 기대나.

2.
삭풍에 골이깊어
산책길 한적하나

그님도 떠나간듯
고을이 회색빛깔

강촌에
순이 언니는
장작불을 지필까.

한현삼

월간 순수문학 등단. 단국대학교 졸업. 한양대학교 대학원 졸업
타쉬켄트국제비엔날레 심사위원 및 예술감독. 우즈베키스탄 예술아카데미 최고상 "골드메달" 수상
한국신미술협회 이사장 및 예술총감독. 대한민국신미술대전 조직위원장
한국문인협회 회원. 명예인문학박사.

섬

홀로 있는 섬이 위태롭다
강물 들어 사나운 성질로 일고
조석 간만에 바퀴 굴려
해안선을 성곽으로 두른다
가늠할 수 없는 깊이
밤마다 푸른 별빛이 물속으로 내려와
어장을 열고 간다
가마우지 물갈퀴 비늘이 반짝인다
척추를 세운 벼랑이 사스레피나무를 업고
노을을 끌어당긴다
붉어지고 싶어 익어가고 싶어
삼키는 마른 울음 그치지 않는다
갯바위를 돌아서 나온 파도가
뾰족한 해벽을 안고 돌아누울 때
물 제비로 뜀박질하던 조약돌이
수심으로 가라앉는다
물에 잠긴 섬이 바다를 흔든다

한희정

월간 한울문학 신인문학상(2010). 부산시인협회 이사. 부산문인협회 대외협력 특별위원
서정문학 작가협회 회장(2021~2022). 한울문학 작가상(2011), 서정문학 본상(2018)
남산문학대전(시) 심사위원(2019). 구상 탄생 100주년 백일장(시) 심사위원(2019)
시집: 『챠강티메』외 2권

어머니의 무릎

　십정동 돌산은 어머니가 생활비를 버는 일터다 어둠이 가시기 전 화약 냄새 밴 산을 오른 어머니는 챙 넓은 모자를 눌러 쓰고 돌을 나르기 위해 허리춤에 수건을 동여맨다 맨손으로 삼태기에 돌을 담아 손수레 크기의 네모판에 가득 채워 받는 딱지 한 장, 돌덩이에 뿌려지는 땀방울이 윤슬이 되고 쉼없이 굽혔다 펴는 등줄기에 산 그늘 내려앉으면 긴장하던 아랫배 힘도 한숨 내려놓고 손에 쥔 딱지에 힘을 준다

　샛별이 실 눈 깜빡이던 날, 휘어지지 않는 기둥이었던 어머니가 쓰러졌다 의사는 무릎 연골이 바닥이라 더 이상 무리는 큰일 난다며 다 내려놓으라 한다

　푸른 날 자식들을 위해 밤낮 경계 없이 움직이던 무릎이 닳고 닳았다 초침도 아껴 나누던 무릎에서 졸가리 서걱거리는 소리가 난다 관절사이로 휑한 바람이 드나든다 헐렁하게 부푼 치마 사이로 보이는 만지면 부서질 것 같은 얇아진 무릎을 지금 내가 꼭 붙들고 있다

함용정

1997년《수필과비평》수필 등단, 1998년《문예한국》시 등단,
(사)한국문인협회인천지회장․(학산문학)발행인 역임,
한국문인협회회원, (사)인천예총 부회장.
시집「그리움」, 동인시집「그리움 하나 묻어두고」외 다수
수필공저「수필의 끈을 풀다」, 2022 대한민국예술문화 공로상

낚시

세월을 한 웅큼 삼키던 날
친절한 용어로 나를 부른다
굳게 멈춰버린 청못*
쫑대를 견시한 바람이 너홀거린다
기막힌 참을성에 울렁이는 가슴
세월을 낚아서 되새김을 펼친다
내게로 오는 표식은 신호대 같은 것
첩첩이 쌓인 물결 위로
산기슭의 그림자를 보며
아득히 마음을 잠재운다
이리저리 휘돌아 나가는 그림자
저수지의 층층시하를 꿰뚫어
밀렵을 하는 즐거움이 후련하다
청못 안의 내 마음이 깨끗해
이제 느긋이 자리에 앉아
세월 속으로 흐르는 나를 삼킨다

*청못(靑池): 신라 법흥왕 23년(536년) 축조된 영천시 소재 저수지

허남기

경북 영천 출생.2014〈문학광장〉등단.〈문장21〉신인상.한국문협.경북문협.영천문협편집국장.
〈문학광장〉문예대학 부학장,편집위원,시분과심사위원.2018경북작품상수상
2019한국예총 영천예술대상수상.2019포항소재문학상 우수상.2019고운 최치훈문학상 본상
2021〈문학광장〉문학대상 수상.2024황금찬문학상 수상

꿀벌

끝 모를 날갯짓에 하루가 가고
목숨 걸고 일해 모아둔 꿀단지
꽃가루만 남기고 알뜰케 비웠다.
미안하단 말 한마디 없이 몽땅 훔쳐 달
아난 미쁜 도盜씨

꽃피는 초봄부터 늦가을까지
땡볕 비바람도 가리지 않고서
조그만 갈색 몸 투명 날개로
일개미처럼 오직 여왕벌만을 위한 일
념으로 일만 했었다.

안된다고 애원에 사정도 했었지
돕고 나누며 살자 마음 열어도
나 살고 너 죽자 인정사정없는
비열한 냉혈한 모른 채 외면하고 눈 감
고 떠나갔었다

몸과 마음 영혼까지 다 바쳐가며
눈물 콧물로 울며불며 애원해도
모른 채 냉정하게 돌아선 꽃 님네
날갯짓에 웅웅웅 소리 여운만 남겨둔
채 떠나갔었지

노오란 호박꽃 포근한 품속

꿀과 정情 사랑도 주었었지
아낌없이 베풀고 나누었었다
찾아주는 고마움에 기쁨도 슬픔도 상부
상조하자 했다

온 대지를 다 덮을 듯 무섭던 기개가 된
서리 한방에 푹 삼긴 호박 덩굴아
호박꽃이 지고 나면 떠나야 할 숙명
다시 만날 기약도 없이 떠나는 네 뒷모습
이 처량도 하네

현명조

2014년 국제문단 (시 부문 수상 등단). 교장, 장학사, 교육연구관 역임. 공주 사범, 방송통신대 초등교육학과 졸. 교장 장학사 교육연구관 역임. 푸른 기장 수상, 태권도, 육상 공인심판. 국제문단 자문위원 및 감사(현), 한빛문학 이사 및 자문위원, (주)한국문인협회원, 저작권협회원. 국제문학상 수상. 시집: 행님아, 한빛 동산(공저)

기쁨과 에너지를

에드바르 뭉크, 「비명, 그 너머에」라는 전시제목
되살아나는 15년 전 기억
그 너머에 무엇이 있는지 발동하는 호기심

아름다운 비겔란 조각공원 검푸른 울타리 숲 너머
검붉은 석양이 시커먼 구름을 만난 그 격한 모습에
놀라고 무서워 소리 지를 뻔했다 눈을 감
귀를 막고 있는 뭉크의 「절규」가 머리에 떠올랐다

"나는 깊은 불안감으로 고통을 겪어왔고
내 예술을 통해 그것을 표현하고자 했다"는 뭉크
"내 그림에는 약간의 햇빛과 흙먼지 그리고
비가 필요하다. 때로는 그것이 컬러를
더욱 조화롭게 한다."고 하였다

그가 필요하다는 햇빛과 흙먼지와 비는 무엇인가
작가가 토해내는 불안이나 고통을 떠안기 보다는
마음깊이 전해지는 기쁨과 에너지를 갈무리하고 싶다
주말에 갤러리를 순회하는 이유이다
부모 손잡고 온 아이들은 무엇을 느끼고 갔을까

佳園 홍경자

2009년 월간순수문학으로 등단, 이화여자대학교 약학대학 졸업. 한국순수문학인협회 부회장, 이대동창문인회 감사, 국제PEN한국본부/한국여성문인회/서울 강남문인협회 이사, 한국문인협회/한국가톨릭문인협회 회원. 제26회 순수문학대상 수상, 제37회 국제PEN문학상 수상, 제42회 조연현문학상 수상. 시집 : 「빈그릇 하나」「내 삶에는 울림이 있는가」「내 영혼의 안식처 찾아가는 길」외 6권

푸른 계절의 손끝에서

여름의 발열이 시작되기 전
푸른 사월은 비를 내린다
전초전이다
목을 세운 풀들은
저마다의 색깔로
본색을 드러내기 시작했다

봄내 키를 세우느라
애썼던 자존감
꽃으로 피워냈다

계절의 손끝에서
잘 익어가는 생명들
사월의 푸른 비는
뮤즈의 언덕에서 연주되는
완전한 자연의 합주곡

홍금자

1987년〈예술계〉시부문 신인상수상 등단
한국시인협회상임위원, 한국여성문학인회이사, 국제펜이사
시집- '지상에는 시가 있었네' 등15권. 시선집-5권
수상-윤동주문학상, 월간문학상, 펜문학상 등다수

양보역에서

기적소리 처량한 산골짝의 무명 역
애절한 사연 담긴 완행열차의 작은 쉼터

산나물 꺾어 분갑 한 통
촌닭팔아 막걸리 한잔에
이슥히 내린 고운 달빛은
안방의 호롱불이 되고

시린 추억 실어나르며
철길보다 더 녹슨 그리움 안고
50년 순명으로 별이 된 폐역

철마는 무거운 침묵에 잠들고
핏줄 끊긴 아픈 자리엔
살랑대는 코스모스의 애잔한 유혹

말쑥하게 단장한 메밀꽃 꽃길 따라
상처를 닦는 사랑의 꽃마차
구름 위를 나는 듯
연인들의 거친 숨소리
호랑이굴에 스미네

진사 홍도석

2018년 사단법인 [문학애] 시부문 등단
연세대 경제원 수료. 연세대학교 총동문회 상임이사
라이온스클럽 부총재.감사. 대통령. 도지사표창 외 다수
국가고급기술자(무선설비)

백무동 무지개

구름 위를 걸어야 보인다는
지리산 가는 길

처음 빨강색이었을 저 다리를 건너면
기억 저편의 많은 빛

나는 백무동의 기억을 걷는
한 줄기 다리가 되었네

홍미경

2019년 시사문단 신인상으로등단
제 17회 풀잎 문학상 수상
한국문인협회 . 시와 숲 동인

작은 기도

주여, 저에게 용기를 주셔서
거짓과 위선 멀리하게 하시고
내 영혼의 참되고 아름다운 언어로
사랑하는 자의 노래를 부르게 하소서.

남들이 주는 상처에도
쉽게 원망하거나 분노하지 않고
이해할 수 있는 너그러움 주시고
사랑은 받는 것만이 아니라
함께 나누는 감사이게 하소서.

고독한 사람 만나면
다정히 손잡고 어루만지며
가슴 아픈 것 빨리 잊게 하고
그들의 고통을 기쁨으로 채워지게
행복이 지금 여기 있다는 것을 전하게 하소서.

사는 날 동안
만나는 모든 사람들에게
위로와 평안을 나누며
내 한 편의 시가
기쁨과 희망의 노래가 되게 하소서.

홍승룡

세종 출생. 문예사조 시로 등단. 한국문인협회 회원. 문예사조 문인협회 회원. 공무원 임용고시 출제위원(국어). 대전 시민대학 배달 강사(한글). 저서 대입 현대시 〈별〉 (뉴업출판사). 시집. 구름에서 시를 찾다. 사랑보다 깊은 봄. 흙집을 짓다. (공저) 글밭을 가꾸는 사람들 (공저). 대전 CBS 목 9:30 이 밤에 생각 나는 시 담당,(현)

잠시 쉬어가세요

이천사년 오월의 둘째 날
잊고 산 기억들이 발길을 재촉한다

삼십 이년 전 함박눈이 펑펑 내리던 날
근무지 선생님과 편입원서 들고 갔던 길
낯익은 교문을 들어서자 우뚝 솟은 새 건물들
옛 강의실 앞에서 찾은 빛바랜 나무벤치
작은 글씨로 쓰여 있는 안내문을 읽는다

   잠시 쉬어가세요
사람과 교육연극을 사랑하신 000교수님을 기억하며
   서울교대 교육연극과 제자 일동

성호를 긋고 명복을 비는 순간
강사로 오셨던 첫 만남
대학원시절 강의교수님으로 다시 만나
아낌없는 조언과 받은 논문 자료들
배움을 보람으로 느꼈던 날들의
고마운 기억들이 마음을 촉촉이 적신다

평생교육원 강사로 수업하러 갈 때마다
연구실에 들르면 손수 타주던 따뜻한 커피 향기
잊고 산 아득한 날들의 추억
하늘의 별이 되어 반겨주던 모습 볼 수 없어도
따스한 봄 햇살로 기억하리라

홍영숙

2007년 순수문학 등단.
연세대학교대학원 국어교육과 졸업, 동국대문화예술대학원 문예창작과 졸업
시집: 〈그리운 날들의 노래〉 〈사랑의 시간〉

꽃은 힘이 세다

해님도 바람도
어느 자연도 끝내
해 내지 못한 일
바로 여기 있으니

형형색색 온 세상을 환히 밝혀
사시사철 각양각색으로 피어나며
사람의 마음을 그예 끌어당기어
눈부시거나 때로는 눈물이 나는

그예 집 밖으로 나오게 하는 힘
하나둘씩 무리지어 모이게 하는 힘
사진으로 눈으로 간직하게 하는 힘
미소로 혹은 활짝 웃음 짓게 하는 힘
괜찮아 이제 다 괜찮아 위로하는 힘
그래서 다시 또 일어서게 하는 힘

비록 인생은 화무십일홍이라지만
그래도 누구에게나 오래 남아 있을
가냘픈 꽃이 건네는 강인한 힘
화사한 기억의 총천연색 잔상殘像

홍정희 윤원

1997년 〈문학공간〉으로 등단. 시집 《하늘 타는 길》《좁은 문, 저쪽》. 수필집 《세상이 처음 열리던 날이 이랬을까》《사랑아, 네가 어찌 그리 아름다운지》. 묵상집 《하나님 심부름》《연보라색 물고기를 따라 걸었다》. 지도서 《신문으로 공부하는 재미있는 English》. 청계문학상 수상/한국문인협회 회원/국제펜한국본부 회원

전환점

지나온 시간을 돌이켜 하나 둘 회상해 본다

미진했던 한 점을 헤아려서는 또 돌아보곤
언젠가는 이 시간이 오기로 했던 만큼이나

동안도 준비의 흐름에 소홀함이 없었는가
움켜 ㅈㅟㄴ 새 일의 전환을 일념으로 가지고선

온종일 되뇌이며 고대하면서 기대했던 만큼

기대가 새 점에 다시 실천하기에 이르려면
열의로 익힌 성취감을 더해 채울 것 같기에

그 기운이 열린 고비의 계기로 집중이련가
꿋꿋한 박차로 또 다른 방향 이은 기대로도

다진 밑그림을 쌓은 전환점에다 실어 가련다.

홍중완

문예사조 시(2013), 평론(2018) 등단. 문예사조문인협회 명예회장/경영학박사(서울市立大)
한국문인협회 인성교육개발위원회 위원. 국제PEN 한국본부 이사, 계간문예작가회 부회장
문예사조 문학상, 짚신문학회 본상, 고려대MBA교우회 프런티어(시, 평론)상 수상
시집: 달구지(2018), 해 오름(2023) 발간. 평론: 白水 정완영의 생애 조명과 작품 탐구 外 多數

하루살이 인생

우리의 삶은 하루살이 인생이라
하루살이 하루 살아도 순간瞬間이요
백년살이 백년 살아도 순간瞬間이라
하루살이도 행복과 불행이 있고
백년살이도 불행과 행복이 있어라
인생의 년수年數가
칠십이요 강건하면 팔십이라
아! 하루를 살아도 백년을 살아도
년수의 자랑은 수고와 슬픔뿐이라
백년을 살아도 하루를 살아도
죽음 앞에선 부귀영화富貴榮華도
빈손이라 헛되고 헛되도다
초음超音 같은 삶이라도 사는 동안
기뻐하며 기도하며 감사하며 살리라

우리의 삶은 하루살이 인생이라
하루살이 하루 살아도 초로草露이요
백년살이 백년 살아도 초로草露이라
하루살이도 불행과 행복이 있고
백년살이도 행복과 불행이 있어라
사람의 년수年數가
120세란다. 백세시대란다
아! 백년을 살아도 하루를 살아도
바람 따라 우리가 날아가나이다
백년을 살아도 하루를 살아도

죽음 앞에선 부귀공명富貴功名도
빈손이라 모든 것이 헛되도다
찰나刹那 같은 삶이라도 사는 동안
배려하며 회개하며 사랑하며 살리라.

청명 홍춘표

1943년 임실출생. 공무원문학 수필, 시, 아동문학 등단. 국가공무원 전년퇴임, 옥조근정훈장. 행정학박사, 제5대 구로구의회 부의장/ 의장. 아리수문학회 회장, 구로문화원 부원장

진짜 주인은 누구인가

내 집에도 그냥 못 들어간다
자동차 차단기를 뚫고 아파트 현관번호를 누르고
드디어 내 집 비밀번호를 눌러야만 하고
자칫 기억이라도 가물거리면 문을 부숴야만 한다

은행에 가득한 내 돈도 내 마음대로 쓰지 못한다
인증서 비밀번호를 대고
또 번호를 대고, 대고, 대고
자칫 하면 남이 내 돈을 낚시질하려고 혈안이 되어 있다

마음의 문도 쉬 열지 못한다

누군가 들어오려 해도
좁은 구멍으로 요리조리 살펴야만 한다

사랑도
들판이나
바다에서 해야 하는가

원시시대로 가고 싶다
온통 비밀 투성이
암호로 가득찬 세상을 거슬러

황경순

2006 『미네르바』 등단
시집 『나는 오늘, 바닷물이 되었다』, 『거대한 탁본』
2016 상반기 세종우수도서 선정

강설降雪

삭풍朔風 삭도削刀같은 삼동三冬
아랫목 따뜻한 온돌에 앉아
모로 질 녹이면
칼로 싹 베는 서슬도
입맛 다시게 살로 간다.

바람이 분다.
월출산 높은 봉
폴폴 쏠리는 바람.

우도 황선호

2013년 현대시문학 등단.
수필가. 프리랜서 사진가.

화석

돌의 맥을 짚는다

천년의 미라가 희미하게 웃는다

한때의 푸른 기억이 허물어진 썰물처럼 빠져나간 가슴팍엔
바람으로 떠돌던 한 생이 녹슬어 간헐적 신호음으로 잡힌다

바늘 구멍만 한 숨길 사이 붉은 눈물 한 방울
돋을무늬로 비문을 새기고

채 다 뱉지 못한 저 검은 입
건조한 말씀들이 소금 꽃으로 피었다

깨고 싶지 않은 꿈 먼 은하로 가는 길

뼛속까지 밴 허기에
막내의 눈물 같은 링거가 맺히고
점점 탄력을 잃은 돌의 맥박이 천년의 잠 속으로 건너가고 있다

나비 한 마리
허공에 스스로 길을 내고 가는 곳이 길이 된다

황숙자

1993〈시와시론〉등단. 시집〈뭉클〉
진주여성문학인회장.경남시인협회 사무국장.경남문협 이사
2022년〈경남 올해의 젊은 작가상〉
2018년〈경남 올해의 작품집상〉
2016년〈진주문학상〉

녹슨 철마

나는 수십, 수백의 총탄을 가슴으로 막
았다
끓고 있는 심장, 지키려고 수많은 파편
에 찢겨 갈기갈기 흩어진 살점들

나는 부모 형제 그리워 울고 또 울었다
칠십 년 정지된 세월 동안 거듭거듭
상처에 앉은 녹슨 딱지들이 분해되어
자양이 되더니 이제 새살이 돋는다

갈기갈기 이데올로기 총탄에 구멍 뚫린
나의 육체여 사랑이여
아이가 태어나 순탄하게 살았어도
칠십이란 나이가 되면
귀 먹고 눈이 가물가물 할 텐데
이 나이에 나는 누구를 더 기다리는가
무엇을 더 기다려야 하는가

목마름을 빗물 받아서 달랬던 기억
혹독한 추위가 점령한 눈밭 한가운데서
배고픔 달래려고 눈을 퍼먹던 기억
먹은 게 없어서
체중조차 부럽던 그 시절

그때의 친구들을 만나

이산가족 아픔의 추모장을 기웃거리며
배를 채웠다
보이는가? 후손들이여 동포들이여

육체에 방부제를 처바르고 하늘을 가리
면
반쪽으로 갈라지지않고 살아 숨쉬는
한반도 영혼들이 나타날까?
녹슨 내 육체가 다시 달릴 수 있을까

후손들이여!
이해타산 사상논리 따지지 말고
백두대간 혈맥을 이어라
내가 열정으로 쉼없이 달릴 때처럼
터질듯한 열망으로 남북으로
합치의 길을 부디 이어라

황주석

진여眞如 (사)문학그룹샘문. 대한시문학 협회 이사 한용운문학상(중견,수필) 샘문학 신춘문예 최우수상
(중견. 시) 세종대왕문학상(중견.시) 좋아졌네(김진호 문학상) 〈저서〉 누드를 먹다.흔들리는 초상

사)한국문인협회 시분과사화집 『詩의 四季』

발 행 처 · 사)한국문인협회 시분과
발 행 인 · 김호운
기   획 · 朴永河(한국문인협회 시분과 회장)
편집위원 · 張潤宇(편집위원장), 朴水鎭, 박종권, 조대연. 김영곤.

제작판매 · 한국문인협회 · 순 수
대   표 · 박영하

등   록 · 1993년 7월 22일(서울 중, 라 00105)

1판 1쇄 인쇄 · 2024년 8월 15일
1판 1쇄 발행 · 2024년 8월 20일

주   소 · 서울 중구 퇴계로48길 11, 202호
대표전화 · 02)2277-6637~8

E-mail · seonsookr@hanmail.net
ISBN · 979-11-91153-67-5

잘못된 책은 바꾸어 드립니다.
『집』에 수록된 작품에 대한 모든 책임은 필자에게 있습니다.
이 책에 수록된 저자 순서는 가나다순입니다.
이 책에 실린 시는 통상 기준으로 통일하여 편집하였으므로 원작과 일부 다를 수 있습니다.